GUDULA WALTERSKIRCHEN

Wie wir unfrei werden

GUDULA WALTERSKIRCHEN

Wie wir unfrei werden

Der Weg in die totalitäre Gesellschaft

Seifert Verlag

Umwelthinweis:
Dieses Buch und der Schutzumschlag wurden auf chlorfrei
gebleichtem Papier gedruckt. Die Einschrumpffolie – zum Schutz
vor Verschmutzung – ist aus umweltverträglichem und recycling-
fähigem PE-Material.

1. Auflage
Copyright © 2022 by Seifert Verlag GmbH, Wien
Umschlaggestaltung: Patrick Mannsberger, UnionWagner,
    Wien, unter Verwendung eines Fotos von Jacqueline
    Brandwayn, Unsplash
Verlagslogo: © Padhi Frieberger
Druck und Bindung: CPI books GmbH, Leck
ISBN: 978-3-904123-57-0

Printed in the EU

INHALT

EINLEITUNG

Viele Menschen nehmen deutlich wahr, dass sich unsere Gesellschaft dramatisch verändert.

Die Welt wird unfreier, Zwang und Unterdrückung nehmen zu. Weltweit ist die Unfreiheit wieder auf dem Vormarsch, totalitäre Ideologien und Fundamentalismus breiten sich immer mehr aus. Dies nehmen wir auch in den westlichen Demokratien wahr. Die Pandemie und die damit verbundene Krise legte zuletzt unübersehbar offen, was zuvor noch verborgen geblieben war: Unter dem Deckmantel der liberalen Demokratie konnten sich Mechanismen und Systeme etablieren, die zu Unfreiheit und Unterdrückung führen.

Freiheit für alle Menschen hat es in der Geschichte nie gegeben. Zumindest ein Teil der Menschheit lebte stets in Unfreiheit und litt unter den verschiedensten Ausprägungen von Unterdrückung. Freie Gesellschaften mit weitreichenden Rechten für alle Bürger sind selbst heute nicht die Regel. Freiheit wurde in der Geschichte stets errungen, sie wurde nie einfach von den Mächtigen geschenkt. Und doch ist es Bürgern oder Untertanen, meist in Form einer Massenbewegung oder einer Revolution, immer wieder gelungen, Freiheitsrechte zu erkämpfen. Die Geschichte hat aber auch gezeigt, dass eine errungene Freiheit nicht ein bleibender Zustand ist, sondern stets verteidigt und eingefordert werden muss.

Nach dem Zweiten Weltkrieg konnte sich ein Teil Europas in freien und demokratischen Gesellschaften entwickeln und stieg wirtschaftlich beständig auf. Ein anderer Teil verharrte in Unfreiheit und blieb auch im Hinblick auf den Wohlstand zurück. Das Jahr 1989 markierte die Wende, als wie durch ein Wunder auch der Rest Europas auf gewaltfreiem Weg das Joch der kommunistischen Diktaturen abschütteln konnte. Bis vor Kurzem glaubten wir, dass zumindest in den demokratischen Ländern Freiheit, Demokratie und Menschenrechte auf ewig Gültigkeit haben würden. Doch die Erfahrung der letzten Jahre hat uns gelehrt, dass selbst in Europa und in stabilen Demokratien die Freiheit stets verteidigt und immer wieder neu errungen werden muss. Sie ist kein selbstverständlicher Zustand, sondern ist immer wieder bedroht.

Ein wesentlicher Hebel, wie Unfreiheit, Kontrolle und Zwang durchgesetzt werden können, ist die Angst. Je größer die Angst vor realen oder vermeintlichen Gefahren ist, desto mehr sind Menschen bereit, Einschränkungen, Überwachung, ja selbst Gewalt zu akzeptieren. Die stärksten Angst auslösenden Momente sind dabei Krankheit und Tod sowie Krieg. Es hat sich in der Geschichte gezeigt, dass die Muster von Angst, Aggression, Gewalt und Unterdrückung einander stets sehr ähnelten. Es änderten sich nur die Begründungen, die Methoden und die Opfer.

Die Mechanismen, wie aus einer freien und offenen Gesellschaft eine unfreie und geschlossene geformt werden kann, sind nicht neu. Diese Muster finden sich in der Geschichte immer wieder, sie wechseln nur ihr Gewand. Schon der griechische Philosoph Platon entwarf in seiner berühmten Schrift »Der Staat« eine Gesellschaft, in der eine Elite das Volk in sein vorgebliches Glück zwingt. Ende des 19. Jahrhunderts führte der Nationalismus in die Katastrophe des Ersten Weltkriegs. Der Kommunismus und die verschiedenen Ausprägungen des Faschismus etablierten totalitäre

Systeme, die in Unterdrückung, millionenfachen Mord und Kriege mündeten.

Auch heute existieren, trotz dieser Erfahrungen, totalitäre Staaten, wie etwa China oder Nordkorea. Durch die neuen technischen Möglichkeiten im Bereich der Überwachung, durch die Globalisierung und die Konzentration riesiger Vermögen sind neue Formen totalitärer Systeme entstanden oder im Entstehen begriffen.

Es war der Österreicher Karl Popper, der unter dem Eindruck der Gräuel durch Nationalsozialismus und Kommunismus eine freie und offene Gesellschaft einforderte.

Diese Forderung ist nach wie vor aktuell, denn auch freie und demokratische Gesellschaften können unter bestimmten Bedingungen unfrei werden und totalitäre Züge annehmen. Totalitäre Systeme etablieren sich nicht über Nacht, sie entwickeln sich allmählich und zunächst unbemerkt. Langsam durchtränken sie freie Gesellschaften mit ihrem Gift, sie kleiden ihre Ziele in schöne Worte und verdecken sie mit Moral. Wenn das Totalitäre dann seine Maske fallen lässt, ist es mitunter schon zu spät.

In der westlichen Welt sind wir Zeitzeugen eines solchen Wandels. Zuerst war es die Krankheit und dann der Krieg. Eine Pandemie führte dazu, dass Grundrechte ausgesetzt und das totalitäre China zum Vorbild stilisiert wurde. Fast alle westlichen Regierungen konnten beinahe ohne Widerstand durchsetzen, dass Freiheit und Persönlichkeitsrechte, Datenschutz und Selbstbestimmung zurückgebaut oder teilweise außer Kraft gesetzt wurden. All das schien zuvor undenkbar. Dann folgte ein Krieg, der über Nacht von einem autokratischen Potentaten vom Zaun gebrochen wurde und neue Angst hervorrief. Der Westen unterstützte dabei zwar die Freiheitsbestrebungen des überfallenen Landes. Gleichzeitig nutzten es manche Staatenlenker, um die Unfreiheit im eigenen Land zu legitimieren und auszubauen.

Doch sind derartige Restriktionen überhaupt gerechtfertigt? Oder nützen Regierungen und globale Eliten die Krisen für mehr Machtfülle und dazu, ihre Idee einer »besseren« Welt gegen den Willen der Bürger durchzusetzen? Was sind die Folgen für die Bürger, die Demokratie und die Politik? Ist die Aussetzung der Grund- und Freiheitsrechte im Zuge einer Krise gar eine Folie für eine zukünftige Herrschaftspraxis? Und wer profitiert letztlich davon? All diesen Fragen soll im Folgenden nachgegangen werden.

Bei einer eingehenden Analyse wird deutlich, dass der Verlust von Freiheit einer bestimmten Logik folgt. Totalitäre Systeme brauchen bestimmte Bedingungen und bedienen sich spezieller Techniken, um eine Gesellschaft unfreier zu machen und sie zu beherrschen. Die ersten Anzeichen zu erkennen, die Muster aufzuzeigen und die Techniken, die totalitäre Systeme anwenden, zu entlarven, ist das Ziel dieses Buches. Durchschaut man diese Techniken und Muster, ist es Bürgern möglich, diese Transformation zu stoppen und rückgängig zu machen. Damit ist es hochaktuell.

Durch die Darlegung dieser Muster sowie einer Vielzahl an Beispielen aus der Geschichte und alarmierenden Entwicklungen in der Gegenwart soll dargestellt werden, wie eine Transformation hin zu einer unfreien, gar totalitären Gesellschaft jederzeit möglich ist, wie sie funktioniert, und wie sie verhindert werden kann.

1. WAS IST TOTALITARISMUS?

Denken wir an totalitäre Systeme, so ordnen wir sie der Vergangenheit zu. Zum ersten Mal wurde der Begriff »totalitär« vom italienischen Liberalen Giovanni Amendola in den 1920er Jahren im Hinblick auf Benito Mussolini und seine Bewegung verwendet. Allerdings blieb Mussolini auf halbem Wege stecken, er brachte es zwar zum Diktator, aber eine totale Herrschaft konnte er weder in Italien noch in den Kolonien etablieren.

Totalitär war dann jedoch der Nationalsozialismus, der uns in seiner Schrecklichkeit speziell durch den Massenmord an den Juden so einzigartig erscheint, dass er sich niemals mehr wiederholen könne. Als totalitäres Regime des Grauens haben wir auch die kommunistische Sowjetunion unter Josef Stalin in Erinnerung. Dieser hatte mit seinen »Säuberungen« und systematischen Massenmorden mehr Menschen auf dem Gewissen, als der Zweite Weltkrieg gefordert hatte. Es erscheint uns heute undenkbar, dass ein Psychopath wie Stalin jemals wieder so unumschränkt herrschen könne. All dies, so denken wir, war nur unter den besonderen Bedingungen der ersten Hälfte des 20. Jahrhunderts möglich: Als ein jahrhundertealtes Herrschaftssystem zusammenbrach, chaotische Zustände regierten und sich erst eine neue Ordnung etablieren musste. Der »totale« Staat ist also eine singuläre Erscheinung des 20. Jahrhunderts, so die gängige Annahme.

Aber ist der totale Staat wirklich ein historisches Phänomen? Und was unterscheidet eigentlich einen »totalitären Staat« von einer Diktatur oder einem autoritären Staat?

Seit dem ersten Auftreten des Totalitarismus gibt es zahlreiche Definitionen und Klärungsversuche, was denn eigentlich das Totalitäre ausmache und kennzeichne. Allgemein formuliert, handelt es sich um eine Herrschaftsform, die alle Lebensbereiche bis hin zu den privaten Verhältnissen der Menschen durchdringt und bestimmt. Es geht darum, die Handlungen, die Körper, Gedanken und Meinungen der Menschen zu beherrschen und zu kontrollieren. Es geht um die totale Macht über jeden Einzelnen. Niemand kann sich entziehen. Dem Totalitarismus geht es nicht nur um die Schaffung einer starren Hierarchie, der man sich unterzuordnen hat, dies ist das Charakteristikum von Diktaturen. Sondern es ist ein dynamischer Prozess, der nichts weniger als einen »neuen Menschen« nach bestimmten Parametern formen will und die Weltherrschaft anstrebt.

Diese Durchdringung der Gesellschaft, Wirtschaft, ja jedes Einzelnen geht allmählich vor sich und wird letztlich mit Druck, Zwang bis hin zu Gewaltanwendung durchgesetzt. Es bleibt am Ende kein Spielraum mehr für individuelle Entfaltung, Anschauung, persönliche Freiheit oder Privatheit. Der Einzelne hat sich den Interessen der Gesamtheit unterzuordnen. Die Gemeinschaft, die als Masse in Erscheinung tritt, hat in allem Vorrang. Dazu setzt der totale Staat eine umfassende Propaganda und Überwachung der Bevölkerung ein. Jeder bespitzelt jeden, ständig werden Feindbilder erzeugt, gegen die die Bevölkerung aufgehetzt wird, jeden kann es treffen. Freie Meinungsäußerung und Pressefreiheit werden sukzessive unterdrückt.

Die Rechtsprechung dient nicht den Rechten der Individuen, sondern den Interessen der Führung des totalen Staates. Die Gewaltentrennung zwischen Justiz, Exekutive und Legislative wird aufgehoben. Die Unabhängigkeit dieser

Instanzen wird abgebaut, sie werden zentral gesteuert und kontrolliert.

Totalitäre Systeme zeichnen sich dadurch aus, dass sie aggressiv vorgehen. Willkürliche Verhaftungen, Schau- oder Scheinprozesse, Sondergefängnisse und eine Schreckensherrschaft der Geheimpolizei gehören zu ihren Instrumenten.

Alle Bereiche des Lebens – Wirtschaft, Wissenschaft, Erziehung, Arbeit, Unterhaltung – werden gesteuert, gleichgeschaltet und kontrolliert. Dazu braucht es eine umfangreiche Bürokratie, Apparate, die zueinander in Konkurrenz stehen und einander kontrollieren. Kontrolle und Überwachung, sowie ständige Dynamik und letztlich undurchschaubare Strukturen zählen zu den zentralen Elementen totalitärer Systeme. An der Spitze steht meist, aber nicht immer, ein Führer, dessen Willen sich alle zu unterwerfen haben. Eine Ideologie ist nicht nötig, und wenn vorhanden, dann bloß Fassade für die Willkür der Führung.

Seit dem Zweiten Weltkrieg haben sich etliche Wissenschaftler mit dem Phänomen des Totalitarismus beschäftigt. Bereits 1939 veranstaltete die US-amerikanische »Philosophische Gesellschaft« zu diesem Thema ein Symposium. Zu diesem Zeitpunkt lebte eine der wichtigsten Vordenkerinnen auf diesem Gebiet im Pariser Exil. Hannah Arendt wurde 1906 in Hannover geboren und 1933, unmittelbar nach deren Machtergreifung, von den Nationalsozialisten verhaftet. Nach ihrer Freilassung floh sie nach Frankreich. Doch auch dort holten sie ihre Peiniger ein. Als Frankreich von deutschen Truppen besetzt wurde, floh sie 1941 weiter nach New York. Dort erschien 1951 eines der wichtigsten Werke der Philosophin und Publizistin: »Elemente und Ursprünge totaler Herrschaft«. In diesem mehr als tausend Seiten dicken Buch analysiert sie, was totale Herrschaft ausmacht und wo und wie sie realisiert wird. Im Zentrum stehen für sie der Nationalsozialismus und der Bolschewismus, die trotz unterschiedlicher Ideologien letztlich sehr ähnliche Strukturen und Mechanismen der Macht aufweisen. Beides seien im Grunde erstaunlich ideologiefreie und unorganisierte Systeme, deren wichtigstes Instrument der Terror und die Tötung von Menschen sei. Auf die Details ihrer Analyse wird in diesem Buch noch näher eingegangen werden.

Ein ähnliches Schicksal wie Arendt hatte der aus Wien gebürtige Philosoph jüdischer Abstammung Karl Popper. Er emigrierte 1937, da er die Gefahr der Nationalsozialisten für Österreich und die Juden bereits erkannte, nach Neuseeland, wo man ihm eine Professur angeboten hatte. Dort schrieb er – ebenfalls unter dem Eindruck der Geschehnisse in Europa – eines seiner bedeutendsten Werke: »Die offene Gesellschaft und ihre Feinde«. Darin unterzieht er die Philosophie der Antike, auf deren Ideengebäude Europa letztlich errichtet wurde, einer Prüfung. Im Mittelpunkt der kritischen Auseinandersetzung steht dabei Platon mit seiner Vision eines Idealstaates und einer neuen Gesellschaftsordnung. Diese mündete letztlich zwangsläufig in eine Diktatur. Seiner Ansicht nach habe Platon das Individuum und seine Freiheit gehasst. Die antihumanitäre und antichristliche Einstellung Platons sei in der Philosophie stets idealisiert worden, so Poppers scharfe Kritik.[1] Die totalitäre Staatsauffassung entspreche der Moral einer geschlossenen Gesellschaftsordnung, also des Stammes oder der Horde. Dem gegenüber steht für Popper die offene Gesellschaft mit Freiheit, Humanität und Menschenwürde, wie sie seiner Ansicht nach von Sokrates vertreten wurde. Auf die Analysen Poppers wird ebenfalls noch näher eingegangen werden.

Einige Jahre später, 1956, erschien ein weiteres wichtiges Werk zum Totalitarismus, und zwar von den Politikwissen-

---

1   Popper, Offene Gesellschaft I, S 124f.

14

schaftlern Carl Joachim Friedrich und Zbigniew Brzezinski.[2] Die Autoren sehen wie Arendt den Totalitarismus als eine völlig neue Herrschaftsform. Sie bestätigen die enge Verwandtschaft der Systeme des Nationalsozialismus und des Bolschewismus, obwohl diese ja eine erbitterte ideologische Gegnerschaft behaupteten und letztlich auch Kriegsgegner waren. Sie seien nicht ident, aber im Grunde gleichartig, so das Resümee von Friedrich und Brzezinski. Dies zeige sich, wenn man alle Ideologie beiseitelasse und sich auf Systeme und Herrschaftspraktiken konzentriere.

Interessant ist aus heutiger Sicht, dass sie jedenfalls die Entstehung der totalitären Diktaturen als »Antwort« auf schwere Krisen sehen, als Formen einer »Krisen-Regierung«. Dennoch würden diese Systeme nach dem Ende einer Krise nicht einfach wieder verschwinden. Diese Einschätzung aus den 1950er Jahren hat sich letztlich bestätigt: Das kommunistische totalitäre System der Sowjetunion hatte sich nach dem Tod Stalins zwar gewandelt, sich aber noch bis 1989 bzw. 1990 an der Macht gehalten.

Die These, dass sich Nationalsozialismus und Bolschewismus letztlich sehr ähnlich sind, stieß in der Wissenschaft und Politik allerdings auch auf heftigen Widerspruch. Etliche sahen darin ein Werkzeug des Kalten Krieges, um den Kommunismus möglichst bedrohlich erscheinen zu lassen. Damals in den 1950er Jahren herrschte in den USA ein beinahe hysterischer Anti-Kommunismus, angeführt von Senator Joseph McCarthy. Bereits 1938 richtete das Repräsentantenhaus einen Ausschuss zur Untersuchung kommunistischer Umtriebe ein. Nach dem Krieg wurden Millionen von Bundesbeamten auf eine Zugehörigkeit zu Vereinigungen, die als kommunistisch eingestuft wurden, überprüft. Es

---

2 »Totalitarian Dictatorship and Autocracy«. In: Jesse Eckhard (Hg.), Totalitarismus im 20. Jahrhundert, 225ff.

genügte ein Verdacht oder eine Denunziation, um beruflich ruiniert oder gar ins Gefängnis gesteckt zu werden. Alles und jeder wurde kommunistischer Umtriebe bezichtigt, eine wahre Hexenjagd veranstaltet. Es war nicht allein McCarthy, der die antikommunistische Hysterie zu verantworten hatte, dennoch schob man später ihm allein alle Schuld zu. Nach seinem Tod 1957 gingen die Verfolgungen weiter, der Ausschuss wurde erst 1975 endgültig abgeschafft.

Nach dem Ende des Kalten Krieges am Ausgang der 1990er Jahre unterzog der Politikwissenschaftler Peter Graf Kielmansegg die Theorien über den Totalitarismus einer kritischen Überprüfung. Er stellte fest, dass die Konzepte eine starke Abhängigkeit vom jeweiligen Verhältnis des Westens zur Sowjetunion zeigten und im Zeitenwandel jeweils anders gedeutet wurden. Anstatt bloße Wertungen vorzunehmen, plädierte Kielmansegg für eine präzise Begriffsbestimmung und eine sinnvolle Analyse anhand der Realität. Und er lieferte den wichtigen Hinweis, dass sich das Konzept des Totalitarismus über die Jahrzehnte seit dem Krieg fortentwickelt hat. Wir werden darauf noch näher eingehen.

Wichtig erscheint für das Verständnis dieses Buches der Ansatz, dass es sich beim Totalitarismus nicht bloß um ein historisches Phänomen handelt, das sich im 20. Jahrhundert abspielte und dessen Ausläufer wir vereinzelt zwar noch beobachten, wie etwa in China, das aber letztlich von selbst absterben wird. Zentral ist außerdem, dass der Totalitarismus kein klarer Gegenentwurf zu den Demokratien westlicher Prägung ist, mit diesen unvereinbar und diese davon nicht beeinflussbar sind. Im Gegenteil drohen Ansätze oder neue Ausprägungen totalitärer Herrschaftsformen aktuell in scheinbar liberale Gesellschaften und Demokratien einzudringen und deren Systeme zu infiltrieren. Dies geschieht teilweise als dynamischer Prozess im Zuge von Krisen, teilweise als durchdachtes Konzept einflussreicher Persönlichkeiten und Organisationen, die auf diese Weise ein neues Welt- und Menschenbild etablieren wollen.

Auf welcher Basis und mit welchen Mitteln dies vor sich geht, wird in den folgenden Kapiteln untersucht.

2. WIE WIRD UNFREIHEIT MÖGLICH?

Für die Ausformung einer totalitären Gesellschaft braucht es eine Führung, die diese Herrschaft anstrebt und durchsetzt. Diese Führung kann in einer einzelnen Person verkörpert sein, wie es etwa Hitler, Stalin oder Mao Zedong in Reinkultur waren. Auch Kaiser und Könige in absolutistischen Monarchien waren und sind in gewisser Hinsicht Führer. Doch hier fehlten einige der Parameter, die Totalitarismus erst möglich machen. Werfen wir einen Blick zurück in die Geschichte, um die Strukturen und die Entwicklungen besser zu erkennen und zu verstehen.

Die Herrschaft kleiner Eliten stellt in der Geschichte der letzten 3000 Jahre die Regel dar. Eine Volksherrschaft hingegen ist die Ausnahme und musste den Mächtigen stets abgerungen werden.

Platon und die Wiege der Demokratie

Als Wiege der Demokratie gilt das antike Griechenland, ihr Zentrum war Athen. Und doch gab es unter diesen großen Denkern, Politikern und Philosophen auch jene, die diese Staatsform ablehnten oder in eine andere Richtung entwickeln wollten. Der gewichtigste unter diesen Philosophen war Platon. Er lebte im 5. Jahrhundert vor Christus und war ein Schüler des ebenso berühmten Philosophen Sokrates. Platon war vielseitig interessiert und begabt, von ihm sind umfangreiche Schriften erhalten, und dies machte ihn zu einem einflussreichen Denker für das gesamte Abendland. Eines seiner zentralen Themen war der Erwerb echten Wissens, das er von der bloßen Meinung klar unterschied. Das menschliche Streben solle auf Bildung und das Streben nach der absoluten Wahrheit ausgerichtet sein. Nur so könne der Mensch seine wahre Bestimmung und Orientierung finden.

Ein weiteres zentrales Thema für Platon war der »ideale Staat«. Diesem widmete er eines seiner Hauptwerke. Der Staat hat nach seiner Auffassung die Aufgabe, die Voraussetzungen zu schaffen, damit der Bürger seine wahre Bestimmung finden kann. Und er hat für Gerechtigkeit zu sorgen. Platon widmete sich ausführlich der Frage, wie die Verfassung eines solchen idealen Staates beschaffen sein müsste. Mit diesen Ideen und Ansätzen lieferte er die Grundlage für die Verfechter einer gleichen, gerechten und freien Welt und wird bis heute gern rezipiert.

Gleichzeitig wurden seine zweieinhalbtausend Jahre alten Ideen auch immer wieder kritisiert, und er selbst wurde nicht nur verehrt, sondern auch harsch kritisiert. Einer der prominentesten Kritiker Platons war Karl Popper, der in seinem zentralen Werk »Die offene Gesellschaft und ihre Feinde« dessen Lehre auseinandernimmt. Popper war Österreicher jüdischer Abstammung und schreibt im Vorwort zu seinem Buch, dass er am Tag des Einmarsches Hitlers in seiner Heimat, am 13. März 1938, beschlossen habe, dieses Buch zu schreiben.[3]

In Poppers Fundamentalkritik hat Platon sich selbst als am besten dafür geeignet betrachtet, als eine Art Philosophenkönig, der über ausreichend Weisheit verfügt, uneinge-

---

3 Popper, Offene Gesellschaft I, 7. Auflage, 1992.

schränkt zu herrschen: »Der Weise soll führen und herrschen, der Unwissende soll ihm folgen.« Platon war Anhänger eines Naturrechts, in dem jedem in einer klaren Hierarchie seine natürliche Rolle vorgegeben war: Der natürliche Herrscher sollte befehlen und der Sklave dienen. Politik konzentriert sich nach Platon im idealen Staat auf die Frage: Wer soll herrschen? Wessen Wille soll der höchste sein? Die Antwort kann nur lauten, dass dies der Beste, Weiseste, Gütigste und Lauterste sein solle.

Das Problem dabei ist jedoch, folgert Popper, dass es kaum möglich ist, eine Regierung zu bekommen, auf deren Güte und Weisheit man sich verlassen kann. Es gibt keine Garantie dafür, selbst wenn es zunächst den Anschein hat. Er nennt dieses Prinzip Platons die »Theorie der (unkontrollierten) Souveränität«. Diese hatte dazu geführt, dass man in der marxistischen Theorie den Standpunkt vertrat, die Arbeiterklasse herrsche besser als die Kapitalisten. Das Ergebnis war die Diktatur einer Klasse und letztlich der totalitäre Staat.

Platon ging in seiner Theorie vom idealen Staat davon aus, dass es natürliche Führer mit natürlichen Vorrechten gibt. Dazu im Gegensatz steht das Prinzip der Gleichberechtigung, das wir heute als »gerecht« ansehen, und das schon in der Antike bekannt war.

Es entspricht seit jeher der menschlichen Natur, dass unkontrollierte Macht vielerlei Versuchungen erliegt und der Kontrolle und Einschränkung bedarf. Denn die Geschichte hat gezeigt, dass Herrscher moralisch und intellektuell selten überdurchschnittlich, sondern vielmehr oft unterdurchschnittlich gewesen sind. Somit sollte man nicht fragen, WER regieren soll, sondern wie man politische Institutionen und ein politisches System organisieren kann, damit es selbst schlechten und inkompetenten Herrschern unmöglich gemacht wird, allzu viel Schaden anzurichten. Man bereitet sich auf den schlechtesten Führer vor und hofft auf den besten.[4]

Setzt man voraus, dass nur der Beste und Weiseste regieren soll, so gesteht man dem Herrscher zu, nach Erringen der Macht tun und lassen zu können, was er will. Das ist jedoch nicht das Prinzip des demokratischen Staatswesens moderner Prägung. Hier geht es vielmehr darum, wie Mächtige kontrolliert und in ihrer Macht eingeschränkt werden, also um eine Machtbalance. Somit hat sich in demokratischen Staaten die Ansicht durchgesetzt, dass eine schlechte demokratische Politik besser ist als eine Tyrannei, die sich als weise und wohlwollend ausgibt. Doch diese Ansicht ist nicht selbstverständlich und unumkehrbar, sondern stets bedroht. Und zwar von jenen, die sich wie Platon dazu berufen fühlen, als Weise den Unwissenden ihre Sichtweise des idealen Staates und des idealen Menschen aufzuzwingen.

An diesem Punkt wird Popper in seiner Kritik an Platon so heftig, dass er selbst wiederum sich dafür einiges an Kritik eingehandelt hat. Er nannte Platon einen Menschenfeind, sein Programm totalitär und seine Staatsidee eine gefährliche utopische Technik.[5] Um den idealen Staat im Sinne Platons zu verwirklichen, brauche es nämlich einen völligen Umbau der Gesellschaftsordnung, eine methodische Planung im großen Stil.

Die bereits erwähnten Politikwissenschaftler Friedrich und Brzezinsiki üben Kritik an Poppers Sichtweise von Platon: Dieser sei keineswegs ein Vertreter totalitärer Ideen gewesen, dies sei ein Missverständnis. Platon sei vielmehr ein Anhänger von autoritären Systemen, Eliten und Autokratie gewesen.[6] Auch warnen sie davor, von einer »Bösewicht«-

---

4   Popper, Offene Gesellschaft I, 145ff.
5   Ebd., 187f.
6   In: Jesse Eckard (Hg.), Totalitarismus im 20. Jahrhundert, 226.

Theorie bis hin zum Totalitarismus als Ergebnis einer »moralischen Krise« vereinfachend auszugehen.

Ein hohes, hehres utopisches Ziel zu verfolgen, ist sehr verführerisch für Idealisten, Intellektuelle und Moralisten. Doch spätestens bei der praktischen Umsetzung wird rasch klar, dass die Ansprüche zu hoch sind, die Menschen unwillig, die Hindernisse zahlreich, und dass daher die Durchsetzung mit radikalen Mitteln notwendig wird. Dies hat man an zahlreichen historischen Beispielen gesehen, wie etwa beim Marxismus.

Popper favorisierte demgegenüber die Technik der kleinen Schritte: Es gibt keine institutionellen Mittel, um den Menschen glücklich zu machen, sehr wohl aber einen Anspruch, dass Politik den Menschen nicht unglücklich mache. Daher müsse Politik versuchen, die größten Übel in der Gesellschaft zu beseitigen und die Lebensbedingungen der Menschen zu verbessern. Dies sei besser als der Kampf für irgendein Ideal. Bei einer vernünftigen und praktischen Politik bedürfe es vieler Einzelmaßnahmen statt des einen großen utopischen Ziels. Dies habe den Vorteil, dass bei Fehlern der Schaden nicht allzu groß und relativ leicht korrigierbar sei. Notwendig seien dabei die ständige Bereitschaft zum Kompromiss und die Rücksicht auf diverse Interessen sowie die Zusammenarbeit mit Institutionen. Der utopische Versuch eines Idealstaats im Sinne Platons mit einer völlig neuen Gesellschaftsordnung und der Herrschaft einiger weniger führe nämlich sehr wahrscheinlich zur Diktatur.[7] Selbst bei einem »wohlwollenden Diktator«, der nur das Beste für seine Untertanen will, bleibe die autoritäre Herrschaft fragwürdig, wage es doch niemand, einen Diktator oder das Regime zu kritisieren. Also werde die Führung auf falsche Maßnahmen nicht reagieren, weil sie die Beschwerden nicht zu hören

---

7   Popper, Offene Gesellschaft I, 190.

bekäme, und daher nicht überprüfen, ob mit diesen Maßnahmen das Ziel überhaupt erreicht werden könne. Kurz, es
fehle den autoritär Herrschenden das notwendige Korrektiv, wodurch sie zwangsläuig in die Irre gehen und scheitern
müssten. Dies lässt sich sowohl in der Politik als auch in der
Wirtschaft immer wieder beobachten.

Interessant im aktuellen Kontext ist im Übrigen die Vorstellung Platons, er habe eine Mission als Heiler oder Arzt
am kranken Sozialkörper. Für ihn war die Medizin eine Form
von Politik und Aeskulap, der Gott der Medizin, ein Politiker. Die medizinische Kunst dürfe sich nicht die Verlängerung des Lebens zum Ziel setzen, sondern nur das Interesse
des Staates: »In allen wohlregierten Gemeinschaften erhält
jedermann seine besondere Arbeit vom Staat vorgeschrieben.
Diese hat er auszuführen und niemand hat Zeit, sein Leben
lang krank zu sein und sich zu kurieren.« So habe der Arzt
»kein Recht, einen Menschen zu behandeln, der nicht im-
stande ist, seine gewöhnlichen Pflichten zu erfüllen; denn
ein solcher Mensch ist nutzlos für sich selbst und für den
Staat.«[8] In diesen Thesen klingt jener konsequente Nützlich-
keitsgedanke an, der etwa in der Eugenik der NS-Zeit wie-
derbelebt worden ist und bis in die heutige Zeit nachwirkt.

Die Masse

Um eine totalitäre Staatsform zu errichten, braucht es neben
der Führung vor allem Menschen, die sich beherrschen lassen, im Idealfall sehr viele Menschen. Und diese Menschen
sollten einander möglichst ähneln in ihren Gefühlen, Wünschen, Ängsten und Zielen. Somit ist eine große Menge von
Menschen noch lange keine Masse. Doch was macht eine

---

8   Popper, Offene Gesellschaft I, 166.

Masse aus, und was unterscheidet sie von jeder anderen Art von Menschengruppen?

Das Phänomen der Masse beruht mehr auf Psychologie als auf der Anzahl der vertretenen Personen. Ein Pionier auf dem Gebiet der Erforschung der Masse war der französische Arzt, Psychologe, Anthropologe und Erfinder Gustave Le Bon. Er ist einer der Begründer der Massenpsychologie und untersuchte unter anderem den Einfluss des Unbewussten auf den Menschen und dessen Überlegenheit über die Vernunft. Daraus entsprangen seine Erkenntnisse über die Masse als Phänomen der Moderne. Im Jahr 1895 erschien in Paris sein bekanntestes Werk »Psychologie der Massen«, das noch heute als bahnbrechend und gleichzeitig historisch brisant gilt. In diesem Buch beschreibt Le Bon, was eine Masse ausmacht und welchen Gesetzen sie gehorcht.

Er stellte fest, dass unter bestimmten Umständen eine Ansammlung oder Versammlung von Menschen neue Eigenschaften entwickelt, die der Einzelne für sich nicht besitzt, oder auch dass vorhandene Eigenschaften verstärkt werden. »Die bewusste Persönlichkeit schwindet, die Gefühle und Gedanken aller einzelnen sind nach derselben Richtung orientiert. Es bildet sich eine Gemeinschaftsseele.«[9] Somit würden Tausende Menschen, die sich zufällig gemeinsam auf einem Platz aufhalten, keine Masse im psychologischen Sinn bilden. Es muss vielmehr eine organisierte Menge vorhanden sein, die in bestimmter Weise beeinflusst und bestimmten Reizen ausgesetzt ist. Dann erst kann sich eine Masse bilden. Es bedarf aber nicht unbedingt eines gemeinsamen Ortes, um eine Masse entstehen zu lassen. Tausende, die, getrennt voneinander, gleichzeitig einer heftigen Gefühlsbewegung oder einem Ereignis ausgesetzt sind, können ebenfalls Merkmale einer psychologischen Masse annehmen.

---

9 Le Bon, Psychologie der Massen, 29.

Diese lange vor der Zeit der Massenmedien, allen voran des Fernsehens, gefassten Erkenntnisse erinnern sehr an bestimmte Medienereignisse. So etwa lösten der Tod Lady Dianas, das Attentat auf das World Trade Center in New York oder die Ermordung John F. Kennedys heftige Emotionen aus und mündeten in eine Massentrauer, Massenhysterie oder Massen-Entsetzen; und dies weltweit und gleichzeitig, bei Menschen, die einander niemals begegnet und völlig unterschiedlich waren. Die Masse kann gemeinsame Handlungen durchführen, spontan, aus dem Eindruck heraus etwa Blumen niederlegen, aber auch gewaltsame Aktionen durchführen, wie Zerreißen von Fahnen, Erstürmung von Regierungsgebäuden und dergleichen.

Massen, die eine gemeinsame Seele entwickelt haben, die eine dauerhafte psychologische Masse gebildet haben, erwerben bestimmte Merkmale. Diese können auch veränderbar sein, je nach den Umständen. Le Bon sah die Massen zwar kritisch und in ihrer zerstörerischen Kraft als gefährlich an. Jedoch gestand er zu, dass Massen auch heroisch und tugendhaft sein können. Wir kennen ja auch die »Masseneuphorie« bei einem besonderen und erhebenden Ereignis. Somit hängt die Werthaltung einer Masse von den Einflüssen und Zielen ab, denen sie ausgesetzt ist.

Für Le Bon sind Massen kein Phänomen der Moderne, und das Wissen um ihre Steuerung ist nicht neu. Es wurde von Herrschern immer schon praktiziert, wenn auch unbewusst und instinktiv. Und weil sie die Mechanismen, nach denen Massen funktionieren, kannten, gelang es ihnen, Macht zu erringen. Neu daran war die psychologische Analyse der Wirkmechanismen.

Was die Masse wenig beeindruckt und beeinflusst, sind Gesetze und Institutionen, ebenso wenig wie Vernunft und Logik. Was auf die Massenseele wirkt, sind Eindrücke und Meinungen, die man ihr einflößt. Ein Kennzeichen der Masse ist das Mittelmaß. Somit kann sie keine Handlungen oder Entscheidungen treffen, die eine besondere Intelligenz oder besondere Charaktere voraussetzen würde. Le Bon formuliert es sehr hart, nämlich dass eine Versammlung von hervorragenden, verschiedenartigen Menschen keine besseren Entscheidungen trifft als eine Versammlung von Dummköpfen. Der Grund ist, dass es um die Schnittmenge der Individuen in einer Masse geht, und dabei habe man eben nur Allerweltseigenschaften gemein und nicht das Herausragende.

Le Bon analysiert in seiner Schrift auch die Ursachen der Eigenschaften von Massen. Verlockend für den Einzelnen sind Massen durch das Gefühl von großer Macht, allein durch die Zugehörigkeit zu dieser. Je anonymer der Einzelne in der Masse ist, desto mehr schwinden sein Verantwortungsgefühl und gewisse Schranken, die ihn sonst zurückhalten.

Eine weitere Ursache, wie eine Massenseele entstehen kann, ist die Übertragung: In der Masse, so der Psychologe, ist jedes Gefühl und jede Handlung übertragbar. Der Einzelne ordnet seine persönlichen Wünsche der Masse unter. Es kann sogar so weit kommen, dass deren Tendenz seinen Wünschen sogar diametral entgegengesetzt ist. Ähnlich verhält es sich bei der Beeinflussbarkeit: Als Teil einer Masse lässt sich ein Mensch wesentlich leichter beeinflussen denn als Einzelner, ja er entwickelt Eigenschaften, die seiner Natur eigentlich völlig widersprechen. Le Bon vergleicht es mit der Wirkung einer Hypnose. Die Wirkung sei sogar noch stärker, weil alle anderen Hypnotisierten um ihn herum sie noch verstärken.

Nachdem die Massen somit in die gleiche Richtung, zu gleichem Denken und zu gleichen Handlungen gelenkt wurden, neigen sie dazu, die eingeflößten Ideen sofort zu verwirklichen. Dies kann zu Verbrechen, aber auch zu Heldenmut führen, je nach Art des Einflusses und der Absichten des Führers. Dennoch steigt der Mensch als Teil einer

Masse »mehrere Stufen der Leiter der Kultur hinab«.[10] Die Vernunft wird ausgeschaltet, das Triebhafte übernimmt die Führung. Die Masse ist daher nicht zugänglich für Logik und kritisches Denken, und somit leicht beeinflussbar. Le Bon konstatierte, dass die Unfähigkeit der Massen, richtig zu urteilen, ihnen jede Möglichkeit kritischen Geistes raubt, das heißt, die Fähigkeit, Wahrheit und Irrtum voneinander zu unterscheiden und ein scharfes Urteil abzugeben.

Die Masse ist nicht nur in der Physik träge, sondern auch in psychologischer Hinsicht: Es braucht lange Zeit, bis eine Idee, eine Ideologie oder Ähnliches sich in ihr festsetzt. Und es dauert ebenso lange, bis diese wieder aus ihr verschwindet. Das führt dazu, dass die Masse ihrer Führung, der Wissenschaft oder den Intellektuellen, die sich schneller drehen und weitergehen, hinterherhinkt.

Die Angst als Machtinstrument

Es braucht also eine Führung und eine Masse, um eine totalitäre Gesellschaft oder einen totalen Staat etablieren zu können. Doch wie bringt man Menschen dazu, sich zu einer Masse zusammenzufinden und sich ohne Widerspruch zu fügen?

Für den Moment ist ein außergewöhnliches Ereignis, längerfristig die Ausrichtung auf dasselbe Ziel oder eine Idee günstig für totalitäre Herrschaft. Doch was bringt Menschen dazu, sich auf ein Ziel auszurichten? Für den Einzelnen mag Motivation oder Überzeugung ausschlaggebend sein, aber die Masse kann nicht überzeugt werden, denn sie denkt eben nicht logisch oder vernünftig.

Sehr wohl jedoch kann sie durch heftige Emotionen und

---

10   Le Bon, Psychologie der Massen, 38.

durch Angst dazu gebracht werden, einem Führer und einer Idee zu folgen. Diese Angst kann real begründet sein, wie etwa beim Untergang der Titanic oder bei einem Feueralarm. Dabei kommt es leicht zur Massenpanik, bei der die Menschen auf die niedrigste Stufe der Existenz, nämlich den Kampf ums nackte Überleben zurückgeworfen werden. Die Angst kann aber andererseits auch irrational sein oder von der Führung erzeugt werden, wirkmächtig ist sie dennoch.

Die Lenkung der Masse durch Angst funktioniert am ehesten, wenn man von einer realen Gefahr ausgeht, von der sich die Menschen bedroht fühlen, sei es der Verlust des Arbeitsplatzes, des Status, der Sicherheit, sei es vor dem Fremden, der Umweltzerstörung, dem Krieg, der Krankheit – die Auswahl ist groß. Sodann muss man diese berechtigte Sorge maßlos übertreiben und nicht müde werden, vor den damit verbundenen Gefahren zu warnen. Dies erzeugt dann Angst, ja Panik. Der Mensch muss sich in seiner Angst auf sich zurückgeworfen, sich vollkommen verlassen fühlen und nach Rettung aus der Gefahr lechzen.

Sodann tritt ein Führer auf und bietet der verängstigten Masse eine Idee an, die sie aus ihrer Angst befreien kann. Diese Idee kann völlig irrational sein und muss in keinerlei Bezug zur eigentlichen Gefahr stehen, sie muss nur der in Angst versetzten Masse in eindringlichen Bildern und durch stete Wiederholung vermittelt werden.

Ein Paradebeispiel dafür ist die reale Sorge der Menschen in der Zwischenkriegszeit vor Not und Elend, vor Verlust ihrer Arbeit, Inflation und Hunger. Der Demokrat würde nun ein Wirtschaftsprogramm entwerfen, alle möglichen Institutionen einbinden und sich Schritt für Schritt an die Umsetzung machen. Sein Ziel ist es ja, die Lebensbedingungen der Bürger zu verbessern. Der totalitäre Führer gibt ebenfalls vor, dies anzustreben, allerdings hat er ein völlig anderes Ziel vor Augen, nämlich die totale Herrschaft. Also muss aus individualistischen Bürgern eine Masse geformt, und die Einzelnen müssen sodann gleichgemacht, also entsprechend erzogen werden. Und diese Erziehung erfolgt durch Angst und durch die Definition von Feindbildern. Im Nationalsozialismus war das Feindbild der Jude, die Angst war der Untergang der deutschen Herrenrasse. Das nach der Niederlage im Ersten Weltkrieg gedemütigte deutsche Volk lechzte nach Vergeltung und neuer Größe. Diese Idee wurde von einem Führer erfolgreich verstärkt und mit neuem Inhalt gefüllt.

Der Psychiater der österreichischen Seele, Erwin Ringel, hat einen unmittelbaren Zusammenhang zwischen dem Gefühl der Minderwertigkeit und der daraus resultierenden Verbitterung hergestellt. Ein Mensch, der sich schlecht und minderwertig fühlt, zieht sich entweder in die Einsamkeit zurück, oder er entwickelt die Tendenz zu Hass, Neid, Gewalt oder Machtgier. So wie ein ungeliebtes Kind bösartig werden kann. Die Erfahrung von Ablehnung und Minderwertigkeit führt zu einer neurotischen Angst, so Ringel.[11] Der Erwachsene kann im Kampf gegen diese irrationale, unbestimmte Angst einen scheinbar rationalen Grund erfinden, wie etwa die Angst vor einer Krankheit. Dies bringt zwar eine gewisse Erleichterung, ist aber nur eine vorübergehende Abwehr.

Ringel wies darauf hin, dass nicht zufällig jene Mechanismen in Österreich so häufig anzutreffen sind und der Minderwertigkeitskomplex vom österreichischen Psychoanalytiker Alfred Adler entdeckt und beschrieben wurde. Er ortet die Ursache, neben der Neurotisierung in der Kindheit, im Zusammenbruch des Weltreiches der Habsburger. Von einstiger Größe und Macht schrumpfte dieses Reich zu einem unbedeutenden kleinen Land. Damit wollte man sich nicht abfinden, was die Sehnsucht nach der »guten alten Zeit« hervorrief. Dies war auch einer der Gründe, warum viele Öster-

---

11   Ringel, Zur Gesundung der österreichischen Seele, 58f.

reicher 1938 begeistert »heim ins Reich« wollten. Sie sahen darin eine Chance auf Wiedergewinnung der früheren Größe und Macht. Der Minderwertigkeitskomplex führt nach Ringel zum Größenwahn. Und wie wir wissen, führte dieser Versuch direkt in eine noch schlimmere Katastrophe.

Atomisierung der Gesellschaft

Angst allein genügt nicht, um totalitäre Tendenzen in einer Gesellschaft auszulösen. Es braucht auch empfängliche Subjekte, die bereit sind, sich einer totalitären Herrschaft zu unterwerfen. Hannah Arendt war eine Zeitzeugin, sie hatte die Katastrophe der Nationalsozialistischen Diktatur hautnah erlebt. In ihrem bahnbrechenden Werk über die »Elemente und Ursprünge totaler Herrschaft« weist sie auf einen interessanten Aspekt hin: Als Vorbedingungen für Totalitarismus muss eine »atomisierte Massengesellschaft« erzeugt werden.[12] Noch mehr, es muss jegliche soziale Beziehung zerstört werden. Dies wird systematisch erreicht mit der Methode der Mitanklage oder der Sippenhaft: Jeder, der mit einem »Volksfeind« Kontakt hat, ist selbst ein »Volksfeind«. Jeder, der mit einem Juden befreundet ist, ist selbst ein Jude. Somit werden Freunde, Familie, Nachbarn und Kollegen in die Kriminalisierung des Einzelnen miteinbezogen und gleichermaßen ausgegrenzt, verfolgt, entrechtet und geächtet.

Auch in der bolschewistischen totalen Diktatur der Sowjetunion wurde diese Technik systematisch angewendet. Dies führte dazu, dass bei einer Anklage gegen einen vermeintlichen »Klassenfeind« sich seine Freunde und sogar seine Familie sofort abwenden mussten, ja diesen sogar denunzierten, um der Mitanklage zu entgehen. Sie wurden

---

12   Arendt, Totale Herrschaft, 696.

somit zu Helfershelfern von Polizei und Justiz, schafften Beweisstücke herbei und sagten gegen den Freund oder Bruder aus, um ihre eigene Haut zu retten.

Dieses Verhalten resultierte aus den unzähligen Säuberungswellen, bei denen Millionen unschuldiger Menschen willkürlicher und absurder Verbrechen beschuldigt, in Scheinprozessen angeklagt, verschleppt und ermordet wurden. Aus Angst, selbst zum Opfer zu werden, empfahl es sich, am besten gar keine Freunde oder soziale Beziehungen zu haben, um in keine Sache hineingezogen zu werden. Das Ergebnis waren ein Gefühl hilfloser Verlassenheit jedes Einzelnen und die Ohnmacht, einem brutalen System der Willkür hilflos ausgeliefert zu sein.

Familie und feste Bindungen

Die Familie oder Sippe ist die älteste Gemeinschaft, in der Menschen leben und die den Menschen am tiefsten prägt. Hier lernt das Kind, was richtig ist und was falsch, was gut ist und was böse, was erwünscht ist und was unerwünscht. Diese Werthaltungen trägt es lebenslänglich in sich, selbst wenn es sie hinterfragt oder sich später dagegenstellt. Die in der Familie vorgelebten Werte bleiben dennoch ein wichtiger Kompass.

Daher sind autoritäre und totalitäre Systeme bestrebt, die Prägung durch die Familie möglichst zu unterbinden und durch eigene Beeinflussung zu ersetzen. Es ist ein Merkmal solcher Systeme, dass sie die Kinder möglichst früh unter staatliche Obhut stellen und durch eigene Organisationen und Einrichtungen erziehen. So etwa gaben in der kommunistischen DDR die Mütter ihre Kinder wenige Wochen nach der Geburt in eine staatliche Krippe. Diese später von westlichen Feministinnen oft als vorbildlich hingestellte flächendeckende Kinderbetreuung hatte jedoch einen zutiefst ideologischen und totalitären Hintergrund: Einerseits waren die Frauen gezwungen, möglichst bald nach der Geburt wieder zu arbeiten, da sie als billige Arbeitskräfte gebraucht wurden. Und andererseits wollte man möglichst früh auf die Kinder Einfluss nehmen, um sie zu gleichförmig ausgerichteten, ideologisch indoktrinierten Staatsbürgern zu erziehen und nicht dem Einfluss der Eltern zu überlassen. Es müssen also Bindungen zerstört werden, oder die enge Bindung an die Eltern muss verhindert werden, um das Individuum zu durchdringen und zu beherrschen. In Folge ist es nicht verwunderlich, dass die Scheidungsrate in der DDR im damaligen Vergleich extrem hoch war. Lebenslange tiefe emotionale Bindung der Kinder an die Eltern oder der Partner zueinander sind für totalitäre Systeme eine Barriere, die es zu untergraben und zu beseitigen gilt. Sie streben den vereinzelten Menschen an, möglichst ohne fixe und tiefe Bindungen an andere.

Diese Praxis ist keineswegs eine Erfindung des 20. Jahrhunderts, sondern zählt zum Grundmuster zerstörerischer Persönlichkeiten. Bereits 1870 schrieb Netschajew, ein Schüler des russischen Anarchisten Bakunin, in seinem »Katechismus eines Revolutionärs« über dessen Eigenschaften: ohne personale Interessen, ohne Gefühle, ohne Bindungen, ohne Eigentum und selbst ohne eigenen Namen«[13]. Interessant ist in diesem Zusammenhang die quasi-religiöse Aufladung dieses »Bekenntnisses«.

Als Voraussetzung für eine atomisierte Gesellschaft, in der

---

13 Michail Bakunin (1814–1876) stammte aus einer aristokratischen Familie, begründete die Idee des kollektivistischen Anarchismus und war unter anderen an den Revolutionen des Jahres 1848 beteiligt. Er geriet in Konflikt mit Marx und wurde aus der Internationalen ausgeschlossen.

der Einzelne auf sich selbst zurückgeworfen ist, muss demnach das soziale Gefüge zerstört und das, was sie zusammenhält – gemeinsame Werte, Familie, Bindungen, Religion, Tradition, Heimat – eliminiert werden. Karl Popper warf bereits 1945 einen Blick in die Zukunft, als er voraussagte, dass sich eine offene Gesellschaft allmählich in eine »abstrakte Gesellschaft« verwandeln kann. Dabei wird Popper fast prophetisch, wenn er schreibt: »Man kann sich eine Gesellschaft vorstellen, in der sich die Menschen praktisch niemals von Angesicht zu Angesicht sehen, in der alle Geschäfte von isolierten Individuen ausgeführt werden, die sich durch maschinengeschriebene Briefe oder Telegramme verständigen und die sich in geschlossenen Kraftfahrzeugen umherbewegen. (Künstliche Befruchtung würde sogar die Fortpflanzung ohne persönlichen Kontakt ermöglichen.)«[14] In der modernen Gesellschaft würden viele Menschen leben, die keine oder nur sehr wenige persönliche Beziehungen haben, in Anonymität und Isoliertheit existierten und deshalb unglücklich seien. Kommt uns diese von Popper als »entpersönlicht« bezeichnete Gesellschaft heute nicht allzu bekannt vor?

Ein Mensch, der fest in seiner Tradition, seiner Religion, seiner Familie und seiner Dorfgemeinschaft verwurzelt ist und diese positiv erlebt, wird wenig anfällig sein für Propaganda und neue Ideologien, sondern er wird diese in seinem Bezugsrahmen überprüfen. Er wird neuen Heilsbringern misstrauisch gegenüberstehen.

Religiöse Menschen zum Beispiel sind nur schwerlich bereit, politische Führer als allerhöchste Instanz und deren Ideen als letztgültigen Maßstab zu akzeptieren. Sie werden all dies vor dem Hintergrund ihres religiösen Wertegerüsts überprüfen und relativieren. Dies kann mitunter im Widerspruch zum autoritären Führungskonzept der katholischen

---

14   Popper, Offene Gesellschaft I, 208.

Kirche stehen. Ein besonders eindrucksvolles Beispiel gab die katholische Jugend Österreichs im Jahr 1938: Anlässlich der Okkupation Österreichs fanden sie sich zu einer Kundgebung auf dem Stephansplatz in Wien zusammen und skandierten »Christus ist unser Führer!« Zuvor hatte Kardinal Theodor Innitzer eine Messe gelesen. Jener Kardinal, der für eine Zustimmung zum »Anschluss« an Hitler-Deutschland geworben hatte.

Werteverlust und Zerstörung alter Werte

Es ist das Ziel aller totalitären Staaten in Geschichte und Gegenwart, den Menschen die Religion auszutreiben und die Religionsausübung zu verbieten. Religiöse Führer und Gläubige werden verhaftet, eingeschüchtert oder ermordet. Dies praktizierten die Kommunisten in der Sowjetunion, die die »Popen« hassten und Religion als »Opium für das Volk« verurteilten. Eine andere Methode ist, die religiösen Repräsentanten für eine vom Staat gelenkte »Kirche« einzuspannen, wie es aktuell der russische Präsident mit der russisch-orthodoxen Kirche praktiziert. Die Nationalsozialisten wiederum verboten die christlichen Kirchen und die Religionsausübung nicht. So etwa gab es damals in den offiziellen Papieren die Rubrik »gottgläubig«. Toleriert wurden diese »Gottgläubigen« nur, wenn sie politisch nicht widerständig waren und die Kirchenführung Adolf Hitler als oberste Instanz akzeptierten. Propagandaminister Joseph Göbbels verstand es vorzüglich, den »Führer« in religiös aufgeladenen Bildern als eine Art neuen Christus zu inszenieren.

Im kommunistischen Ungarn zählte wiederum der katholische Erzbischof und Kardinal Josef Mindzenty zu den Galionsfiguren des gewaltfreien Widerstands gegen die politischen Führer und deren Unterdrückungsmethoden. Er predigte scharf gegen das Unrecht, engagierte sich auch politisch, wurde mehrmals verhaftet und lebte jahrelang im Exil in der US-Botschaft in Budapest.

Die kommunistische Staatsführung in China betreibt seit Jahrzehnten konsequent und mit aller Härte die Strategie, alles Religiöse auszulöschen. So etwa okkupierten chinesische Truppen 1950 unter der Herrschaft von Mao Zedong das benachbarte Tibet. Die rund halbe Million Mönche wurden grausam verfolgt, verhaftet, in Arbeitslager deportiert oder zwangsverheiratet. Der erst 15-jährige Dalai Lama, das Oberhaupt der buddhistischen Tibeter, musste sich in Sicherheit bringen. Er versuchte in den Folgejahren, eine Koexistenz mit China zu erreichen. Doch der Druck aus China wuchs beständig, und schließlich musste der Dalai Lama 1959 nach Indien flüchten, wo er bis heute residiert. Im Zuge der Kulturrevolution wurden fast alle Sakralbauten der Tibeter zerstört, ebenso die Kultur- und Bildungseinrichtung, und bis heute ist die Religionsausübung für Buddhisten nur unter Schwierigkeiten möglich.

Nicht viel anders ergeht es der katholischen Kirche in China. Bischöfe und Kardinäle wurden unter Hausarrest gestellt, die Gläubigen können ihre Messen nur im Geheimen feiern, Priester und ihre Gemeinden werden systematisch drangsaliert und verfolgt. Man etablierte eine Art parallele Staatskirche, die jedoch von den chinesischen katholischen Bischöfen nicht akzeptiert wird. Schließlich willigte Papst Franziskus in einen Kompromiss mit der chinesischen Führung ein. Er erkannte die Staatskirche an, um die Bischöfe und Gläubigen zu schützen. Doch diese zeigten sich nicht durchwegs erfreut, sondern fühlten sich vom Vatikan verraten und in ihrem Widerstand gegen die kommunistische Führung im Stich gelassen.

Die Muslime wiederum, die Volksgruppe der Uiguren, leiden in China bis heute unter grausamer Verfolgung. Sie sind in ihrem eigenen Gebiet weitgehend rechtlos, Tausende von ihnen sind in Lagern interniert. Ihr Schicksal ist immer wieder Thema in der Weltpresse. Ungeachtet dieser massiven Menschenrechtsverletzungen und der moralischen Empörung, treiben die westlichen Industrienationen weiterhin regen Handel mit China, ebenso wie China weiterhin Mitglied und Gast bei allen wichtigen Organisationen und Kongressen ist. Im Jahr 2022 wurden sogar die Olympischen Winterspiele in China abgehalten. Den ausländischen Sportlern und Begleitern wurden umfangreiche Auflagen erteilt, so etwa durften sie sich politisch nicht äußern.

In den demokratischen Ländern des Westens braucht es keine Verbote und keine Unterdrückung. Hier erfolgt der Religionsverlust freiwillig, indem sich immer mehr Menschen von Kirchen und Religionsgemeinschaften abwenden. Zwar sind immer noch 75 Prozent der Europäer dem christlichen Glauben zugehörig, der Anteil schrumpft jedoch rapide, und nur ein Bruchteil davon praktiziert den Glauben auch.

Die einzige Glaubensgemeinschaft, die in Westeuropa wächst, sind die Muslime. Sie erhalten Zulauf durch Zuwanderung aus muslimisch geprägten Ländern nach Europa. Da auch ihre durchschnittliche Kinderzahl tendenziell höher ist, wächst ihr Anteil kontinuierlich. Im Koran ist keine Trennung zwischen Religion und Staat festgeschrieben, wie in der Bibel, sondern diese bilden eine Einheit. Die religiösen Vorschriften regeln auch den Alltag, die Gerichtsbarkeit, das gesellschaftliche Zusammenleben, den Staat.

Es ist kein Zufall, dass mehrheitlich muslimische Länder tendenziell autoritär regiert werden. In reinster Ausprägung findet sich die Einheit von religiöser und politischer Führung im Iran seit der Revolution Khomeinis im Jahr 1979. Der Iran wechselte damals das Regime, vom König zum Ajatollah, aber nicht das autoritäre System. Vielmehr wurde der Eingriff in das Leben jedes Bürgers wesentlich radikaler und tiefgreifender, als er es in der absolutistischen Monarchie der Schahs war. Somit entwickelte sich der Iran hin zu einem totalitären System. In der Türkei wiederum folgte auf die Jahrhunderte während Herrschaft der Sultane im Osmanischen Reich ab 1923 eine demokratisch-säkulare Phase unter Kemal Atatürk. Nach dem Putschversuch des Militärs wurde die Krise von der politischen Führung genutzt, um die Verfassung zu ändern und eine autokratische Präsidialrepublik einzuführen. Der aktuelle Präsident der Türkei, Recep Tayyip Erdogan muss sich zwar nach wie vor demokratischen Wahlen stellen, jedoch lässt er seine politischen Gegner oder jene, die er dafür hält, verfolgen und einsperren. Erdogan arbeitet an einer Wiederbelebung des Osmanischen Reiches unter der Dominanz des Islam. Gläubigen anderer Religionen wird das Leben schwer gemacht, Kirchen werden geschlossen und religiöse Würdenträger schikaniert.

Einflüsse durch die Massenkultur

Moderne Kommunikationssysteme verdichten reale oder imaginäre Massen. Sie werden durch die Gleichzeitigkeit von Information, etwa durch das gleichzeitige Ansehen des Hauptabendfilmes, der dabei gleichzeitig empfundenen Gefühle und derselben Bilder zu einer Masse. Die Massenmedien können dazu benützt werden, wie bereits ausgeführt, Menschen zu einem bestimmten Zweck zu organisieren oder zu manipulieren. Die Vorbedingung ist die Etablierung einer Massenkultur.

Die Frage der Massenkultur und ihrer Auswirkung auf den Einzelnen und die Gesellschaft beschäftigt die Fachwelt seit Jahrzehnten. Bereits Sigmund Freud hat das Phänomen der Massenpsychologie beschrieben, deren eine Bedingung die Gleichzeitigkeit ist. Ob sich das Individuum in einer großen Menschenmenge befindet oder allein vor dem Bildschirm sitzt, ist dabei zweitrangig. Als Massenkultur werden in Massen fabrizierte und für den Massenkonsum bestimmte Produkte bezeichnet. Dominant ist der Einfluss der Massenkultur im Bereich der Unterhaltung und der Information durch die Massenmedien, die letztlich ja ebenfalls eine Form der Unterhaltung bieten.

Der Psychoanalytiker Otto F. Kernberg hat Ende der 90er Jahre des 20. Jahrhunderts darauf hingewiesen, dass die Unterhaltung durch Fernsehen, Radio oder Zeitungslektüre eine imaginäre Masse herstellt. Dies wird noch verstärkt durch die viele Zeit, die wir heute im Internet und mit den »sozialen« Medien verbringen. Es entsteht ein illusorisches Gefühl der Gemeinschaft.[15]

Nun, so kann man einwenden, es ist ja nichts Schlechtes, einer Gemeinschaft anzugehören und sich gemeinsam zu unterhalten. Die Massenkultur birgt allerdings eine Vielzahl von Gefahren, derer man sich oft nicht bewusst ist. So könnte sie als Instrument der sozialen Kontrolle betrachtet werden, indem sie nicht-kritische Unterhaltung verkaufe, um die herrschende Ideologie einer Gesellschaft zu festigen.[16] Problematisch sind auch die Mechanismen, denen die Massenunterhaltung unterliegt. Bei den sehr beliebten Serienunterhaltungen und Krimis etwa gibt es ein Muster: Die Rollen sind klar verteilt, die Protagonisten sind entweder gut oder böse. Das Drama wird durch eine Gefahr eingeleitet, am Ende wird der Schuft bestraft, und die Zuseher bleiben moralisch befriedigt zurück.

Diese Dramaturgie kann man auch im Bereich der Information beobachten: Auch hier ist eine Tendenz erkennbar,

---

15 Otto F. Kernberg, Ideologie, Konflikt und Führung, 286.
16 Ebd., 285f.

nicht zu differenzieren, mit Schemata zu arbeiten, eine klare moralische Botschaft zu übermitteln, wie man die Dinge »richtig« zu sehen hat, und ein Urteil zu fällen. In den Fernsehnachrichten vermittelt eine zentrale Gestalt, die durch Auftreten und Dekoration eine Autorität ausstrahlt, den Zusehern, was wichtig ist und wie man es betrachten soll. Die passiven, in den Bann dieser Anziehungskraft geratenen Zuseher werden intellektuell nicht herausgefordert und leicht beeinflussbar.

Kernberg hat auf die subtile Selbstgerechtigkeit und den moralistischen Ton hingewiesen, der die Übermittler von – scheinbar neutralen und objektiven – Nachrichten kennzeichnet. Die Welt und ihre Protagonisten werden in Gut und Böse eingeteilt und dem Massenpublikum das Gefühl vermittelt, dass es, so wie der Kommentator, in seinen Ansichten moralisch überlegen sei. Die Massenkultur ist somit ein Instrument der sozialen Kontrolle und festigt die herrschende Ideologie einer Gesellschaft.

Der Konsument der Massenkultur droht auf die Stufe eines Kindes zurückzufallen, das von einfachen und konventionellen Moralvorstellungen abhängig und nicht fähig ist zu differenzieren. Es will ein Teil von festen Gruppennormen sein. Dieses unreife »Ich-Ideal« ist jedoch anfällig für autoritäre Strukturen und abhängig von der Meinung anderer. Eine reife Persönlichkeit vertraut hingegen mehr auf das eigene, unabhängige Urteil.

Der Psychoanalytiker Erwin Ringel warnte davor zu glauben, dass mit dem Ende des Nationalsozialismus die Gefahr des bedingungslosen Gehorsams vorbei sei und es das Bestreben gebe, erwachsene Menschen in den Zustand frühkindlicher Naivität und unmündiger Glaubensseligkeit zurückzuversetzen. »Dies ist genau die Verfassung, die man zu brauchen glaubt, um die eigene Macht für immer zu garantieren: Das Denken soll dem Herrscher überlassen bleiben.

So wie aber für jedes Kind die Stunde der Wahrheit schlägt, so auch für den unmündig gehaltenen Untertan. Irgendwann gibt es dann für den ›Unfehlbaren‹ ein schreckliches Erwachen, das ihn zu spät darüber aufklärt, dass man Menschen nicht für immer infantilisieren kann.«[17]

Verwirrung stiften

Wir leben in einer pluralistischen Gesellschaft mit ausgeprägtem Individualismus. Jeder kann sich selbst immer wieder neu erfinden. So etwa in der Popkultur, in Kunstfiguren, die auch das Geschlecht wechseln, nicht nur den Style. Wir wechseln nicht nur Jobs, sondern auch Berufe. Wir definieren selbst, wer wir sind und wer wir sein wollen, was für uns wichtig und gültig ist und was wir ablehnen. Es gibt keine selbstverständlichen und unhinterfragten Normen mehr. Das hat eine Erosion von gemeinschaftlich gültigen Werten in unserem bisher gewohnten und vertrauten gesellschaftlichen Gefüge zur Folge. Dies kann man positiv oder negativ betrachten: Jedem steht theoretisch alles offen, jeder hat Zugang zu Bildung, Ausbildung, und damit unübersehbare Möglichkeiten. Bei dieser Fülle an Wahlmöglichkeiten und Lebensmodellen fehlen aber zunehmend die Einordnung und die Orientierung. Dies führt zu Beliebigkeit und großer Verunsicherung des Einzelnen. Denn jede zusätzliche Möglichkeit, jede neue Weggabelung und Auswahlmöglichkeit birgt auch die Gefahr der Verirrung und des Scheiterns in sich. Und in unserer Kultur sind Irrtum und Scheitern noch immer negativ besetzt. Ein Jungunternehmer, der pleitegeht, kann nicht so einfach etwas Neues probieren, wie dies etwa in den USA zur Unternehmenskultur gehört. Er ist gesell-

---

17   Ringel, Zur Gesundung der österreichischen Seele, 97 und 102.

schaftlich stigmatisiert und bekommt nur unter großen Schwierigkeiten eine Chance für einen Neuanfang.

Auch im Privatleben ist alles möglich und alles erlaubt: Scheidungen, Ehen von Homosexuellen, Leben in losen Verbindungen, Patchworkfamilien, Seitensprünge, Ehen zwischen Menschen unterschiedlicher kultureller und religiöser Herkunft – all das ist in einer pluralistischen Gesellschaft kein Problem. Das bietet den Menschen eine größere Chance auf Glück, etwa weil sie den Partner oder die Partnerin wirklich frei wählen können. Es gibt keine Tabus und Eheverbote mehr, wie sie noch unsere Großeltern kannten. Damals war es etwa jungen Männern ohne eigenes Einkommen, Krankenschwestern oder Knechten nicht erlaubt, zu heiraten. Heute ist das für uns unvorstellbar. Und dennoch ergeben sich aus der neuen Vielfalt auch neue Probleme. So etwa ist der geschiedene Partner, meist ist es der Mann, unterhaltspflichtig für seine Kinder. Dies stürzt immer wieder Männer in die Armut und sogar Obdachlosigkeit, weil sie sich keine Wohnung mehr leisten können, alkoholkrank werden und ihren Job verlieren.

Selbst bei gut verdienenden Menschen wird es rasch knapp, wenn dann eine zweite Familie gegründet wird. Patchworkfamilien können gelingen, sie können aber auch sozial und zwischenmenschlich zu Konflikten führen, bis hin zu wahren Tragödien. Mit welcher Familie wird Weihnachten gefeiert? Wer fährt mit welchen Kindern auf Urlaub? Was passiert im Krankheitsfall? Was ist, wenn sich die Kinder mit dem neuen Partner oder der Partnerin nicht verstehen, wenn sie eifersüchtig sind auf die anderen Kinder?

Durch die Möglichkeit der Trennung, die es in früheren Zeiten nur für privilegierte Schichten gab, wird zwar heute viel Leid verhindert, etwa bei gewalttätigen Partnern. Es entsteht aber auch neues Leid und Verwirrung. Denn auch für die Frauen ist eine gescheiterte Ehe oder Beziehung sowohl emotional als auch wirtschaftlich oft ein Problem. Es ist kein Zufall, dass diejenige Gruppe in unserer Gesellschaft, die am häufigsten unter der Armutsgrenze leben müssen, Alleinerzieherinnen und deren Kinder sind. Die Möglichkeit, sich von einem Partner, der psychische oder physische Gewalt ausübt, oder wenn ständig Streit herrscht, zu trennen, ist sicher eine Erleichterung und ein Fortschritt in einer pluralistischen Gesellschaft. Aber es hat eben auch Nachteile, ebenso für die gemeinsamen Kinder, die sich oft hin und her gerissen fühlen oder als Faustpfand benutzt werden.

Insgesamt sind die Grundwerte der Gesellschaft infrage gestellt. Das ist an sich kein Problem, es muss jede Generation ihr Zusammenleben und die Grundlagen hinterfragen. Doch durch den Individualismus, bei dem sich jeder sein Lebenskonzept und sein Wertegerüst selbst zimmert, erodieren die gesamtgesellschaftlichen Werte völlig. Das zeigt sich etwa bei der heiklen Frage der Leihmutterschaft: Die einen finden es großartig, wenn Homosexuelle dadurch ihren Traum vom Familienglück verwirklichen können. Andere wiederum kritisieren die wirtschaftliche und emotionale Ausbeutung der Frauen, die für diese Paare das Kind austragen. Mit gesetzlichen Vorgaben und Beschränkungen allein lässt sich dieses Problem nicht lösen. Denn es werden immer Wege gefunden, diese zu umgehen, etwa indem die Kinder im Ausland zur Welt gebracht werden. Auch das Recht der Kinder auf Vater und Mutter wird dabei missachtet. So verständlich der Kinderwunsch bei homosexuellen Paaren auch sein mag: Ein privates Glück, das auf Ausbeutung und Rücksichtslosigkeit beruht, ist zumindest fragwürdig.

Werte sind auch einem Wandel unterworfen. Wer kann heute noch etwas mit dem Ehrbegriff anfangen, dessetwegen sich über Jahrhunderte Menschen duelliert haben? Oder mit dem Ehrenwort? Mit dem Gehorsam? Mit Tradition? Mit Religion? Alle diese Begriffe erscheinen heute überholt oder sind nur noch für eine Minderheit von Bedeutung. Deutlich erkennt man das am Beispiel der Religion: Durch die Zuwanderung von Menschen aus Regionen, die keine Trennung zwischen Staat und Religion kennen und für die ihre Religion noch oberste Richtschnur in ihrem Leben ist, kommt es unweigerlich zu Konflikten. Die Werte der Herkunftsgesellschaft und jene des neuen Heimatlandes klaffen damit so stark auseinander, dass ein Kompromiss schwierig bis unmöglich ist. Dies führt dann zu den oft diskutierten Parallelgesellschaften oder zur Notwendigkeit, die alten Werte aufzugeben und sich anzupassen. Die innere Kluft wird jedoch niemals ganz überwunden werden.

Damit in Zusammenhang steht auch die Frage der Moral, was als gut und was als böse gewertet wird. Für religiöse Menschen gibt es dafür einen klaren Kompass, nämlich ihre heiligen Schriften, Gebote und ihr Gewissen. Dieses ist unabhängig vom jeweils herrschenden politischen System und der übrigen Gesellschaft und deren Moralvorstellungen. Interessant ist, dass in totalitären Systemen zweierlei zu beobachten ist: Religiös-fundamentalistische Systeme, also theokratische Diktaturen, nützen die religiösen Wertvorstellungen als Mittel zur Unterdrückung und Festigung ihrer weltlichen Macht. Dies ist heute vor allem in islamischen Ländern zu beobachten, weil der Islam keine Trennung von Religion und Staat kennt. Bis zum Beginn des 20. Jahrhunderts nutzten auch in christlich geprägten Ländern die absolutistisch regierenden Herrscher die Religion, um in Form des »Gottesgnadentums« ihre Macht zu festigen und zu erhalten. Säkulare totalitäre Systeme hingegen unterdrücken alles Religiöse, weil sie die Oberhoheit über das Gewissen der Menschen erlangen wollen. Sie dürfen keine höhere moralische Instanz dulden, die ihre Vorgaben infrage stellen könnte.

Es ist ein Merkmal für eine Transformation zum Totalitarismus, wenn die traditionellen Normen auf den Kopf gestellt werden: Was früher gut und richtig war, ist dann schlecht und falsch – und umgekehrt. Hat jemand etwa Mitleid mit einem Gepeinigten oder Verfolgten, dann ist das nicht gut und richtig, sondern falsch. Er macht sich in einem totalitären System damit schuldig und strafbar. Die Lüge und das Verdrehen von Tatsachen werden zum erlaubten, ja notwendigen Mittel, um Menschen zur »richtigen« Haltung zu bringen. Ein drastisches Beispiel dafür ist der Überfall Hitlers auf Polen im September 1939. Dieser wurde als Akt der Notwehr gegen einen feindlichen Angreifer dargestellt: »Ab heute wird zurückgeschossen!«

Eine perfide Taktik in diesem Zusammenhang besteht darin, dass die eigentlichen Opfer eines staatlichen Übergriffs zu Tätern oder potenziellen »Gefährdern« für die öffentliche Sicherheit, die Gesundheit oder den sozialen Frieden stilisiert werden. Aus Freiheitskämpfern werden in dieser Logik »Terroristen«, aus empörten Bürgern »Aufständische«, aus Oppositionellen werden »Staatsfeinde« gemacht. Und die Führung definiert Sündenböcke, auf die sich dann der Volkszorn entladen soll, um vom eigenen Versagen abzulenken. Diese Strategie hat den zusätzlichen Vorteil, dass das Volk gegeneinander aufgebracht wird, sich die Gesellschaft in brave und böse Bürger spalten lässt und die herrschende Klasse damit ihre eigene Position festigen kann. »Divide et impera« – das wussten schon die alten Römer.

Wenn es also in einer Gesellschaft keine gemeinsamen Grundwerte mehr gibt, dann führt dies nicht nur zu Parallelgesellschaften und zu immer mehr »Blasen«, sondern letztlich zur völligen Vereinzelung. Das ist die Kehrseite des Individualismus: Auf nichts und niemanden Rücksicht zu nehmen, sich zu keiner Gemeinschaft zu bekennen, führt letztlich in die Einsamkeit. Auf diese Isolation kann eine auf Totalitarismus ausgerichtete Herrschaft bauen, sie bildet den

Nährboden für Beeinflussung durch Propaganda und totale Kontrolle.

In das Vakuum, das durch den Verlust gemeinsam ausverhandelter, als sinnvoll erachteter Normen und tradierter Werte entsteht, stößt der Staat vor. Im banalen Alltag ist das zu beobachten, wenn gute Erziehung und gutes Benehmen als Grundvoraussetzungen für ein gutes und möglichst friktionsfreies Miteinander nicht mehr vorausgesetzt werden können. So ist es mittlerweile strafbar, wenn in öffentlichen Verkehrsmitteln das Mittagessen verzehrt und andere mit dem Geruch und den Abfällen belästigt werden. Je mehr der Kitt von Werten, Rücksichtnahme und Benehmen bröckelt, desto mehr Verbote und Vorschriften des Staates braucht es. Dies ist eine unbefriedigende, ja gefährliche Entwicklung. Denn dadurch wird die Freiheit immer mehr eingeschränkt. Es können aber der Staat und seine Organe nicht überall präsent sein, um zu kontrollieren – zumindest nicht in einer freien Demokratie. Dazu bräuchte es lückenlose Überwachung, die in China bereits Realität ist, wo selbst die korrekte Müllentsorgung von Kameras überwacht und Fehlverhalten bestraft wird.

Werte und Moral, die Definition dessen, was gut und was böse ist, werden somit immer mehr durch den Staat, die Gerichte und die Exekutive vorgegeben. Das ist genau das Gegenteil dessen, was die Subsidiarität will, die etwa in der christlichen Soziallehre als hohes Gut betrachtet wird: In einer Gesellschaft soll möglichst viel in möglichst kleinen Einheiten ausgehandelt und erledigt werden. Der Staat soll nur dort eingreifen, wo dies nicht (mehr) möglich ist.

Vereine und Organisationen für Freiwilligenarbeit sind gute Beispiele dafür, wie Aufgaben lokal und durch das Engagement von Bürgern gelöst werden können. Ein weiteres Beispiel ist die Erziehung und Betreuung von Kleinkindern: Geht es nach den Entwicklungspsychologen, sollte ein Kind in den ersten Lebensjahren am besten in der Familie betreut werden. Eine außerhäusliche Betreuung von Kindern unter drei Jahren sehen sie nur als Notlösung, etwa bei Alleinerzieherinnen, die keine Unterstützung in ihrem Umfeld haben. In totalitären Systemen hingegen ist es eine der wichtigsten Aufgaben des Staates, die Kinder möglichst früh, am besten im Babyalter, in die Obhut von staatlichen Einrichtungen zu übernehmen. Dadurch werden sie dem Einfluss des Elternhauses entzogen und können möglichst früh indoktriniert werden. Statt individueller Persönlichkeiten mit spezifischen Werten, die aus der Familie übernommen werden, werden gleichgeschaltete Untertanen.

Wenn also ein Staat dazu übergeht, nicht mehr nur als Hilfskonstruktion für Notfälle einzuspringen, sondern sich als der bessere Kindererzieher zu gerieren, ist Vorsicht geboten. Denn aus einem Angebot kann rasch ein Zwang werden. Gleichzeitig ist der Staat überfordert, weil er den Kleinkindern nicht dieselbe Aufmerksamkeit und Fürsorge bieten kann wie in einer Familie, allein schon aus Personal- und Kostengründen.

Eine klare Identität, eine gute Bindung und Zugehörigkeit sind wesentliche Voraussetzungen für die gedeihliche Entwicklung eines Menschen. Dies gibt ihm Sicherheit in einer zunehmend unübersichtlichen Welt. Nur derjenige, der weiß, wer er ist, kann sich dem anderen teilnahmsvoll und tolerant hinwenden. Selbstsichere und ihrer Identität gewisse Menschen sind angstfreier, mutiger und experimentierfreudiger als jene, die mit ihrer Identität ringen. Das führt zur Frage, inwieweit die in den letzten Jahren in Mode gekommene Gender-Identität hilfreich ist für eine stabile Persönlichkeitsentwicklung. Die Gender-Debatte hat zweifellos eine Berechtigung, weil die Gleichwertigkeit trotz der Unterschiedlichkeit von Mann und Frau thematisiert und anerkannt wurde.

Dies ist in der Geschichte der Menschheit wahrlich keine Selbstverständlichkeit, und auch heute noch keineswegs in allen Kulturen verbreitet. Doch Gleichwertigkeit bedeutet nicht Gleichheit, denn Frauen und Männer sind eben durchaus unterschiedlich. Eine realitätsbezogene Gender-Debatte zielt genau darauf ab. So ist es etwa sehr sinnvoll, dass in der Gender-Medizin auf die andere Biologie der Frau in Behandlung und Medikation Rücksicht genommen wird, da diese bisher nur auf Männer zugeschnitten waren. Auch die ungleichen Karrierechancen und Bezahlung von Männern und Frauen wurden zu Recht thematisiert. Und wenn starre Rollenzuschreibungen aufgehoben werden, ist dies eine Möglichkeit, die individuellen Fähigkeiten und Stärken besser zu nutzen. So etwa lagen in Zeiten, in denen Frauen eine höhere Bildung und Ausbildung verwehrt war, deren Talente und Fähigkeiten brach, was für die Gesellschaft, Wirtschaft und Kultur einen Verlust bedeutete.

Problematisch ist es allerdings, wenn behauptet wird, das biologische Geschlecht sei frei wählbar und es gäbe eine unendliche Vielfalt an Geschlechtern. Im Einzelfall sollte jedoch unbedingt darauf Bedacht genommen werden, dass nicht bei allen Menschen das biologische Geschlecht eindeutig ist oder mit dem gefühlten Geschlecht übereinstimmt. Hier kann es zu ernsten Problemen kommen, die eigene Identität zu finden. Erhebt man die Beliebigkeit und Austauschbarkeit des jeweiligen Geschlechts jedoch zur Norm, führt dies zu Chaos, Verwirrung und zu noch mehr Problemen. Im Einzelfall kann es dazu kommen, dass etwa eine Geschlechtsumwandlung vorgenommen wird, die von der betreffenden Person dann nicht als Befreiung, sondern als Belastung empfunden wird und sie in eine neuerliche Konfliktsituation stürzt. Für Jugendliche, die ja erst ihre Persönlichkeit und Identität als Frau oder Mann entwickeln, ist diese Art von Genderdebatte schädlich und verwirrend. Sie verhindert eine weitere Form der Zugehörigkeit, die für den Menschen besonders wichtig ist, nämlich zu einem biologischen Geschlecht. Eine Möglichkeit der individuellen Selbstentfaltung wird somit leicht zu einer Form der Isolation.

Gefährlich für eine Gesellschaft ist es, wenn sie den Wert des menschlichen Lebens an sich infrage stellt und verhandelbar macht. Wir kennen es aus der Geschichte, wohin es führt, wenn manche Leben weniger wert sind als andere, aufgrund von Rasse, Religion, Geschlechtszugehörigkeit oder Weltanschauung. Ein besonders drastisches Beispiel liefert das Eugenik-Programm im Nationalsozialismus, in dem Behinderte sowie psychisch und chronisch Kranke systematisch ermordet wurden. In einer freien und demokratischen Gesellschaft zählt es daher zu Recht zu den wichtigsten Grundsätzen, dass alle Menschen gleich an Würde sind und damit ihr Leben gleich viel wert ist.

Dennoch erodiert auch dieser Grundsatz unmerklich und immer mehr. So etwa wird bereits am Lebensanfang selektiert, ob ein Embryo zur Welt kommen soll oder nicht. Mittels Pränataldiagnostik wird nach »Defekten« gefahndet, wobei die Art jener Beeinträchtigungen, die ein Leben vorgeblich nicht lebenswert machen, nicht genau festgelegt und letztlich beliebig ist. Und am Lebensende gibt es in immer mehr Ländern die legale Möglichkeit, sich ins Jenseits befördern zu lassen, wenn das Leben als nicht mehr lebenswert erachtet wird. Dies kann eine schmerzhafte oder unheilbare Krankheit genauso sein wie eine psychische Erkrankung. Auf den ersten Blick erscheint diese Option als Akt der Befreiung und Selbstbestimmung. Man ist selbst Herr über sein Leben und seinen Tod. Doch bei genauerer Betrachtung wird aus der Selbstermächtigung allzu leicht eine fremdbestimmte Erwartungshaltung: um nur ja niemandem zur Last zu fallen, um den Erwartungen der Verwandtschaft oder der Gesellschaft zu entsprechen. Weil das eigene Leben ja nichts mehr wert und man unnütz ist, beendet man sein Leben oder lässt es beenden. Wenn der Wert des menschlichen Lebens verhandelbar ist, wird eine Tür in einen wertfreien und von Nützlichkeitsideen dominierten Raum geöffnet. Dann bestimmt die Gesellschaft oder der Staat, wie viel das Leben des Einzelnen wert ist. Und für die Ärzte bedeutet es, dass es nicht mehr ihre einzige Aufgabe ist, Leiden zu lindern und Leben zu erhalten, sondern auf Wunsch auch zu töten. Dies ist die Entsorgung eines wesentlichen Grundwerts zivilisierter, demokratischer Gesellschaften, und es wird sich zeigen, wohin uns dieser Weg führen wird. Es ist jedenfalls gefährlich, wenn staatliche Institutionen in eine Entscheidung über Tod oder Leben eingebunden sind. Das kann leicht zu Übergriffigkeiten führen, wenn etwa das Sozialsystem überlastet und das Budgetloch groß ist.

In der Fachwelt wurde bereits der Begriff des »Senizids« geprägt. Diese uralte kulturelle Form der Altentötung, die der Sippe das Überleben erleichterte, kommt in einem modernen Gewand wieder. In nomadischen Kulturen war es üblich, dass Alte und Schwerkranke getötet wurden, oder es wurde von ihnen erwartet, dass sie sich selbst töteten. Es war der Sippe nicht möglich, sie mitzuschleppen und zu ernähren, denn sie waren nutzlos geworden. In zivilisierten, sesshaften Kulturen gab man diese barbarisch anmutende Methode auf. Die Alten wurden vielmehr verehrt und blieben im Familienverband eingebunden. Die Sorge um die Alten und Kranken ist auch Kern der großen Religionen und ein hoher sozialer Wert. Im Zuge der modernen Formen der Sterbehilfe ist in jenen Ländern, die bereits längere Zeit den assistierten Suizid und die Tätigkeit von professionellen Sterbehilfevereinen erlaubt haben, erkennbar, dass dieser Wert im Schwinden begriffen ist. Dort zeigt sich, dass diese Form der Tötung steigt und sich viele Menschen, vor allem Alte und Kranke, unter Druck gesetzt und als Last fühlen.

Der Umgang mit dem Tod und dem Sterben ist eines der Hauptprobleme moderner Gesellschaften. Die Bewältigungsstrategie der Religion und Mystik, die dem Menschen half, mit dem Bewusstsein seiner Endlichkeit zurechtzukommen, spielt für immer weniger Menschen eine Rolle. Die Überwindung des Todes ist eine zentrale Botschaft von Religionen, in unterschiedlicher Art und Weise. In modernen Gesellschaften tritt an ihre Stelle die Wissenschaft mit ihren Versprechungen. Ein Gesundheits- und Körperkult ersetzt das Streben nach dem Seelenheil. Statt einer theologischen Heilserwartung richtet man diese auf die Medizin, die Ärzte und die Pharmazie. Sie sollen zum ewigen Leben verhelfen und alles Leid verhindern. Die Endlichkeit wird verdrängt, und alle Hoffnung richtet sich auf die Errungenschaften der Medizin mit ihren lebensverlängernden Möglichkeiten. Diese Fragen werden an anderer Stelle noch näher ausgeführt.

All diese Umkehrungen von Gut und Böse, die Auflösung von Grundwerten, die Infragestellung biologischer Gegebenheiten, die Unsicherheit über Richtig und Falsch, Wahr oder Unwahr, Tugend und Untugend führen zu einer großen Verwirrung. Nichts ist, was es scheint, auf nichts und niemanden kann man sich verlassen. Was heute sicher ist, ist morgen bereits wieder anders, alles wird permanent infrage gestellt. Die schier grenzenlose Freiheit des radikalen Individualismus, sich ständig neu zu erfinden, die Welt nicht mehr als das wahrzunehmen, was sie ist, sondern was wir in ihr sehen wollen, führt letztlich zu einer tiefen Verunsicherung und zu übermächtigen Ängsten. Somit kann durch eine konsequente Verwirrung und Umkehrung des früher Bekannten und Sicheren dasselbe Resultat erzielt werden wie mit Unterdrückung und Terror: die Vereinzelung des Menschen, und damit seine leichtere Beherrschbarkeit.

3. WIE ERKENNEN WIR, DASS WIR UNFREI WERDEN?

Wir neigen dazu, dass wir im Rückblick nur auf die bereits ausgereiften totalitären Systeme achten. Als mittlerweile geübte Demokraten, die nichts anderes kennen als den liberalen Rechtsstaat, die gewohnt sind, in Freiheit und im Einklang mit den Menschenrechten zu leben, ist es für uns unvorstellbar geworden, dass dies jemals anders sein könnte. Ein Rückfall in jene Muster, in eine derart entmenschlichte Schreckensherrschaft erscheint uns unvorstellbar. Und es erscheint uns ebenso unvorstellbar, dass Menschen so etwas zugelassen, mitgemacht oder sogar gewünscht und gefördert haben.

Dennoch gab es in fast allen Staaten Europas im 20. Jahrhundert totalitäre Systeme, die große Teile der Bevölkerung über lange Zeit drangsalieren, terrorisieren und Abweichler eliminieren konnten.

»Nie wieder«, lautet die Parole, die heutzutage jedes Schulkind verinnerlicht hat. Die Verbrechen des Nationalsozialismus werden im Unterricht, in Ausstellungen, Publikationen und im öffentlichen Diskurs immer wieder angeprangert. Mit dem Brustton der moralischen Überlegenheit sind wir Nachgeborene völlig überzeugt, dass derartige Gräuel heute nicht mehr möglich wären. Schließlich kämpfen wir entschlossen gegen Rechtsextremismus und jede Form von Antisemitismus, Homophobie, Rassismus, Ausgrenzung und

Diskriminierung. Dieser Kampf wird auf allen Ebenen geführt: im Kindergarten, in der Schule, in den Medien, in der Politik, in Betrieben, und er ist mittlerweile fixer Bestandteil unseres Rechtssystems. Wer sich positiv über den Nationalsozialismus oder Aspekte davon äußert, wird in Deutschland und Österreich wegen Wiederbetätigung verurteilt.

Wir haben landauf, landab Denkmäler an prominenter Stelle errichtet, die uns ermahnen, dass Totalitarismus und Menschenverachtung nie mehr Platz greifen dürfen. Jedes Jahr legen Politiker Kränze nieder, beugen ihr Haupt und geloben in weihevollen Reden, dass Intoleranz, Diskriminierung und Terror gegen Mitbürger nie wieder geduldet werden dürften. Sowohl in Deutschland als auch in Österreich hat man die Mitschuld an den Verbrechen des Nationalsozialismus einbekannt. Es wird von keiner politischen Partei mehr angezweifelt, dass es sich beim Nationalsozialismus um ein Unrechtsregime handelte, das den Tod von Millionen Menschen zu verantworten hatte.

Beim Kommunismus ist die Sache nicht so eindeutig: In Deutschland hat sich nach 1989 die prononciert linke Partei PDS als Nachfolgepartei der kommunistischen SED etabliert. Die SED als Einheitspartei der DDR hatte nicht nur die Freiheitseinschränkungen für die Bürger, sondern auch die Verfolgung Oppositioneller und den Schießbefehl an den Staatsgrenzen der DDR zum Westen zu verantworten. Etwa 250 Menschen kamen an der innerdeutschen Grenze ums Leben, sie wurden von Grenzsoldaten erschossen oder durch Minen zerfetzt. Das hinderte die PDS nicht daran, sich als SED-PDS in diese Tradition zu stellen und nach der Wiedervereinigung zu kandidieren. Die PDS schaffte es in den Bundestag und war auch personell mit der SED verflochten. Gregor Gysi etwa war bis zur Wende SED-Politiker und hat sich von deren Politik nie überzeugend distanziert. In Österreich konnten jüngst die Kommunisten wieder Wahlerfolge feiern und stellen die Bürgermeisterin der zweitgrößten Stadt. Einen Zusammenhang mit totalitären Systemen, die im Namen des Kommunismus und seiner Ideologie etabliert wurden, lehnt sie vehement ab. Man könne nichts für Fehler in der Geschichte, argumentieren moderne Kommunisten. An sich sei die Ideologie menschenfreundlich, da sie ja für Gerechtigkeit und Fortschritt eintrete.

Wie konnte das geschehen?

Vor allem im Hinblick auf den Nationalsozialismus und den Holocaust stellt sich bis heute die Frage: Wie konnte das geschehen? Wie war es möglich, dass damals so viele Menschen an der Etablierung eines solchen Terrorregimes mitgewirkt haben?

Totalitäre Systeme entstehen nicht über Nacht, sie entwickeln sich allmählich und brauchen, wie bereits dargelegt, einen speziellen Nährboden. Doch was sind Anzeichen dafür, dass sich eine Gesellschaft oder ein Staat in Richtung Totalitarismus entwickelt? Was sind Warnsignale oder Hinweise auf derartige Tendenzen?

Die menschliche Natur unterliegt gewissen Gesetzmäßigkeiten. Sie weist bestimmte unverrückbare Merkmale auf, die zwar von Mensch zu Mensch variieren, jedoch in allen Menschen grundgelegt sind. Totalitäre Gesellschaften bauen nicht einfach auf schlechten Charaktereigenschaften auf. Das wäre zu einfach. Dennoch machen sie sich solche zunutze. So etwa kalkulierte der Antisemitismus der Nationalsozialisten mit Neid und Missgunst. Sie schürten gezielt den Hass auf die »jüdische Großfinanz«, die Schuld am Elend der Massen trage. Es gab ja tatsächlich viele reiche Fabrikanten jüdischer Herkunft, erfolgreiche Kaufleute und Bankiers. Dass es wesentlich mehr arme oder mittelständische Juden in Deutschland gab, die sich so wie alle anderen irgendwie durch die schlechten Zeiten schlugen, wurde in der Propaganda ausgeblendet. War der Neid einmal geschürt, so trug er bald reiche Früchte. Jüdische Nachbarn wurden denunziert, weil man auf deren Wohnung spekulierte, die größer und heller war als die eigene. Der Arbeitskollege wurde angezeigt, weil er beim Chef beliebter oder erfolgreicher war, oder weil er einem den begehrten Posten weggeschnappt hatte. Jüdische Geschäfte wurden boykottiert (»Kauft nicht bei Juden!«), somit entledigte man sich auch unliebsamer Konkurrenz. Dies bereitete den Boden, dass nach der Deportation der jüdischen Bevölkerung deren Wohnungen und Geschäfte »arisiert«, also enteignet und einfach übernommen wurden.

Dass eine Gesellschaft oder eine Politik gezielt den Neid und Hass auf Menschengruppen schürt, ist jedoch nicht automatisch totalitär. Dazu braucht es noch andere Rahmenbedingungen. Es ist aber ein deutliches Warnsignal, dass der Weg der liberalen und friedlichen Demokratie verlassen wird.

Ein weiterer Hinweis besteht in der gezielten Ausgrenzung und Diskriminierung von Menschen und Menschengruppen. Jene, die an der Macht sind oder sie anstreben, konstruieren gezielt Feindbilder, um ihnen dann die Schuld für tatsächliche oder vermeintliche Fehlentwicklungen zuzuschieben. Diese Sündenböcke werden außerhalb der Gesellschaft gestellt, für sie gelten bürgerliche Rechte und Freiheiten nicht mehr. Zuerst in moralischer Hinsicht, später, wenn die Macht errungen ist, auch in politischer und rechtlicher. Dies kann sich zuerst im Ausschluss vom öffentlichen Diskurs, von Veranstaltungen und Vereinen, in sozialer Ausgrenzung, öffentlicher Verächtlichmachung und Zurschaustellung, beruflicher Behinderungen, Verwehrung von Bildung und Zugängen zur Kultur zeigen. Ganz deutlich wurde dieses Muster der Ausgrenzung im Zuge des Aufstiegs des Nationalsozialismus im Hinblick auf die jüdischen Mitbürger, als man jüdische Studenten am Betreten der Universität hinderte und später vom Studium ausschloss, jüdische Künstler ausbuhte und am Auftreten hinderte, und als jüdische Kinder nicht mehr dieselben Klassen und Schulen wie die anderen besuchen durften. Diese Systematik wird auch heute in autoritären Staaten und totalitären Gesellschaftssystemen angewendet. Politische und rechtliche Diskriminierung, Drangsalierung und letztlich offene Verfolgung bilden dann den Endpunkt der Ausgrenzung bestimmter Gruppen und Personen.

Eine bewährte Methode zur Kontrolle der Bevölkerung ist die Denunziation. Aufgaben, die eigentlich die Exekutive zu erledigen hätte, werden zunehmend an die Bevölkerung delegiert. So ist es im Allgemeinen Aufgabe der Exekutive oder von Behörden, Gesetzesübertretungen und Verfehlungen festzustellen und entsprechend Anzeige zu erstatten. Eine lückenlose Überwachung ist damit nicht möglich, allein schon aufgrund des fehlenden Personals. Außerdem ist der Privatbereich normalerweise ausgenommen. Generell darf die Polizei nur aktiv werden, wenn es einen Anfangsverdacht gibt, also ein Fehlverhalten festgestellt wird, oder eine Anzeige von Dritten vorliegt. So etwa durfte im Lockdown während der Pandemie, als Zusammenkünfte mit Haushaltsfremden in etlichen Ländern verboten wurden, der private Wohnbereich nicht kontrolliert werden. Wenn jedoch eine Anzeige vorlag, etwa von Nachbarn, die eine tatsächliche oder angebliche Lärmbelästigung meldeten, konnte die Polizei aktiv werden. Somit war Denunziation durchaus erwünscht und dem System der Überwachung dienlich. Es wurde darüber hinaus dazu aufgerufen, Fehlverhalten generell zu melden und Anzeige zu erstatten.

Auch die Kontrolle der Masken- und Testpflicht sowie der Zertifikate und die Kontaktnachverfolgung wurden an Private, Vereine und Arbeitgeber ausgelagert. Nicht mehr die Exekutive allein war zuständig als Kontrollorgan für die Einhaltung der Vorschriften, sondern die Geschäftsinhaber, Angestellten und Vereinsobleute. Dies mag praktisch und effizient, ja vielleicht sogar sinnvoll erscheinen, es verändert jedoch massiv eine Gesellschaft. Welche Auswirkungen diese Methode, die in totalitären Systemen gezielt eingesetzt wurde und wird, letztlich hat, darauf wird noch näher eingegangen.

Ein weiteres Anzeichen für autoritäre Tendenzen ist, wenn die Trennung von Exekutive und Legislative aufgeweicht oder gezielt aufgehoben wird. Das ist etwa der Fall, wenn das Parlament als Organ der Legislative von der Regierung als dem Organ der Exekutive aus dem Prozess der Gesetzgebung verdrängt wird. In vielen demokratischen Staaten ist dies in unterschiedlicher Ausprägung bereits gelebte Praxis und wird kaum noch hinterfragt. Gesetzesentwürfe werden ausschließlich von Mitarbeitern der Regierung ausgearbeitet und dann mit möglichst kurzer Begutachtungsfrist dem Parlament übermittelt. Wenn etwa ein Gesetzestext vor Feiertagen mit nur wenigen Tagen Frist zur Durchsicht an die Abgeordneten der Opposition geschickt wird, kommt das einer Missachtung des Parlaments sehr nahe.

In vielen Ländern gibt es ein Listenwahlrecht und kein Persönlichkeitswahlrecht, somit entscheiden die Parteien und nicht die Wähler, welche Personen in gesetzgebende Körperschaften entsandt werden. Die Mandatare sind daher vor allem der Partei verpflichtet und nicht den Wählern. Statt von der Gunst der Wähler hängt es von ihrem Wohlverhalten und ihrer Willfährigkeit gegenüber der Parteiführung ab, ob sie wieder ein Mandat erhalten. Diese Aushöhlung des freien Mandats begünstigt autoritäre Strukturen. Aus Volksvertretern werden Erfüllungsgehilfen der Parteileitungen.

Die Parteien, wenn sie in Regierungsämter gelangen, sind bestrebt, möglichst viele öffentliche Positionen mit ihren Leuten zu besetzen. Kommt es zu einem steten Wechsel, wie in den USA, wirkt sich dies nicht so nachteilig und nachhaltig aus, wie wenn etwa eine Partei oder Koalition über Jahrzehnte an der Macht bleibt. In Österreich, mit einer langen Tradition an Koalitionsregierungen der immer gleichen Parteien, hat dies dazu geführt, dass die meisten einflussreichen Positionen politisch besetzt werden: in staatsnahen Unternehmen, in Schulen, an Universitäten und im Kulturbereich. Es gibt kaum einen Bereich, bis hin zu Autofahrer- oder Rettungsorganisationen, der nicht politisch »eingefärbt« wäre. Es zählt nicht in erster Linie die Qualifikation, sondern die Parteizugehörigkeit.

Besonders heikel ist politische Einflussnahme auf die Bestellung von Führungspersonen in jenen Bereichen, die eigentlich die Regierung und die Politik kontrollieren sollten, wie etwa der Verwaltungs- und der Verfassungsgerichtshof. In Österreich ist es seit Jahrzehnten im Sinne eines ausgefeilten Proporzsystems üblich, dass Höchstrichter von politischen Parteien nominiert werden dürfen. Das führt dazu, dass die jeweiligen Regierungsparteien jede Gelegenheit nutzen, »ihre« Leute in die höchsten Ämter zu bringen.

Auch die Nationalbank ist politisch besetzt, ebenso die Chefetagen der staatsnahen Unternehmen, die Direktion von Staatsoper und Burgtheater. Selbst die Leitungs- und Aufsichtsorgane des Österreichischen Rundfunks sind politisch besetzt. Somit werden auch die leitenden Angestellten des ORF, des zentralen Mediums des Landes, nach politischen Kriterien und nicht nur nach der Qualifikation bestellt. Einer echten Unabhängigkeit, die eigentlich Voraussetzung für ein Medienhaus sein sollte, steht diese Praxis im Wege.

Auch andere, scheinbar unabhängige Gremien sind letztlich von der Politik ausgewählt und besetzt, wie etwa die Bioethikkommission und das Nationale Impfgremium. Letzterem kam in der Pandemie eine besonders wichtige Rolle zu, es besteht jedoch zur Hälfte aus Beamten und zur anderen aus von der Politik bestellten Experten. Anders ist die Impfkommission in Deutschland aufgestellt, die völlig unabhängig von der Politik arbeitet, letztlich aber dennoch unter extremen politischen Druck geriet.

Wenn es kaum mehr Bereiche und Institutionen gibt, die unabhängig von Parteien und Politik funktionieren, sich selbst erneuern und sanktionslos Kritik üben können, so ist die Gefahr von totalitären Tendenzen groß. Dies wird etwa am Beispiel Russlands deutlich, das auf dem Weg von der Demokratie zur Präsidialdiktatur schon weit fortgeschritten ist: Medien, Wirtschaft, Verwaltung, Justiz – alles ist vom Präsidenten gesteuert und beeinflusst, gegen seinen Willen kann niemand bestehen.

Deutliche Anzeichen für totalitäre Tendenzen sind erkennbar, wenn das Parlament bei wichtigen politischen Entscheidungen oder gar Eingriffen in Grundrechte der Bürger völlig ausgeschaltet wird. In Normalzeiten sind Parlamente und Bürger nicht dazu bereit, einzelnen politischen Entscheidungsträgern dermaßen viel Macht zu übertragen, ohne Kontroll- und Eingriffsmöglichkeiten. Daher werden gerne echte oder vermeintliche Krisensituationen benützt, um mehr Macht zu erringen. Ein historisches Beispiel dafür ist der österreichische Bundeskanzler der Zwischenkriegszeit, Engelbert Dollfuß. Er benützte das Kriegswirtschaftliche Ermächtigungsgesetz aus dem Ersten Weltkrieg, um der herrschenden Wirtschaftskrise entgegenwirken zu können. Die eigentliche Motivation für Dollfuß war jedoch, die langwierigen parlamentarischen Debatten und Verhandlungen zu vermeiden, die letztlich bloß zu Kompromissen führten, und stattdessen allein und rasch entscheiden und handeln zu können. Dies trage letztlich zu einer »Gesundung der Demokratie« bei, rechtfertigte er sich.[18] In der Praxis wurde

---

18   Walterskirchen Gudula, Engelbert Dollfuss, 132f.

diese Taktik, mittels Verordnungen durchzugreifen, ohne das Parlament zu befassen, bereits in der Bankenkrise des Jahres 1932 angewendet, als die Frage der Haftung beim Zusammenbruch der Creditanstalt geklärt werden musste. Ein Jahr später lieferte es die Vorlage für die Ausschaltung der Demokratie und die Errichtung einer Kanzlerdiktatur.

Die Ausschaltung des Parlaments und die Dollfuß-Diktatur sind bis heute ein sensibles und hoch emotionales Thema, vor allem bei den Sozialdemokraten. Dennoch wurde die Methode, mittels Verordnungen zu regieren, um rasch zu handeln, Jahrzehnte später in der Krise neuerlich angewendet. Das war an sich nicht das Problem, aber es führte dazu, dass die Verfassung mehrfach missachtet und ausgehebelt wurde.

Denn in der Corona-Pandemie 2020/21 gingen manche Regierungen dazu über, mit einfachen Verordnungen einzelner Minister zu regieren, statt auf Grundlage von im Parlament beschlossenen Gesetzen. Dies wurde mit der Krisensituation und dem Zeitdruck argumentiert, die rasches Handeln erforderlich machen würden. Damit rechtfertigte man selbst massive Eingriffe in bürgerliche Grund- und Freiheitsrechte, wie Ausgangssperren und Zugangsbeschränkungen für die gesamte oder Teile der Bevölkerung. In Österreich führte diese Vorgangsweise dazu, dass viele Verordnungen im Nachhinein als verfassungswidrig angesehen und wieder aufgehoben wurden. Das war der Regierung durchaus klar, man missachtete die Verfassung und den Verfassungsgerichtshof bewusst. Man spekulierte darauf, dass bis zur nächsten Session der Verfassungsrichter die Verordnungen bereits wieder zurückgenommen sein würden.

Ähnlich verlief die Vorgangsweise des italienischen Ministerpräsidenten Mario Draghi. Dieser ist kein Politiker, sondern ein Manager. Er wurde nicht in einer demokratischen Wahl, sondern durch den Präsidenten in sein Amt berufen. Der ehemalige hoch angesehene Notenbanker pflegt zwar einen sehr effizienten und wirtschaftlich erfolgreichen, jedoch zunehmend autoritären Führungsstil. In der Schweiz hingegen ist ein derartiger Führungsstil undenkbar. Selbst in der Krise musste jede Maßnahme zuvor einem Volksentscheid unterzogen und im Parlament abgesegnet werden.

Der Demokratie fügt diese Praxis des »Durchgreifens« nachhaltigen Schaden zu, denn sie relativiert den Rechtsstaat, wenn sich nicht einmal Regierungsmitglieder an die Gesetze und die Verfassung halten; ein denkbar schlechtes Vorbild für das Volk. Und es führt dazu, dass es Usus wird, dass einzelne Minister oder die Regierung recht willkürlich und ohne Nachweis der Verhältnismäßigkeit oder Notwendigkeit in Grundrechte eingreifen. Man gewöhnt sich an staatliche Willkür und nicht näher begründete und unverhältnismäßige Einschränkungen der persönlichen Freiheit. Dies kann dann in anderen Fällen wiederum angewendet werden, auch ohne akute Krise.

Macht verleitet stets dazu, diese zu missbrauchen, das ist ein uraltes Problem, ja geradezu ein Muster. Daher müssen die Mächtigen einer wirkungsvollen, systematischen Kontrolle unterzogen werden. In stabilen und gut funktionierenden Demokratien gibt es daher unabhängige und unbeeinflussbare Kontrollinstanzen.

Eine davon ist die Justiz. Diese dient ja nicht nur dazu, Gesetzesübertretungen von Bürgern oder Institutionen zu sanktionieren. Sie überwacht auch die Politik und speziell diejenigen, die Macht ausüben, ob sie sich an die Verfassung und die Gesetze halten. Somit kommt etwa dem Verfassungsgerichtshof eine wichtige Kontrollfunktion zu, auch im Sinne der Qualitätssicherung der staatlichen Behörden. Sie müssen daher strikt unabhängig agieren und legen darauf auch größten Wert.

Ihnen ist jedoch gemein, dass ihre Mitglieder oder ihr

Vorsitzender von der Bundesregierung nominiert werden. Und dies führt mitunter zu Grenzüberschreitungen seitens der Mächtigen. Neu ist das Phänomen der salopp als »Postenschacher« bezeichneten Unart aber nicht. Betrifft diese Unkultur jedoch unabhängige Gerichte, wird die Sache sehr ernst. Im Verfassungsgerichtshof ist dies besonders bedenklich, weil dieser ja Hüter der Verfassung und damit der Grundfesten der Demokratie ist. Er ist eine Kontrollinstanz und ein Korrektiv für die Politik, sollte sie ihre verfassungsmäßigen Vorgaben und Grenzen überschreiten. Dabei ist es ein Hindernis, wenn man als Höchstrichter die Position einer Partei verdankt.

Gleichzeitig kann Österreich zu Recht stolz sein auf seine Verfassung und auf sein Verfassungsgericht. Beides geht auf den österreichischen Rechtsgelehrten Hans Kelsen und das Jahr 1920 zurück und war damals einzigartig. Erst nach dem Zweiten Weltkrieg, nach den schlimmen Erfahrungen von Krieg und totalitärer Herrschaft, trat die Idee eines Verfassungsgerichts international den Siegeszug an. 1947 wurden in Deutschland Verfassungsgerichte etabliert, dann in Frankreich, Spanien, der Türkei, Portugal und interessanterweise 1982 bereits in Polen, noch während der kommunistischen Diktatur. Als 1989 das Sowjetreich implodierte, folgten weitere Länder Osteuropas. Mittlerweile wurde die Institution von mehr als hundert Staaten übernommen. Dem VfGH obliegt nicht nur die Prüfung der Verfassungsmäßigkeit von Gesetzen, sondern auch die Gewährleistung dafür, dass der Staat rechtmäßig handelt: Schutz der Grundrechte des Einzelnen, Rechtmäßigkeit von Wahlen und auch die Entscheidung, ob gegen oberste Staatsorgane wegen Rechtsverletzungen im Amt Anklage erhoben wird.

Der ehemalige Präsident des österreichischen Verfassungsgerichtshofs Gerhart Holzinger wies darauf hin, dass der Verfassungsgerichtshof in einem latenten Spannungsverhältnis zwischen Regierung und Parteien steht. Er ist Wahrer der Grundrechte des Einzelnen sowie gesellschaftlicher Minderheiten gegenüber dem staatlichen Machtapparat. Weiters bietet die Verfassungsgerichtsbarkeit einen wirksamen Schutz der Minderheit gegen Übergriffe der Mehrheit. Deren Herrschaft, so formulierte Kelsen, sei nur erträglich, wenn sie rechtmäßig ausgeübt wird. Daher, so Holzinger, sei die Verfassungsgerichtsbarkeit im Dienst der Demokratie und eine »Garantie des politischen Friedens«. Es sei daher kein Zufall, dass die Einrichtung eines Verfassungsgerichtes gerade in einer Phase des Übergangs von einem autoritären oder auch totalitären Regime zu einer rechtsstaatlichen Demokratie erfolgt sei. Denn Demokratie bedeute nicht schrankenlose Herrschaft, also Diktatur der Mehrheit, sondern ständiger Kompromiss. Die Gerichtsbarkeit des Verfassungsgerichtshofs »gewährleistet, dass grundsätzliche politische Entscheidungen, die die Verfassung (vor allem die Grundrechte) betreffen, nur unter der Mitwirkung der Minderheit getroffen werden können.[19] Die Verfassungsgerichte geraten jedoch gerade in Zeiten unter Druck, in denen das Vertrauen in Demokratie und Rechtsstaat schwindet und einer autoritären Gesinnung Platz macht. Einer Gesinnung, die der Mehrheit zubilligt, grundsätzliche Fragen im Alleingang zu entscheiden. »Wenn der Verfassungsgerichtshof eine gesetzliche Regelung als verfassungswidrig erkennt, so muss er sie aufheben, mag das auch politisch oder aus sonstigen Erwägungen unzweckmäßig erscheinen.«[20]

In Österreich kam es im Jahr 1933 zu einer Verfassungskrise, als nicht nur das Parlament ausgeschaltet, sondern auch das Verfassungsgericht durch einen Trick »lahmgelegt« wurde, um einen autoritären Staat errichten zu können.

---

19   »Conturen« 2020, 22.
20   Ebd., 20.

Abbau von Rechtsstaatlichkeit international

Weltweit sind – trotz steigenden Wohlstands – freie und demokratische Staaten in der Minderzahl. Es überwiegen autoritäre und autokratische Staaten, in denen keine freien Wahlen und damit einhergehender friedlicher Führungswechsel üblich sind. Im Gegenteil werden Demokratiebewegungen unterdrückt, mit brutaler Gewalt. In Syrien etwa erlitt die Demokratiebewegung eine blutige Niederlage. Präsident Assad konnte mit Hilfe der Autokraten in den Nachbarländern oder unter deren Duldung sich in diesem Bürgerkrieg behaupten. In Hongkong kommt die Demokratiebewegung immer mehr in Bedrängnis, China hat seine Zusagen nach der Rückgabe durch Großbritannien nicht eingehalten. Demonstrationen werden mittlerweile niedergeschlagen, Oppositionelle verhaftet. Die Liste ließe sich beliebig fortsetzen.

Doch auch in Europa erlebten wir in den letzten Jahren einen Rückbau von Grundrechten, die mit der Pandemie und den Maßnahmen zu deren Eindämmung begründet wurden. Allerdings, so stellt sich nach zwei Jahren heraus, waren etliche dieser Maßnahmen weit überschießend. Der international renommierte Wissenschaftler John Ioannidis äußerte bereits im Jahr 2020, dass Lockdowns wenig positive Effekte zeigten, wenn man sie in Relation zum verursachten Schaden setzte. Zu diesem Zeitpunkt wurden überall auf der Welt Hunderte Millionen Menschen unter Hausarrest gestellt, eine Maßnahme, die es noch nie zuvor in der Menschheitsgeschichte und in diesem Ausmaß gegeben hatte. Vorbild dabei war China, das seine Bevölkerung unter Schießbefehl monatelang rigoros unter Hausarrest stellte. Die Maßnahmen wurden jedoch nie einer wissenschaftlichen Prüfung unterzogen, sondern deren Effekt bloß behauptet.

Abgesehen von der Ausnahmesituation einer Pandemie

ist die Rechtsstaatlichkeit in Europa schon seit Längerem im Rückbau begriffen. Die Gewaltenteilung wird ausgehöhlt zugunsten des Allmachtsanspruchs einer zentralen Führung. In Ungarn etwa wurden die Kompetenzen des Verfassungsgerichts massiv eingeschränkt, Ministerpräsident Viktor Orbán sprach von einer »illiberalen Demokratie«. In Polen wurde das Verfassungsgericht quasi lahmgelegt und dann mit Parteigängern der Regierungspartei besetzt. In beiden Fällen leitete die EU-Kommission Verfahren wegen der Verletzung des Prinzips der Rechtsstaatlichkeit ein. In Rumänien, das mit Korruption zu kämpfen hat, werden immer wieder Richter und Staatsanwälte von hochrangigen Politikern eingeschüchtert. Dies führte zu einer Rüge durch die EU. Und in der Türkei wurden nach dem »Staatsstreich« des Jahres 2016 Tausende öffentlich Bedienstete inhaftiert, darunter auch die Mitglieder des Verfassungsgerichts.

In Bedrängnis kommt auch immer mehr der Europäische Gerichtshof für Menschenrechte. Das liegt einerseits daran, dass er finanziell und personell immer schlechter ausgestattet ist. So haben Russland und die Türkei ihre Zahlungen eingestellt, und es ist schwierig, ausreichend qualifiziertes Personal zu finden. Andererseits werden die Entscheidungen des Gerichtshofes immer wieder negiert und die Europäische Menschenrechtskonvention infrage gestellt.

Die EU pocht zwar zu Recht auf die Einhaltung der Spielregeln der liberalen Demokratie, allerdings hat sie selbst ein Problem damit. Es ist einer der Geburtsfehler der Europäischen Union, dass sie das demokratische Prinzip nur ungenügend erfüllt. So werden zwar die Mandatare des Europäischen Parlaments gewählt, aufgeschlüsselt nach der Größe der Mitgliedsstaaten. Die Mitglieder der Kommission hingegen, die als eine Art von Regierung tätig sind, werden unter Ausschluss des Parlaments in einem internen Entscheidungsvorgang der Regierungschefs dem Parlament vorgeschlagen.

Das Parlament musste lange darum kämpfen, dass sich die Kandidaten danach zumindest formal einer Wahl stellen müssen. Bei der Bestellung der letzten Kommission und vor allem deren Präsidentin Ende 2019 fiel dieses Demokratiedefizit besonders ins Auge. In einer Art Hinterzimmer-Deal vereinbarten Frankreichs Emmanuel Macron und Deutschlands Angela Merkel, dass die recht glücklose deutsche Verteidigungsministerin Ursula von der Leyen und Merkel-Vertraute die Kommission leiten solle. Damit brach man mit der Tradition, dass nur ehemalige Regierungschefs für diese wichtige Position infrage kommen. Die anderen Regierungschefs wurden mehr oder weniger vor vollendete Tatsachen gestellt. Für besonders heftige Kritik sorgte, dass nicht einer der Spitzenkandidaten der EU-Wahl als Präsident nominiert wurde, sondern eine Person, die überhaupt nicht zur Wahl gestanden hatte. Somit wurden die Demokratisierungsversuche der EU ad absurdum geführt.[21]

Die Vorbehalte bestanden nicht zu Unrecht, die Präsidentin hält nicht viel von parlamentarischen Prozessen und pflegt lieber ein gutes Einvernehmen mit den Mächtigen und Eliten dieser Welt. In der Folge zeigte sich auch, dass von der Leyen eigenmächtige Vorstöße machte und einen Hang zur Geheimhaltung hat. So etwa verhandelte sie den Ankauf von Impfstoffen im Umfang von 35 Milliarden Euro im Alleingang mit den Pharmafirmen. Die Details der Verträge und Absprachen werden vor den Abgeordneten und der Öffentlichkeit nach wie vor geheim gehalten.

---

21 Süddeutsche Zeitung, 2.7.2019.

Einschränkung der Meinungsfreiheit und Verengung des öffentlichen Diskurses

Ein Hinweis darauf, dass eine Gesellschaft unfreier wird, ist die Einengung oder Einschränkung des öffentlichen Diskurses. Öffentliche Kritik und Meinungsfreiheit wurden in der Geschichte von den Mächtigen stets unterbunden oder eingeschränkt: In absolutistischen Monarchien etwa durfte und darf die persönliche oder politische Qualifikation des Monarchen und der Thronerben nicht hinterfragt oder thematisiert werden. Dies wird heute noch in Ländern wie Thailand oder Saudi-Arabien praktiziert. Kritik am König oder am Königshaus wird hart bestraft.

In Russland tritt man diesbezüglich in die Fußstapfen des Zarenreichs und der kommunistischen Diktatur: Jegliche öffentliche Kritik an Präsident Wladimir Putin wird unterbunden. Die Medien sind unter der Kontrolle des Kreml, ebenso wie in China, Nordkorea und anderen Diktaturen. In Europa gingen die Wogen hoch, als der ungarische Ministerpräsident Viktor Orbán Einfluss auf die Medien ausübte und sie unter staatliche Kontrolle bringen wollte, was ihm teilweise auch gelang.

In liberalen und freien Demokratien ist die freie Meinungsäußerung hingegen eines der wichtigsten Fundamente. Eingeschränkt ist sie nur durch das Strafrecht, das etwa üble Nachrede, Verleumdung oder Aufruf zu Gewalt unter Strafe stellt. In Deutschland und Österreich kommt noch das Verbot nationalsozialistischer Wiederbetätigung dazu, das die Meinungsfreiheit einschränkt. Ansonsten darf alles gesagt und geschrieben werden. Selbst Unsinn, falsche Behauptungen und Kritik an anderen sind zulässig. Das Recht auf freie Meinungsäußerung umfasst auch das Demonstrationsrecht: Man darf für oder gegen alles demonstrieren, solange man sich an die Regeln hält, also etwa die

Veranstaltung entsprechend behördlich anmeldet und diese friedlich abläuft.

Dies ist ein wesentlicher Unterschied zu autoritären Systemen und Diktaturen, in denen die Meinungsäußerung stark eingeschränkt ist und politische Demonstrationen verboten sind.

Dieser Bereich ist äußerst sensibel, und daher verdient es besondere Aufmerksamkeit und Wachsamkeit, wenn diese Rechte eingeschränkt werden. Demokratische Regierungen scheuen daher davor zurück, Demonstrationen zu untersagen. Es gibt jedoch andere, subtilere Methoden, das Demonstrationsrecht einzuschränken. Man argumentiert etwa mit der öffentlichen Sicherheit, dem Verkehrsfluss, der Gesundheitsgefährdung oder der Möglichkeit der Eskalation. Mitunter wird sogar Gewalt provoziert, um eine Demonstration auflösen zu können. Dabei wurden die entsprechenden Bilder für die Medien produziert, um die Demonstranten zu delegitimieren. Durch diese Strategie wird die öffentliche Meinung manipuliert, und es ist in weiterer Folge leichter möglich, unliebsame regierungskritische Kundgebungen zu untersagen. Eigentlich ist es jedoch Aufgabe der Exekutive, die Abhaltung einer friedlichen, behördlich angemeldeten Demonstration zu gewährleisten. Nur in Fällen, in denen Demonstranten gewalttätig werden, sollte sie einschreiten.

Macht über die Medien

In vielen demokratischen Ländern haben nicht nur potente Privatleute, sondern auch die Politik Einfluss auf die Medien. Viele Medienhäuser kämpfen ums Überleben, das Geld ist knapp, seit die Internetriesen immer mehr Werbegelder umleiten können. Die Konsumenten sind immer weniger bereit, für von Redaktionen erstellte Inhalte zu bezahlen.

Daher sind Medien zunehmend auf öffentliche Förderungen und Inserate angewiesen. Das ist an sich kein Problem, denn in einer Demokratie besteht ein Interesse an Meinungsvielfalt und Qualitätsmedien. Die Versuchung ist jedoch groß, dabei auch inhaltlich Einfluss zu nehmen und diese Institutionen für die Ausweitung der politischen Macht zu benützen. In diesem Sinn geraten die staatliche Presseförderung und das stark gewachsene Werbebudget der Parteien und Behörden in die Kritik. In der Pandemie war das Argument, den plötzlichen Wegfall der Werbeeinnahmen durch die Lockdowns auszugleichen und abzufedern und den Medien so das Überleben zu sichern.

Die ohnehin angeschlagenen Printmedien in Deutschland und Österreich mussten in der Krise weitere Werbeanteile an die Internetriesen abtreten. Gleichzeitig verlor man durch die Krise und die oft sehr einseitige Berichterstattung viele Kunden und Leser, was die finanzielle Lage noch verschlechterte und die Abhängigkeit erhöhte. Daraus entwickelte sich allerdings eine Erwartungshaltung der Politik an die Medien, sie in ihrer Agenda tatkräftig zu unterstützen und sich mit Kritik zurückzuhalten.

Diese zunehmende Abhängigkeit besteht nicht nur im Hinblick auf die Politik, sondern auch auf private Kunden und Geldgeber. Ein besonders drastisches Beispiel ist der »Spiegel«: Das finanziell schwer angeschlagene Polit-Magazin erhielt bereits im Jahr 2018 eine Finanzspritze der Bill und Melinda Gates Stiftung. Im Jahr 2021 erhielt er eine weitere »Spende« in der Höhe von knapp drei Millionen Euro. Und die Stiftung knüpfte daran einen speziellen Zweck: Das Geld soll für den online-Spiegel verwendet werden, um »über soziale Spaltungen weltweit zu berichten und ein Verständnis für deren Überwindung zu vermitteln«. Das klingt großartig. Die Realität sieht jedoch anders aus. Vor dem Jahr 2018 zählte der »Spiegel« zu den prononciertesten Kritikern der

Superreichen und von Big Pharma. In regelmäßiger Abfolge wurden die Verfehlungen, Tricks und Bestechungen durch Pharmafirmen angeprangert. Nach der »Spende« hörte diese Berichterstattung prompt auf. Stattdessen wurden die Pharmafirmen hochgelobt, samt Cover-Story der BioNtech-Chefs in Heldenpose. Das ist jene Firma, in die Bill Gates äußerst hellsichtig bereits im September 2019 investiert hatte. Es kann alles nur ein Zufall sein, aber es mutet doch recht seltsam an und fördert nicht das Vertrauen in echte Unabhängigkeit.

Die Hüter der Wahrheit

Ein weiterer wichtiger Gradmesser für Freiheit oder Unfreiheit in einer Gesellschaft ist es, ob tatsächlich unabhängige Medien existieren, die in keiner Weise benachteiligt und politisch beeinflusst werden. Oder ob die Führung versucht, die Meinungsfreiheit in Medien oder von Medienschaffenden und deren Unabhängigkeit zu beeinflussen oder zu unterbinden. In mehreren westlichen Demokratien ist in den letzten Jahren deutlich zu beobachten, dass freie Meinungsäußerung und Meinungsvielfalt im Rückbau begriffen sind. Die Einschränkungen erfolgten allmählich und schleichend. Zu Beginn war es die sogenannte »Political Correctness«, eine Form der Sprachkritik, die, von den USA ausgehend, immer mehr Themen aus dem öffentlichen Diskurs ausschloss und die Grenzen dessen, was noch gesagt werden darf, immer enger zog. Aufgrund der Geschichte der USA ist es etwa im Hinblick auf Rassismus und Sklaverei durchaus nachvollziehbar, dass bei bestimmten Themen mehr Sensibilität eingefordert und gewisse Begriffe hinterfragt und eliminiert wurden. Allerdings trieb dieser Trend mit der Zeit recht seltsame Blüten und wurde weit überzogen. So durfte etwa

Christoph Kolumbus nicht mehr erwähnt werden, weil er nicht nur ein kühner Entdecker, sondern ein Imperialist und Unterwerfer der Ureinwohner gewesen sei.

Der nächste Schritt war es, die sogenannte »Hate Speech« anzuprangern, also jede Form von verbaler Gewalt. Auch in Europa wurde dieser Trend als Kampagne gegen »Hass im Netz« aufgegriffen. Die Europäische Kommission ergriff die Initiative, rigoroser dagegen vorzugehen. Die klassischen Medien waren die ersten, die aufsprangen. Sie haften ja für Inhalte, die sie verbreiten, und somit wurde diese Anwendung nun erweitert auf Postings. Schwieriger war es im Bereich der Social Media. Es entstand durch die große Verbreitung der sozialen Medien und der fehlenden Kontrolle der Inhalte tatsächlich ein Wildwuchs, ja eine Orgie an Beschimpfungen und verbalen Attacken. Rechtlich war dem kaum beizukommen, die Absender sind schwer auszumachen und die Opfer oft wehrlos ausgeliefert. Es bedurfte daher einer Regulierung und Kontrolle, um dieser Auswüchse Herr zu werden. Somit wurden die Plattformen beauftragt, ihre Inhalte im Hinblick auf Hassbotschaften und Wiederbetätigung zu durchforsten und einzugreifen, also zu zensieren. Dieser Aufforderung kamen die Betreiber von Twitter, Facebook, YouTube und Co anfänglich nur recht widerwillig nach, doch mit der Zeit etablierten sich effiziente Systeme der Kontrolle. In dieser Phase ging es immer noch um strafrechtlich oder moralisch relevante Verfehlungen und den Schutz von Persönlichkeitsrechten auch im Internet.

Doch mit dem Ausbruch der Pandemie ging man einen Schritt weiter: In jeder Phase etablierte sich ein Narrativ, das von den Regierungen oder von Institutionen ausgegeben wurde. Und alles, was diesem Narrativ widersprach, wurde als »Verschwörungstheorie« oder »Fake News« klassifiziert und systematisch gelöscht. Wenn es eine Nachricht, These oder Äußerung einer Person trotzdem schafft, im Internet

Verbreitung zu finden, erfolgt prompt eine Korrektur durch sogenannte »Faktenchecker«. Diese Einrichtung ist recht neu und fungiert sozusagen als Oberster Gerichtshof mit nicht hinterfragbaren Urteilen über in sozialen oder klassischen Medien verbreitete Inhalte. Somit ist nicht mehr ein Redakteur oder eine Redaktion mit ihrem Chefredakteur und Herausgeber letztverantwortlich für die Richtigkeit einer Information, sondern der »Faktenchecker«, also eine externe Gruppe von nicht näher bekannten Personen. Dies mutet auch deshalb kurios und eigentlich unnötig an, weil die Redaktionen selbst bereits eigenes Faktenchecking eingerichtet hatten, nach dem Motto: Check, Recheck und Doublecheck. Im deutschsprachigen Raum waren einer der Auslöser für die strengere Qualitätskontrolle die Betrügereien des Journalisten eines renommierten Blattes, der jahrelang unbemerkt Geschichten einfach frei erfunden hatte.

Die externen Faktenchecker gingen jedoch dazu über, jeglichen Inhalt, der einem bestimmten Narrativ widersprach oder ihnen als Fake News gemeldet wurde, zu überprüfen und nach recht subjektiven Kriterien zu bewerten.

Erkennbar war dies etwa, als es um die Frage des Ursprungs des SARS-Cov-2-Virus ging. Das offizielle China und jene Forscher, die mit dem Labor zusammengearbeitet hatten, behaupteten bekanntlich, dieses stamme von Fledermäusen und sei aus dem Urwald auf einen Tiermarkt in Wuhan gelangt. Alle anderen Möglichkeiten wiesen sie als »Verschwörungstheorie« zurück. Andere Forscher wiederum meinten, viel eher stamme dieses aus jenem Labor in Wuhan, an dem an Fledermausviren geforscht und seit Jahren die gefährliche Gain-of-function-Forschung betrieben werde. Es sei daher anzunehmen, dass eine Laborpanne die Ursache für die Pandemie sei. Obwohl letztere Version wesentlich logischer und naheliegender war, traten sofort die Faktenchecker auf den Plan und wiesen die Laborthese vehement zurück. Diese sei »nicht belegt«, meinten sie. An dieser Behauptung, dass das Virus von Urwald-Fledermäusen und dem Tiermarkt stammt, obwohl das betreffende Tier nie gefunden wurde und sich die Laborthese immer mehr erhärtete, hält »correctiv« zwei Jahre später immer noch eisern fest.

Es liegt die Vermutung nahe, dass diese Gruppen eine weitere Agenda haben, als bloß die Redaktionen bei der Recherche zu unterstützen. Zu offensichtlich ist es, dass sie bei bestimmten Themen sofort und einseitig intervenieren, selbst wenn ihre Argumente dürftig, ja sogar widerlegbar sind. In Verruf gerieten die neuen Hüter der einzig gültigen Wahrheit, als bekannt wurde, dass die Faktenchecker des »Spiegel«, die sich »correctiv« nennen, ihre Existenz der Großzügigkeit der Bill und Melinda Gates Stiftung verdanken. Sie beteuerten stets, völlig unabhängig zu sein und von Spenden zu leben.

Die selbsternannten Höchstrichter und Hüter der »richtigen« Fakten und Informationen befördern massiv das Eliminieren von »falschen« Meinungen, Fakten und Personen, wenn diese nicht genehme Dinge äußern. Die Cancel Culture, also das Eliminieren unliebsamer oder nicht ins offizielle Narrativ passender Informationen, hat inzwischen weit um sich gegriffen. Cancel Culture ist eigentlich eine »Unkultur«, eine Form der Debatte, bei der abweichende Meinungen nicht nur kritisiert, sondern schlicht unterdrückt werden. Bestimmte Experten, Personen oder Politiker lässt man nicht mehr zu Wort kommen, entfernt aus Beiträgen nicht genehme Aussagen und lässt Informationen und Aspekte, die das Narrativ infrage stellen würden, einfach weg. Das Ergebnis sind Teil- und Halbwahrheiten, Verdrehungen und letztlich die Manipulation des Publikums.

In Deutschland hat sich mittlerweile eine eigene Plattform etabliert, die sich mit diesem Phänomen, dieser Unkultur auseinandersetzt. Dort heißt es: »Durch Cancel Culture wird ein

Klima der Angst geschaffen, das eine weitreichende und effektive Selbstzensur in allen Bereichen der Gesellschaft befördert. Cancel Culture hat das Ziel, Meinungsvielfalt zu reduzieren und Meinungsäußerungsfreiheit einzuschränken. Jeder kann sagen, was er will, er muss nur in Kauf nehmen, dass er hinterher oder spätestens nach der zweiten unachtsamen Bemerkung oder »falschen« Meinung seine Karriere vergessen kann, keine Aufträge mehr bekommt, seinen Job los ist oder sich persönlicher Anfeindungen und Bedrohungen erwehren muss. (…) Diffamierung, Drohung, Deplatforming, Sprachvorschriften, Zensur und vorauseilender Gehorsam sind die Instrumente der Cancel Culture. Ein falsches Wort auf Facebook, ein misslungener Witz oder zwei falsche Likes bei Twitter können schon genügen, damit die Disziplinierungsmaschine anspringt. Legitime Kritik folgt dem Muster: Du bist auf dem Holzweg, und ich weiß es besser. Ein CC-Angriff folgt dagegen dem Muster: Du bist böse (und/oder gefährlich), und ich bin gut. Sie zielt darauf, die Reputation des Angegriffenen zu schädigen und die eigene zu erhöhen. Sie ist eine Kombination aus Diffamierung und Virtue Signalling.«[22]

Die Unkultur des Cancellings ist mittlerweile also ein ernstes Problem für die Meinungsfreiheit.

Die mediale Zensur und Unterdrückung von Meinungsfreiheit in Medien und im Internet rief auch die Menschenrechtsorganisation Amnesty International auf den Plan. In ihrem Bericht vom Oktober 2021 stellte sie fest, dass die Meinungsfreiheit im Zuge der Covid-19-Pandemie weltweit stark eingeschränkt wurde. Die Staaten würden die Gesundheitskrise nützen, um freie Berichterstattung zu zensurieren. »Durch die Pandemie ist eine gefährliche Situation entstanden, in der einige Regierungen neue Gesetze erlassen haben, um unab-

---

22   Unter Virtue Signalling versteht man die Zurschaustellung moralischer Werte. https://cancelculture.de/about/

hängige Berichterstattung zu unterbinden und Menschen angreifen, die die Reaktion ihrer Regierung auf COVID-19 kritisierten oder die Maßnahmen hinterfragten. Regierungen haben so heftig wie nie zuvor in die Meinungsfreiheit eingegriffen und dadurch die Menschenrechte der Bevölkerung stark eingeschränkt«, kritisierte die Geschäftsführerin von Amnesty International Österreich, Annemarie Schlack.

In dem Bericht wurde analysiert, wie Kommunikationskanäle überwacht und zensiert und Medienunternehmen geschlossen wurden.

Schlack warnte, »die Einschränkung der Meinungsfreiheit ist gefährlich und darf nicht zur neuen Normalität werden. Die Beschränkungen haben keine Berechtigung und müssen unverzüglich aufgehoben werden.« Augenscheinlich seien aber die Restriktionen der Meinungsfreiheit in manchen Ländern nicht nur zeitlich begrenzte, außerordentliche Maßnahmen zur Bewältigung einer vorübergehenden Krise, sondern ein Angriff auf die Menschenrechte, der bereits seit mehreren Jahren weltweit stattfinde. Die Regierungen hätten nun einen weiteren Vorwand gefunden, um ihren Angriff auf die Zivilgesellschaft fortzusetzen. Explizit erwähnt werden in dem Bericht China, Tansania und Russland, die Gesetze zum »Verbot von Falschnachrichten« erlassen haben. Als in China im Dezember 2019 Angehörige des medizinischen Personals in Wuhan und Journalisten auf den Ausbruch einer bisher unbekannten, rätselhaften Krankheit aufmerksam machen wollten, wurde massiv Druck auf sie ausgeübt. Gegen mehr als 5000 Personen, die Informationen dazu veröffentlicht hatten, wurden Ermittlungsverfahren wegen »Fabrikation und absichtlicher Verbreitung falscher und schädlicher Informationen« eingeleitet. Die Journalistin Zhang Zhan, die im Februar 2020 nach Wuhan reiste, um von dort über den Covid-Ausbruch zu berichten, wurde festgenommen und zu vier Jahren Haft verurteilt.

Die Regierung in Nicaragua führte im Oktober 2020, angeblich in Sorge um Falschnachrichten über die Pandemie, ein »Sondergesetz über Internetkriminalität« ein. Seither können die Behörden Regierungskritiker bestrafen und die freie Meinungsäußerung nach ihrem Ermessen unterdrücken oder einschränken. Russland erweiterte im April 2020 das bestehende Falschnachrichtengesetz und begann, »die öffentliche Verbreitung von bekanntermaßen falschen Informationen« zu bestrafen. Obwohl diese Gesetzesänderungen als Teil der Maßnahmen gegen COVID-19 deklariert wurden, werden sie vermutlich auch nach Ende der Pandemie in Kraft bleiben. In Russland werden immer wieder kritische Journalisten oder Oppositionspolitiker inhaftiert oder gar ermordet und somit Kritik an der Regierung unterbunden.

In dem Bericht von Amnesty werden aber auch die Betreiber von Sozialen Medien und die großen Internet-Konzerne kritisiert, wie etwa Google oder Facebook. Durch Fehlinformationen würde es für Einzelpersonen zunehmend schwierig, sich eine fundierte Meinung zu bilden. Der Amnesty-Bericht unterstreicht auch die Rolle der Sozialen Medien bei der schnellen Verbreitung von Fehlinformationen über COVID-19 und kritisiert, dass die Betreiberfirmen nicht genügend Sorgfalt walten lassen, um die Verbreitung falscher und irreführender Informationen zu verhindern.

Das Internet bietet eigentlich allen Menschen weltweit uneingeschränkten Zugang zu allen Informationen, die darin veröffentlicht werden. Dies können Behörden, Firmen und Einzelpersonen sein. Diese Informationen sind allerdings nicht überprüft, sondern ungefiltert. Der Leser muss sich selbst ein Bild über die Glaubwürdigkeit und Seriosität machen. Dazu braucht es Vertrauen in die Urteilsfähigkeit der Bürger und die Freiheit, den Konsumenten die Schlussfolgerungen selbst zu überlassen. Das Internet ist der natürliche Feind von totalitären Systemen, weil es die Informationshoheit und Zensur dieser Systeme umgeht. Daher ist es in diesen Ländern üblich, den Zugang zum Internet zu kontrollieren oder gar zu sperren, damit keine Informationen, die der eigenen Kommunikation widersprechen, von außen ins Land gelangen können. Dies ist nicht nur in China der Fall, sondern auch in Ländern wie Kuba, wo nur Touristen das Internet uneingeschränkt nutzen können.

In freien Ländern gibt es diese Zugangsbeschränkungen nicht. Allerdings werden die Informationen trotzdem gefiltert, ohne dass es der Nutzer merkt. Dies geschieht etwa durch Suchmaschinen, die das Finden bestimmter Informationen an und für sich erleichtern sollten. Diese werden zunehmend dazu benutzt, allen voran durch den Marktführer Google, um den Nutzer zu manipulieren. Dies ist eine an sich nicht verwerfliche Strategie, wenn es um klar erkennbare, bezahlte Anzeigen geht. Oder wenn die Reihung der Treffer durch Bezahlung beeinflusst werden kann und dies ebenfalls als Anzeige deklariert ist. Auch die Sortierung der Treffer je nach dem gespeicherten Nutzerverhalten kann als Service aufgefasst werden, um die Suche schneller und effektiver zu machen.

Problematisch wird es, wenn bei bestimmten Suchanfragen gezielt eine gewisse Art von Treffern, die inhaltlich unerwünscht sind, herausgefiltert und nicht angezeigt werden. Oder wenn negative Berichte über eine Person oder Institution als Anzeige getarnt als erste Treffer aufscheinen und so den Leser beeinflussen.

Allerdings wurden die Internet-Firmen, die soziale Medien anbieten, sogar von der EU verpflichtet, ihre Inhalte zu zensieren. Dies geschah im Hinblick auf Rassismus und die Kampagne gegen Hass im Netz. Die Betreiber hatten sich zuerst dagegen gesträubt, weil der Aufwand sehr hoch ist. Mittlerweile hat man offenbar auch die Vorteile erkannt, unerwünschte Inhalte zu entfernen. Besonders rigoros ist dabei

78

der Video-Kanal YouTube, der nicht nur wegen beleidigender Inhalte Kanäle sperrt, sondern auch Inhalte, die nicht der Political Correctness oder einem von Regierungen oder Firmen vorgegebenen Narrativ entsprechen. In totalitären Staaten wie China hat sich YouTube verpflichtet, gewisse politische Äußerungen zu löschen und sich damit dem Regime und dessen Zensur unterworfen. Für großes Aufsehen sorgte es, als Twitter im Jahr 2020 den Account des amtierenden US-Präsidenten Donald Trump wegen »irreführender« Inhalte kurzerhand sperrte. Nach welchen Kriterien Google, Facebook und Twitter Inhalte löschen und Accounts sperren, ist nicht klar, sie werden nicht kommuniziert. So betrachtet, haben sich auch die sozialen Medien der Cancel Culture verschrieben.

Anfang 2022 wurde der »Digital Services Act« vom Europäischen Parlament beschlossen. Er soll einerseits mehr Rechte für Nutzer und Datensicherheit bringen, andererseits wird er zu einer noch weitreichenderen Zensur der Inhalte führen. Nutzer sollen nämlich auch vor »Falschinformationen geschützt« werden. Künftig sind die Plattformen für die Löschung »schädlicher und illegaler Inhalte« zuständig und müssen im Fall des Verstoßes mit extrem hohen Strafen rechnen. Offen bleibt allerdings, was als »schädlich« und als »Falschinformation« gilt und wer dies festlegt. Und es stellt sich die Frage, warum Bürger überhaupt »geschützt« werden müssen und nicht selbst entscheiden dürfen, welchen Informationen sie Glauben schenken und welchen nicht? Somit ist zu bezweifeln, dass die angebliche Intention der EU, den Betreibern der Plattformen einheitliche Richtlinien für die bisher recht intransparent erfolgten Löschungen aufzuerlegen, erreicht wird. Es steht vielmehr zu erwarten, dass der Digital Services Act zu einer noch weiteren Verringerung der Meinungsfreiheit und einer politisch motivierten Zensur im Internet führen wird.

Der ehemalige Präsident des österreichischen Verfassungsgerichtshofes Gerhart Holzinger fasste die Problematik wie
folgt zusammen: »Der Europäische Gerichtshof für Menschenrechte, der Verfassungsgerichtshof und viele andere
Verfassungsgerichte qualifizieren die Freiheit der Meinungsäußerung als ein Wesenselement einer freien Gesellschaft.
Aus dieser Freiheit ist abzuleiten, dass auch Meinungen, die
verletzend, schockierend oder beunruhigend sind, oder Positionen, die falsch sind, von diesem Schutz umfasst sind.
Dieses hohe Gut sollte man nicht infrage stellen. Wenn es
irgendwo Erscheinungsformen gibt, die einer strafrechtli-
chen Sanktionierung bedürfen, wird man die Strafgesetze
entsprechend ändern müssen. Aber eine staatliche Wahrheitsbehörde: Das ist apokalyptisch.«[23] Man müsste noch
ergänzen: Eine staatliche oder von Superreichen eingesetzte
und gesteuerte Wahrheitsbehörde ist apokalyptisch.

Die Freiheit der Wissenschaft und ihre Feinde

»Die Unterdrückung der geistigen Freiheit bedeutet den Tod
der Wissenschaft!« Dies postulierte der deutsch-amerikani-
sche Ethnologe Franz Boas bereits 1955, unter dem Eindruck
der totalitären Systeme von Nationalsozialismus und Kommunismus.[24] Diese Freiheit war und ist auch heute noch in
vielerlei Hinsicht bedroht. Die äußere Bedrohung ist leichter
erkennbar. Sie besteht darin, dass von staatlicher Seite, von
den Inhabern der Macht, die freie Wissenschaft und Lehre
eingeschränkt oder unterdrückt wird. Im Gegenzug werden
andere Bereiche oder unwissenschaftliche Themen ins Zentrum gerückt. Das war etwa im Nationalsozialismus der Fall,

---

23   In: Hopf Wilhelm, Die Freiheit der Wissenschaft und ihre Feinde, 14.
24   Das Geschöpf des sechsten Tages, 1955, 31.

als alles »Jüdische« von den Universitäten entfernt wurde, von den Lehrbüchern bis zum Personal, und stattdessen die Rassenlehre mit ihren abstrusen Theorien Einzug hielt. Eine andere Bedrohung ist weniger eindeutig erkennbar, das ist die Bedrohung von innen. Darauf aufmerksam gemacht hat in jüngerer Zeit der Präsident der Zentraleuropäischen Universität, Michael Ignatieff, dessen Institut vom ungarischen Ministerpräsidenten als unerwünscht klassifiziert wurde und das daher nach Wien übersiedelte. Ignatieff betonte trotz seiner unmittelbaren Erfahrung einer äußeren Bedrohung jene »innere« Bedrohung. Diese geschehe durch diejenigen, die am meisten von der Wissenschaftsfreiheit profitierten, nämlich den Hochschulangehörigen selbst.[25] »Hinter der Sprache der Sexismusfeindlichkeit, Antimilitarismus und Antirassismus gefährden sie die Wissenschaftsfreiheit und damit die Universität.«[26] Ignatieff warnt, obwohl seine Forschungseinrichtung von einem privaten Mäzen, nämlich dem Investor George Soros, gegründet wurde und finanziert wird, vor einem Einfluss von privater Seite: »Keine akademische Einrichtung ist frei, wenn sie von ihren Finanziers kontrolliert wird.« Denn der externe Druck auf Universitäten käme nicht nur von staatlicher Seite.[27]

Hier spricht er ein heikles Thema an, das auch in Österreich zunehmend sichtbar wird. Durch die »Entlassung der Universitäten in die Selbstständigkeit« durch die Universitätsreform Anfang der Nullerjahre sind diese nicht mehr einzig von staatlichen Zuwendungen abhängig. Sie können sich auch von anderer Seite finanzieren, ja sind gezwungen, Geld zu beschaffen, es nennt sich »Drittmittel einwerben«. Das klingt auf den ersten Blick großartig: mehr Freiheit, mehr

---

25 Hopf, Freiheit der Wissenschaft, 14f.
26 Ebd., 15.
27 Ebd., 37.

Selbstständigkeit, weniger Abhängigkeit. Im universitären Alltag gestaltet sich dies jedoch recht mühsam. Es müssen aufwändige Förderanträge gestellt, bei Firmen und privaten Sponsoren muss Werbung für Projekte gemacht und auf diese Rücksicht genommen werden. Ob dies dann letztlich zu mehr Freiheit in Wissenschaft, Lehre und Forschung führt, darf dahingestellt werden. Denn wie geht eine Medizinische Universität damit um, wenn sie zu einem beträchtlichen Teil von Forschungsgeldern der Pharmaindustrie abhängig ist, andererseits aber in manchen Fällen genau diese Industrie kritisch hinterfragen müsste im Hinblick auf deren Produkte und Geschäftspraktiken. Wird man sich da nicht eher mit Kritik zurückhalten, um Geldgeber nicht zu verärgern? Selbst bei den Geisteswissenschaften, deren Forschungen weniger kostenintensiv sind, macht sich eine gewisse Einschränkung bemerkbar: Bei der Themenwahl von Forschungsprojekten nimmt man natürlich darauf bedacht, dass diese im Trend liegen und daher mehr Chancen auf Drittmittel bestehen. Genderforschung ist da ein sicherer Geldbringer. Dies führt jedoch zu einer Verzerrung, Eindimensionalität und letztlich Selbstbeschränkung in der wissenschaftlichen Forschung.

Dazu kommt noch, dass seit den 1980er Jahren auch der wissenschaftliche Diskurs immer restriktiver wird, ja gar zum Erliegen kommt. Begonnen hat dieser Prozess in den USA mit einer Kontroverse um bestimmte Sprachregeln an amerikanischen Universitäten. Ziel war es, die Studentenschaft vor Belästigungen, Verletzungen oder Beleidigungen zu schützen. Das an sich hehre und gut nachvollziehbare Anliegen wurde jedoch immer mehr ins Extreme gesteigert. So war es etwa an der Columbia University nicht mehr möglich, Ovids »Metamorphosen« durchzunehmen, weil sich Studenten davon beleidigt oder traumatisiert fühlten. Es wurden von den Universitätsleitungen Leitfäden an Professoren ausgegeben, was sie alles vermeiden sollten, um ihre Studenten nicht zu verstören. Dies führte zu einer immer längeren Liste an Tabus und damit zu einer Einengung der akademischen Lehre und des wissenschaftlichen Diskurses. »Das Recht auf freie Meinungsäußerung wird auf andere, subtile Weise nach und nach eingeschränkt«, kritisierte etwa der britische Historiker Timothy Garton Ash, der an der renommierten Oxford University lehrt. »Universitäten streben danach, eine Umwelt zu erzeugen, in der alle konkurrierenden Behauptungen und kontroversen Meinungen gehört werden können und in der sich niemand bedroht oder eingeschüchtert fühlt.«[28] Man muss hinzufügen: Sie sollten diese Orte sein und waren es in der westlichen Welt auch. Dies ist nicht mehr so.

Der Bruder des britischen Premierministers, Jo Johnson, hielt in seiner Funktion als Staatsminister für die Wissenschaft und die Universitäten im Jahr 2019 in der BBC eine Brandrede. In dieser kritisierte er die übergroße Vorsicht der Rektoren als Bedrohung der freien Rede. Dort würde man mittlerweile lieber gar keine Debatten führen, als sich abweichende Meinungen oder unbequeme Argumente anzuhören. Die Ausweitung so genannter »sicherer Orte« (»safe spaces«), von Auftrittsverboten (»no platforming«), die Entfernung umstrittener Bücher aus den Bibliotheken und die immer längere Liste von angeblich traumatisierenden Wörtern (»trigger warnings«) bedrohten die akademische Freiheit.[29]

Tatsächlich ist es mittlerweile zur üblichen Praxis geworden, unliebsame, nicht der Political Correctness entsprechende Meinungen und Professoren von den Lehrkanzeln und akademischen Zirkeln hinauszumobben. Ein wirksames Instrument dabei sind das Internet und die sozialen Medien. Ein Shitstorm gegen einen unliebsamen Professor oder eine Professorin ist rasch entfacht und verfehlt selten seine

28   Ash, In: Hopf, Freiheit der Wissenschaft, 40f.
29   Zit. nach Kahlweit Kathrin, In: Hopf, 76.

Wirkung. Auch nicht genehme Lehrveranstaltungen werden so verhindert. Es hat mittlerweile System. Herfried Münkler, Politologe an der Humboldt-Universität Berlin beschrieb dies so: »Der Unterschied zwischen 1968 und heute besteht darin, dass die Achtundsechziger-Studenten um jeden Preis diskutieren wollten. (…) Heute schlagen die radikalen Studenten aus der Anonymität des Internets zu. Sie versuchen, Reputationen zu zerstören, Leute mundtot zu machen – und sie verweigern jede Diskussion.«[30]

Ein Fall, der international für Aufsehen sorgte, ist die britische Philosophieprofessorin Kathleen Stock. Sie lehrte an der University of Sussex und vertrat in der Gender-Debatte einen »unkorrekten« Standpunkt: Das biologische Geschlecht eines Menschen könne nicht einfach durch eine Umbenennung oder Neudefinition außer Kraft gesetzt werden. Dieser durchaus diskussionswürdige, von Humanbiologie und Genetik gestützte Standpunkt brachte die deklarierte Feministin in massive Schwierigkeiten. Eine anonyme Gruppe von Transgender-Aktivisten tat jahrelang alles, um die Professorin und deren Ruf zu vernichten und sie von der Lehrkanzel zu vertreiben. Im Frühjahr 2021 wurde Stock von einer Online-Konferenz (!) ausgeladen, weil eine andere Teilnehmerin gemeint hatte, sie würde sich in Stocks Nähe nicht wohlfühlen. Das Thema der Konferenz: Redefreiheit. Nach einigen Jahren warf Stock entnervt das Handtuch und verließ die Universität 2021. Immerhin solidarisierte sich die »Gesellschaft für Analytische Philosophie« mit der Kollegin. Es sei inakzeptabel, wenn anstelle von inhaltlicher Kritik Forderungen nach institutionellen Sanktionen gegen eine Person treten würden. Zuvor hatten allerdings 600 Dozenten aus verschiedenen Ländern in einem offenen Brief gegen »Transphobie in der Philosophie« gewettert. Die offensicht-

---

30 Hopf, Freiheit der Wissenschaft, 8.

84

liche Zielscheibe der privat organisierten Attacke war Kathleen Stock.

Es ist also nicht nur die »extreme« Studentenschaft, die versucht, unliebsame Lehrende mundtot zu machen und aus den Universitäten hinauszudrängen. Auch umgekehrt wird die Toleranzschwelle immer höher angelegt, was im Universitätsbetrieb gesagt und gedacht werden darf. Die Pandemie scheint dies nochmals verstärkt zu haben. Ein beredtes Beispiel liefert die Alpen-Adria-Universität Klagenfurt, die an sich nicht im Zentrum des internationalen akademischen Diskurses steht, aber immer wieder interessante Ansätze verfolgt. Besonders seit sie in Oliver Vitouch einen ambitionierten Rektor hat. Er initiierte im Jahr 2016, ein Jahr nach der großen Flüchtlingswelle, eine Ringvorlesung zum Thema »Flucht, Asyl, Migration«. Diese eskalierte und geriet zum Skandal, weil eine Gruppe rechtsgerichteter »Identitärer« die Vorlesung störte und den Rektor auf offener Bühne tätlich angriff. Die Aufregung und Empörung beim Rektor und in den Medien waren groß. Der Rektor ließ eine Botschaft veröffentlichen, die diesen Übergriff anprangerte: »Diese erbärmliche Aktion ist auf das schärfste zu verurteilen. Ganz offensichtlich wollen die selbsternannten ›Aktivisten‹ die an den Universitäten gelebten Werte und Prinzipien attackieren. Das wird ihnen nicht gelingen. (…) Gemeinsam können und werden wir uns gegen jegliche Strömung stellen, die die Grundwerte unserer Gesellschaft, unser Selbstverständnis und die Freiheit unserer Institution bedroht. Karl Popper schrieb 1945 von der ›Offenen Gesellschaft und ihren Feinden‹. Diese Feinde sind heutzutage offenbar wieder auf dem Vormarsch«, so der aufgebrachte Rektor. Und er ergänzte: »Wir wollen und werden ein offenes Haus bleiben.«[31]

Wenige Jahre später, im Spätherbst 2021, war die Uni-

31 Vitouch, In: Hopf, Freiheit der Wissenschaft, 166ff.

versität Klagenfurt die erste österreichische Universität, die Studenten, die kein gültiges Impfzertifikat vorlegen konnten, von der Universität verbannte und vom Lehrbetrieb ausschloss. Der Rektor begründete diesen drastischen Schritt mit »Vernunft« und dem »Schutz der anderen«, ja sogar der Papst wurde ins Treffen geführt mit seinem Appell zur »Nächstenliebe«. Es ging dem Rektor aber offensichtlich nicht nur um die Gesundheit, sondern auch um die »richtige« Einstellung der Betreffenden: Diese sollten »beizeiten beginnen darüber nachzudenken, ob eine Universität das richtige für sie ist. Denn dass Universitäten für eine wissenschaftliche Weltauffassung einstehen, versteht sich von selbst. Stichwort Aufklärung«, schrieb er in einer Mail an die Betreffenden. Diese Mischung an Argumenten ist an sich bereits interessant. Aufhorchen lässt aber auch die Auffassung, was Wissenschaft sei und wie freier Hochschulzugang zu verstehen ist.

Es bedarf also nicht nur der Befähigung, sondern auch der richtigen Einstellung, und welches die richtige Einstellung ist, legt der Rektor fest. Nicht bedacht wurde seitens der Universitätsleitung, dass in der Wissenschaft der Stand von heute wenig später bereits von neuen Erkenntnissen überholt und damit obsolet werden kann. Somit stellt sich die Frage, ob nicht umgekehrt die Auffassung des Rektors von der unumstößlichen und ewig gültigen Wahrheit wissenschaftlicher Erkenntnisse und seine Ablehnung abweichender Meinungen und des Diskurses zutiefst unwissenschaftlich ist. Die Freiheit in Lehre und Wissenschaft bedarf auch der geistigen Freiheit jener, die sie ausüben. »In dem schönen neuen Diskursregime wissenschaftlicher Machbarkeit ist eigentlich kein Platz für Außenseiter, Häretiker, ›Spinner‹ oder Kritiker des Bestehenden«, formulierte der Kulturphilosoph Wolfgang Müller-Funk.[32]

---

32 Müller-Funk, Die Kunst des Zweifelns, 70.

Die Einschränkung der freien Wissenschaft zeigt sich im Bereich der Naturwissenschaften ebenfalls recht klar. Hier sind es die internationalen Fachzeitschriften, die als Gradmesser gelten. Wer es schafft, in einer renommierten Fachzeitschrift zu publizieren, und dies möglichst häufig, der kann die Karriereleiter weiter erklimmen. Dabei geht es auch um sehr viel Geld, denn je besser das Renommee eines Wissenschaftlers oder einer Wissenschaftlerin, desto höher die Chancen auf Drittmittel und Forschungsgelder für die eigenen Projekte. Nun ist jedoch eine Tendenz feststellbar, dass bei der Auswahl der Publikationen und Studienergebnisse, die in den angesehensten Journalen erscheinen, die Kriterien nicht immer transparent sind.

In letzter Zeit zeigen sich überdeutlich Tendenzen, und dies international, in die »richtige« und die »falsche« Wissenschaft zu unterscheiden. Die eine ist jene, die dem Narrativ der Herrschenden entspricht und deshalb Gehör finden soll. Die andere hält kritisch dagegen, hinterfragt politische Entscheidungen und Maßnahmen und gilt deshalb als »unwissenschaftlich«.

Die Politik redet viel von »Evidenz« und DER Wissenschaft und meint damit bloß jene, die ihr recht geben. Eindeutige und unwiderrufliche Wahrheiten und Ergebnisse sind ein Anspruch, den Wissenschaft nicht erfüllen kann und soll. Dass Wissenschaft von unterschiedlichen Zugängen, Erkenntnissen, dem Diskurs und dem Ringen um Fortschritt und neue Erkenntnisse geprägt ist, wird entweder von der Politik und der Öffentlichkeit nicht verstanden oder bewusst nicht zur Kenntnis genommen.

Der Philosoph Peter Kampits kritisiert in diesem Zusammenhang die mediale Öffentlichkeit und die Verweigerung des wissenschaftlichen Diskurses, die im Zuge der Pandemie besonders deutlich zutage traten: »Die die Wissenschaft grundsätzlich auszeichnende Offenheit zu einem Dialog mit anderen Meinungen und Interpretationen von Fakten ist angesichts der Einseitigkeit, verschärft durch die in den Medien nahezu permanent auftretenden gleichen Personen, verloren gegangen. Das wissenschaftliche Ethos verpflichtet nicht nur zu Redlichkeit innerhalb der wissenschaftlichen Forschung, sondern auch zum Dialog mit anderen und deren Forschungsergebnissen. Überdies ist spätestens seit Karl Popper in der Wissenschaftstheorie die Einsicht verbreitet, dass wissenschaftliche Wahrheiten immer nur hypothetisch und fallibel sind, mithin also keinen dogmatischen Charakter aufweisen können. (...) Wissenschaft hat andere Aufgaben. Sie ist an der Wahrheitsfindung interessiert und an einer möglichen Falsifikation von wissenschaftlichen Theorien, die in Verbindung mit wissenschaftlich erhobenen Daten generiert werden. Mit Irrsinn hat Wissenschaft nichts am Hut. Er fällt nicht in ihren Aufgabenbereich.«[33]

Das traurige Ergebnis der Unfreiheit in der Wissenschaft, der Unterdrückung des freien Diskurses und in Folge neuer Erkenntnisse, ist das beharrliche Beschreiten von Irrwegen, die vermeidbar wären. Daran ist aber nicht nur die Politik Schuld, die einfache Lösungen will, die auch langfristig bestehen. Das Problem liegt auch in der Wissenschaft selbst und in Wissenschaftlern, die zu sehr von externen Interessen und Finanzen abhängig und daher in ihrer Freiheit eingeschränkt sind oder sich vielmehr einschränken lassen. Es wäre jedoch das Ende der Wissenschaft, wenn der Öffentlichkeit vermittelt würde, dass es nur einen Zugang geben, dass nichts infrage gestellt werden darf, was dem vorgegeben Narrativ widerspricht, und dass Gegenthesen unwissenschaftlich und daher abzulehnen seien. Analysiert man die Vorgänge in der internationalen wissenschaftlichen Community, ist man weit fortgeschritten auf dem Weg genau dorthin: zum Totalitarismus in der Wissenschaft.

---

33   In: Der Pragmaticus, 10.2.22.

Virtuelle und echte Bücherverbrennungen

Auch die Einschränkung und die ideologische Durchdringung von Kunst, Kultur und Literatur sind ein Anzeichen für die Entwicklung eines freien Landes hin zu einer autoritären oder gar totalitären Gesellschaft. Ein prägnantes Beispiel dafür war in der Zeit der aufstrebenden nationalsozialistischen Bewegung der massive Versuch, alles Jüdische aus dem Kulturbereich zu verbannen. Die Aktionen begannen bereits in den 20er Jahren des 20. Jahrhunderts. Gegen Kino- und Theatervorstellungen, bei denen jüdische Schauspieler auftraten oder die von jüdischen Autoren stammten, wurde öffentlich zum Boykott aufgerufen, oder die Vorstellungen wurden gestört. Ein besonders dramatischer Fall war jener des jüdischen österreichischen Schriftstellers Hugo Bettauer. Sein Erfolgsroman »Die freudlose Gasse« wurde mit Greta Garbo ein Filmklassiker. »Die Stadt ohne Juden« wurde 1924 ebenfalls verfilmt, allerdings wurden die Vorstellungen von Nazi-Trupps gestört, die Kinobesitzer bedroht, sodass sie den Film absetzten. Hugo Bettauer wurde ein Jahr später von einem jungen, vom Nationalsozialismus begeisterten Mann ermordet.

Von dieser Seite wurde generell lautstark verlangt, Bücher jüdischer Autoren nicht mehr zu lesen oder zu verkaufen, Buchhändler wurden terrorisiert, wenn sie diese Autoren in die Auslage legten. Es wurde behauptet, diese übten einen schädlichen und zersetzenden Einfluss auf die deutsche Volksgemeinschaft aus. All das geschah lange vor der Machtergreifung Adolf Hitlers in Deutschland, den propagandistischen öffentlichen Bücherverbrennungen und der Entfernung »entarteter Kunst« aus den deutschen Museen.

Am 10. Mai 1933 organisierte die NS-Studentenschaft in allen großen deutschen Universitätsstädten öffentliche Verbrennungen von Schriften deutsch-jüdischer, liberaler oder sozialistischer Autorinnen und Autoren. Joseph Goebbels deklarierte in seiner »Feuerrede«, die er in Berlin an eine riesige Menschenmenge hielt, das Zeitalter des »überspitzten jüdischen Intellektualismus« sei nun vorbei. Auf dem Scheiterhaufen des Geistes und der Kultur landeten unter anderem Werke von Thomas und Heinrich Mann, Stefan Zweig, Heinrich Heine, Sigmund Freud, Else Lasker-Schüler und Kurt Tucholsky. Insgesamt standen mehrere hundert Intellektuelle und deren Werke auf den sogenannten »Schwarzen Listen«, sie sollten systematisch eliminiert werden. Die Autoren erhielten Schreibverbot, flohen ins Ausland oder wurden ins KZ verschleppt. Ihre Bücher wurden aus den Bibliotheken und Buchhandlungen entfernt.

Doch bereits zuvor hatte eine Hetzjagd auf Intellektuelle begonnen. Die NS-Studentenschaft und die gleichgesinnten Hochschullehrer propagierten, die Universitäten zum »Hort des deutschen Volkstums« machen zu wollen und alles Nicht-Deutsche zu eliminieren. Im Zuge dessen wurden Professoren und Dozenten, die in ihrer Gesinnung oder Abstammung nicht den Vorstellungen der Nationalsozialisten entsprachen, denunziert und im wahrsten Sinn des Wortes öffentlich angeprangert: Es wurden »Schandpfähle« an den Universitäten aufgestellt, mit den Namen und den Werken der Betreffenden. Als Erinnerung an die Unterdrückung Andersdenkender und die Verfolgung, Diffamierung und Ausgrenzung der damaligen Geistesgrößen sowie der Vernichtung ihrer Werke wird jedes Jahr am 10. Mai der »Tag des Buches« begangen.

Einer ähnlichen Strategie, um das Kultur- und Geistesleben zu beeinflussen und letztlich zu kontrollieren, bedienten sich auch die russischen Revolutionäre und Chinas Mao Zedong im Zuge der »Kulturrevolution«. Jegliche Kunst und Literatur, die nicht der Doktrin der kommunistischen Führung entsprach, wurde vernichtet und deren Repräsentanten wurden verfolgt.

Interessant ist in diesem Zusammenhang die Analyse eines der wichtigsten zeitgenössischen Künstlers, des aus China stammenden Ai Weiwei. Er warnte unlängst vor der »politischen Korrektheit« in der Kunst. »Wenn politische Absichten das Leben im Theater infiltrieren, ist das sehr gefährlich. Wenn die Kunst politisch eingeschränkt wird, wird die Welt in eine Situation geraten wie in der Kulturrevolution in China. Wenn politische Korrektheit verwendet wird, um alles zu kontrollieren, wäre das sehr extrem.«[34]

Weiwei weiß, wovon er spricht. Sein Vater, der Dichter Ai Quing, wurde im Zuge der »Kulturrevolution« Mao Zedongs verfolgt, da er wegen seines Studienaufenthalts in Paris als »Rechtsabweichler« galt, und in ein Arbeitslager deportiert. Ai Weiwei hatte ihn als Kind ins Lager begleitet und lebte dort jahrelang in einem Erdloch. Es hatte seinem Vater nichts genutzt, dass er zuvor alle seine Bücher von westlichen Dichtern verbrannt hatte. Jahrzehnte später verbrannte Ai Weiwei ein Exemplar seiner eigenen Biografie, unter Beisein seines Sohnes – als Erinnerung an das Schicksal seines Vaters und seine eigene traumatische Kindheitserfahrung. Er selbst wurde ebenfalls von der chinesischen Führung verfolgt, 2011 verschleppt und monatelang an einem geheimen Ort festgehalten.

Entsprechend dem Schicksal seiner Familie sieht der international tätige Künstler die jüngsten Entwicklungen im Zuge der Covid-19-Pandemie kritisch. Es sei eine »schwierige Frage, wie viel von ihrer Freiheit die Menschen wegen einer politischen Kontrolle zu opfern bereit sind. Aber beim Lockdown geht es nicht nur um die Krankheit, es geht auch um politische Kontrolle. Europa passt ständig seine Methoden an, damit die Einzelnen und die Gesellschaft dem zustimmen.« Der Lockdown im Westen sei jedoch nicht der gleiche

---

34 News, 14.1.22.

wie in China, dort würden die Menschen wie im Gefängnis behandelt. In den Jahren 2020 und 2021 wurde dennoch von westlichen Politikern, Journalisten und Experten häufig China als Beispiel genannt, wie man die Pandemie effizient bekämpfen könne. Auch die Impfpflicht im Zusammenhang mit Corona, die 2022 in etlichen Ländern, in Österreich sogar für alle Bürger ab 18 Jahren, eingeführt wurde, sieht der chinesische Künstler kritisch. Regierungen sollten »nicht die Macht haben, dem Volk irgendwelche verpflichtenden Maßnahmen aufzuerlegen, es sei denn, sie geben damit zu, dass sie ein autoritäres Regime sind.«[35]

Einflussnahme auf Kunst und Kultur erfolgte durch die Mächtigen nicht nur inhaltlich, sondern auch organisatorisch. Bis ins 20. Jahrhundert war die Förderung von Kunst und Kultur fast ausschließlich privaten Mäzenen überlassen, nur selten vergab der Staat einen Auftrag. Man denke etwa an den Grafen Karl von Morzin und den Fürsten Nikolaus Esterházy, deren Musikbegeisterung und Großzügigkeit wir die Werke Joseph Haydns zu verdanken haben. Private Musikfreunde in Wien wiederum gaben einen der bedeutendsten Konzertsäle der Welt in Auftrag, den Wiener Musikverein. In heutiger Zeit machten dies auch die Hamburger Kaufleute und ließen die Elb-Philharmonie errichten. Gemälde wurden von Privatleuten bei Malern in Auftrag gegeben und junge Talente gefördert, ebenso Theaterstücke, die dann auf privaten Bühnen aufgeführt wurden. Das Kulturschaffen war also dem privaten Geschmack überlassen. Die Künstler, Komponisten und Autoren waren damit zwar von ihren Mäzenen abhängig, dafür war das Schaffen entsprechend vielfältig.

Heute ist die Kultur überwiegend eine öffentliche Angelegenheit und wird vom Staat und aus Steuergeldern finan-

---

35   News, 14.1.22.

ziert. Dies führt zwar zu einer geringeren Abhängigkeit von der Gunst von Privatleuten. Allerdings erzeugt es neue Abhängigkeiten und eine Art Monokultur, Trends und Moden, die sich international durchsetzen. Und es verleitet zu einer inhaltlichen und politischen Einflussnahme, da ja Politiker über die Förderungen und das Führungspersonal entscheiden. So etwa, wenn die Bestellung wichtiger Direktorenposten vorwiegend aufgrund politischer Zugehörigkeit oder ideologischer Ausrichtung erfolgt und nicht allein aufgrund fachlicher Qualifikation. Das führte dazu, dass im internationalen Kulturbetrieb immer deutlicher eine »politische Korrektheit« zutage tritt, der man zu folgen hat. So etwa, wenn in der Oper »Othello« der Sänger nicht mehr schwarz geschminkt werden darf.

Es besteht die Gefahr, dass die Politik dadurch auch inhaltlich Einfluss nehmen kann. Man bestellt einen bestimmten Intendanten mit einer genehmen politischen Ausrichtung eher als einen, der inhaltlich gegenteilige Ansichten vertritt. Dasselbe gilt für die Stipendien für Autoren oder Förderungen für Verlage. Das Verlagsprogramm, die Auswahl der Autoren und Themen, hat Einfluss auf die Verlagsförderung. Desgleichen werden finanziell dotierte Preise und Stipendien für Autoren und Künstler meist im Sinne der Political Correctness vergeben, folgen also bestimmten politischen Trends. Beschäftigt sich ein Künstler oder Autor also mit Themen wie Migration, Rassismus oder Gender, dann hat er ungleich mehr Chancen, Förderungen und Preise zu erhalten, als wenn er diese Themen kritisch hinterfragt. Verlage und Theater werden ihr Programm so ausrichten, dass sie den Förderrichtlinien nicht nur formal, sondern auch inhaltlich entsprechen. So kann Kontrolle und Einfluss auf die Kultur und die Kulturschaffenden genommen werden, ohne dass dies von außen erkennbar wäre.

Religiöser Fundamentalismus

Es muss nicht unbedingt die Gesamtgesellschaft von einem Wandel hin zum Autoritären oder Totalitären betroffen sein, dies kann sich auch auf bestimmte Gruppen beschränken. Es entstehen totalitäre Inseln, die sich oft unbemerkt von der demokratischen und liberalen Öffentlichkeit etablieren. Ein Beispiel dafür sind fundamentalistische Religionen oder Sekten, die in einer Parallelkultur leben, wie etwa die Zeugen Jehowas oder die Mormonen, mit rigiden Vorschriften für ihre Mitglieder. In den anscheinend so freiheitsliebenden 1970er Jahren entstanden in Westeuropa Kommunen und Sekten, die ihre Mitglieder stark einschränkten. Alles war der Kontrolle eines religiösen Führers unterworfen, sogar die Sexualität und die Kinder. Dies führte nicht selten zu kriminellen Handlungsmustern, wie etwa der systematische sexuelle Missbrauch von Kindern in der Kommune des Otto Mühl.

Durch die Zuwanderung aus muslimischen Ländern entwickelten sich auch in Europas Demokratien Bereiche, in denen das religiöse Gesetz der Scharia oberstes Prinzip erlangt hat. Dieses steht über dem Gesetz des Staates, in dem diese religiösen Gruppen leben, dadurch bilden sich echte Parallelgesellschaften. So etwa werden in manchen Schulen vor allem in großen Städten mittlerweile muslimische Mädchen, die kein Kopftuch tragen, von muslimischen Burschen gemobbt und bedroht. In den fundamentalistischen Gruppen ist es, entgegen den staatlichen Gesetzen, etwa auch erlaubt, Minderjährige und Frauen gegen ihren Willen zu verheiraten, Frauen in ihrer Bewegungsfreiheit und Berufsausübung stark einzuschränken oder sogar Genitalverstümmelungen vorzunehmen. Ehen mit Personen, die nicht der religiösen Gruppe angehören, sind tabu. Bei Streitigkeiten wird nicht die staatliche Institution eingeschaltet, wie etwa ein Anwalt, sondern die religiöse. Es richtet der Imam, nicht der Richter.

Staatliche Gerichte werden in fundamentalistischen Gruppen nicht anerkannt. Da die staatlichen Institutionen von diesen Vorgängen häufig nichts erfahren, weil die Gruppe sehr geschlossen ist, werden derartige Gesetzesbrüche oft nicht geahndet. Da der Koran das Leben der Gläubigen bis ins kleinste Detail regelt, bleibt den Muslimen unter dem Einfluss fundamentalistischer Strömungen keinerlei Freiraum, selbst über ihr Leben und Handeln zu entscheiden. Zusätzlich wird nicht zwischen Religion und Staat unterschieden, wie in modernen Demokratien, und somit ist eine völlige Kontrolle und Unterwerfung jedes Einzelnen möglich. Eine Grundlage totalitärer Systeme ist somit geschaffen.

Zwar sind diese religiösen totalitären Räume noch Inseln, doch breiten sie sich zunehmend aus. In Deutschland, Frankreich, Belgien und Schweden gibt es bereits Distrikte und Stadtteile, in die sich die Polizei kaum mehr hineinwagt und wo der liberale Rechtsstaat de facto keine Gültigkeit mehr hat. Dies zeitigt auch Auswirkungen auf die Gesamtgesellschaft, weil sie ein Beispiel für gelebte Unfreiheit geben.

Der in Damaskus geborene und in Deutschland lebende Politologe Bassam Tibi analysiert und kritisiert diese Entwicklungen in Europa und speziell in Deutschland seit Jahrzehnten. Er ist einer der vehementesten Kritiker des politischen Islam, der sich seiner Ansicht nach auch in Europa weit verbreitet hat und die Freiheit bedrohe. In Berufung auf Max Horckheimer sollte seiner Ansicht nach die europäische Idee und Zivilisation gegen den Faschismus Hitler'scher, Stalin'scher oder anderer Varianz verteidigt werden. Für Tibi fällt auch der islamische Fundamentalismus unter den Zuwanderern in diese Kategorie.[36] Er forderte daher eine »Leitkultur«, der sich auch Zuwanderer verpflichtet fühlen müssten. Den Islamisten dürfte es nicht ermöglicht und ge-

---

36 Tibi, Islamische Zuwanderung und ihre Folgen, S 344f.

stattet werden, in Europa Fuß zu fassen und ihre Ideologie zu verbreiten. »Im Namen multikultureller Toleranz darf diese neo-totalitäre Ideologie, die die zivilisatorische Identität Europas in Frage stellt, nicht in der Islam-Diaspora zugelassen werden. Die Unterscheidung zwischen Demokraten und Feinden der Freiheit unter Deutschen gilt ebenso für die Migranten.« Nur durch die Etablierung einer auf Werte bezogenen Leitkultur könnten Migranten integriert und die Bildung von Parallelgesellschaften verhindert werden.

Ähnlich wie Bassam Tibi argumentieren auch andere Intellektuelle muslimischen Glaubens, wie der deutsche Sozialwissenschaftler Ahmad Mansour oder der österreichische Islamtheologe Mouhanad Khorchide. Khorchide tritt vehement gegen den politischen Islam auf und unterstützte die Einrichtung einer »Dokumentationsstelle politischer Islam« in Österreich. Vereinigungen wie die Muslimbrüder und Milli Görüs, die großen Einfluss auf das religiöse Leben und die religiöse Erziehung haben, hält er für viel gefährlicher als etwa die Jihadisten oder die Salfisten. Der politische Islam strebe die Herrschaft im Namen einer Religion an und sei eine zutiefst menschenfeindliche Ideologie.[37] Die Entwicklung der letzten Jahre gibt Tibi recht: Die großen Islamverbände haben sich erfolgreich den jeweiligen Regierungen als Ansprechpartner und einzig legitimierte Vertreter aller Muslime angeboten und so eine Deutungshoheit erlangt. Sie stellen die Religionslehrer an den Schulen für den islamischen Religionsunterricht, sind im interreligiösen Dialog aktiv, ohne einen Zentimeter von ihrer fundamentalistischen Position abzuweichen. Es ist als Beleg für ihren Befund zu werten, dass die Kritiker des politischen Islam unter Polizeischutz leben müssen, weil sie mit Mord bedroht werden. Mitten in Europa.

---

37   Der Standard, 21.7.2020; Gottes falsche Anwälte. Der Verrat am Islam.

Generell wird jede Kritik am politischen Islam und dessen Methoden von islamistischen Fundamentalisten als »Islamophobie« oder »antimuslimischer Rassismus« gebrandmarkt und zurückgewiesen. Diese Begriffe wurden als Kampfbegriffe erfunden, um jegliche Kritik im Keim zu ersticken, und sind zusätzlich sinnwidrig. Der Islam ist eine Religionszugehörigkeit, kein angeborenes Rassemerkmal, und eine Phobie ist eine Zwangsstörung und damit krankhaft. Diese Begriffswahl allein zeigt die Denkweise und totalitäre Gesinnung dieser Gruppen, deren Gefährlichkeit noch immer massiv unterschätzt wird. Für die Politik und die Kirchen ist es einfach bequem, nur mit einer Gruppe oder einer Person zu sprechen.

Das Ziel des politischen Islam ist es, die Trennung zwischen Staat und Religion aufzuheben und alle Muslime in religiöser, politischer und privater Hinsicht, bis hin zu ihrem Intimleben, vollständig zu kontrollieren und zu lenken. Zusätzlich sollen sie gegen die nicht-muslimisch geprägte Gesellschaft in einen Gegensatz gebracht werden, ihre Werte ablehnen und möglichst jeden Kontakt meiden.

Letztlich ist es das Ziel, die Kontrolle in den Einwanderungsländern in Europa zu übernehmen und zu fundamentalistischen, totalitären Staaten umzuformen. Dieses Programm wurde bei einem Treffen von Islamisten in der Kölner Zentralmoschee im Jänner 2019 besprochen, wenngleich verklausuliert: In der Abschlusserklärung hieß es, es gebe keinen europäischen oder deutschen Islam, denn der Islam habe einen universellen Herrschaftsanspruch. Die Konferenz wurde von der Ditib, der türkisch-islamischen Union, organisiert, die direkt der türkischen Religionsbehörde Diyanet und dem türkischen Präsidenten unterstellt ist. Diese Organisation, die einen prononciert nationalistischen Islam vertritt, ist speziell in Deutschland und Österreich mittlerweile flächendeckend vertreten und übt großen Einfluss aus. Bei der Konferenz vertreten waren auch die radikalen Muslim-brüder und die Milli-Görüs-Bewegung. Beide stehen unter Beobachtung des Verfassungsschutzes. Durch die Ereignisse der letzten Jahre und den Fokus auf die Gesundheitspolitik sind ihre Aktivitäten aus dem Blickfeld der Öffentlichkeit völlig verschwunden. Dass die Saat des Hasses aufgeht, zeigte etwa das Attentat in Wien im November 2020 durch einen islamistischen Fanatiker, bei dem vier Menschen getötet wurden. Der Täter war gebürtiger Österreicher mit albanischen Wurzeln und Anhänger des »Islamischen Staates«. Das Attentat ereignete sich nur wenige Tage nach dem – ebenfalls islamistisch motivierten – Terroranschlag von Nizza.

4. WIE FUNKTIONIEREN TOTALITÄRE SYSTEME?

Die begrenzte Macht der Könige

Eine Form der unkontrollierten Souveränität nach Popper ist die Monarchie. Diese war die am weitesten verbreitete Herrschaftsform in der Geschichte und jene, die sich am längsten erhalten konnte. Die Monarchen besaßen die gesamte politische Macht in ihrem Territorium, waren Gesetzgeber, oberste Richter, Kriegsherren und standen auch gesellschaftlich an der Spitze. Untermauert und garantiert wurde diese absolute Macht durch die Erbfolge und das Gottesgnadentum. Wer von Gott höchstpersönlich zum Herrschen bestimmt wird, der kann vom Menschen nicht angezweifelt werden, so das Kalkül. Oder sie setzten sich selbst Gott oder den Göttern gleich und entzogen sich somit dem menschlichen Urteil und ihrer Entmachtung.

Dennoch war ihre Macht nicht unumschränkt, sie hatte einige wesentliche Einschränkungen und Korrektive, die zu einer gewissen Balance führten. Die Monarchen hatten nur ein bestimmtes Territorium zur Verfügung. In diesem wiederum gab es Vorrechte für einzelne Personen, Gruppen oder Institutionen. Die Monarchen waren zumeist vom vermögenden Adel und anderen Geldgebern abhängig, denn sie mussten ihr Territorium ständig gegen die Expansionsgelüste anderer Monarchen verteidigen. Sowohl Verteidigung als auch Eroberungen kosteten viel Geld, und so waren die Herrscher ständig in Geldnöten. Als Gegenleistung mussten sie gewisse Privilegien verleihen: gesellschaftliche und politische, wie Nobilitierungen, sowie wirtschaftliche, wie Landbesitz, Rechte auf Bodenschätze und Steuereinnahmen.

Dies wiederum stärkte die Position der Geldgeber. Ein prominentes Beispiel dafür ist die Familie Fugger, die von einfachen Kaufleuten zu Fürsten mit enormem Reichtum aufstiegen. Damit vermehrten die Fugger auch ihren politischen Einfluss. Der Monarch wurde zunehmend von ihnen abhängig und musste ihre Zustimmung einholen, wenn er einen Feldzug plante, ob sie ihm dafür Geld zu leihen bereit waren oder nicht.

Die Monarchen waren also bis zum Ende des 20. Jahrhunderts einer gewissen Einschränkung in ihrem Machtstreben über ihre Untertanen unterworfen. Besonders deutlich zeigte sich dies etwa beim ungarischen Ausgleich und im Nationalitätenstreit in der Habsburgermonarchie, in dem der böhmische und der ungarische Adel dem Kaiserhaus etliche Sonderrechte abverlangen konnte. Auch durch die Revolution von 1848 konnten die Bürger ihren Monarchen viele demokratische und Freiheitsrechte abringen.

Stets musste ein Monarch nach innen und außen um den Erhalt seiner Position kämpfen und diese absichern. Wie rasch der Sturz eines erfolglosen Monarchen vonstatten gehen konnte, zeigt das Beispiel des Franzosenkaisers Napoleon. Er hatte zusätzlich das Problem, nicht der gesellschaftlichen Elite angehört zu haben. Er war letztlich ein Parvenü und hatte als Vertreter einer Leistungselite seinen Aufstieg ausschließlich seinen militärischen Erfolgen zu verdanken. Als diese Erfolge ausblieben, war es rasch wieder vorbei mit seiner Macht.

Trotz dieser faktischen Einschränkungen bildeten die Monarchen eine Art Weltelite. Sie entstammten bis auf seltene Ausnahmen einem Kreis von hochadeligen Familien, die stets untereinander heirateten. Diese Ehen bauten auf politischen Überlegungen auf: Mit welchem Land wollte man ein Bündnis eingehen? Wo gab es ein Territorium zu erben oder zu erheiraten? Wie konnte Frieden garantiert werden? Wo bestanden die gleichen Absichten? Am erfolgreichsten waren mit dieser Strategie, nicht durch Krieg, sondern durch strategische Ehen mehr Macht zu erlangen, bekanntlich die Habsburger.

Im 19. Jahrhundert begann die Bourgeoisie, die sich bis dahin mit politischer Einflussnahme – bis auf Einzelfälle – sehr zurückgehalten hatte, nach politischer Macht zu streben. Sie hatte sich trotz ihrer wirtschaftlichen Potenz und Vormachtstellung im Hintergrund gehalten. Es war im Zeitalter der Nationalstaaten auch gar nicht nötig, offen danach zu streben, denn das wohlhabende Bürgertum konnte sich wirtschaftlich ohnehin entfalten und die dazu notwendigen Freiräume nutzen. Für Hannah Arendt ist die politische Emanzipation der Bourgeoisie das »zentrale innenpolitische Ereignis« dieser Zeit.[38] Nicht zufällig geschah dies parallel zur Entfaltung des Imperialismus.

Der Nationalstaat beruht auf einer historisch gewachsenen Zusammengehörigkeit. Territorium, Volk und Staat sind eine Einheit, mit gemeinsamen identitätsstiftenden Elementen. Im Imperialismus ist der Nationalstaat als Vaterland nur das Mittel, die Ausgangsplattform, das Ziel jedoch ist die Expansion. Ein typisches Beispiel dafür sind der Commonwealth und das britische Empire. Für das wirtschaftliche und finanzielle Streben der neuen Eliten war die britische Halbinsel zu klein, die Welt hingegen gerade groß genug.

---

38 Arendt, Elemente und Ursprünge totaler Herrschaft, 285.

Erstaunlich ist, dass dieses Gebilde, trotz der Katastrophen der Weltkriege und Wirtschaftskrisen, trotz des Endes von Kolonialismus und absoluter Monarchie, noch immer Bestand hat.

Der Nationalismus und seine Eliten setzten jedoch politisch eine gefährliche Dynamik in Gang. Es war eine beinharte Konkurrenz um wirtschaftlichen Profit und politische Macht, nicht nur in Europa, sondern auch in den neuen Einflusssphären in Afrika, Indien, Asien. Der Hass untereinander wurde bewusst geschürt, Bündnisse gegeneinander geschlossen, Emotionen und politische Ranküne schaukelten sich immer mehr auf. Die Feder wurde immer mehr gespannt, bis sie mit einem Mal riss. Binnen weniger Wochen stand die Welt im Krieg und damit in Vollbrand. Rückblickend empfanden viele die Zeit davor als »goldenes Zeitalter der Sicherheit«, wie es der Schriftsteller Stefan Zweig benannte. Jahrzehnte des relativen Friedens in Europa, in der gewisse Regeln eingehalten und bestimmte Grenzen nicht überschritten wurden. Dadurch konnten Kunst, Literatur und Musik erblühen, die uns bis heute beschenken. Dass viele Menschen unter die Räder der Industrialisierung und des Fortschritts gerieten, war außerhalb der Wahrnehmung. Und dies bildete die Grundlage für das Entstehen der verelendeten Massen und damit des Totalitarismus. Somit war diese Zeit eigentlich die Ruhe vor dem Sturm, als Auftakt einer nahen Katastrophe.[39]

Das Ende der Nationalstaaten und der Beginn internationaler, nicht mehr auf Nationen gegründeten »Pan«-Bewegungen, läutete Anfang des 20. Jahrhunderts eine neue Ära ein. Ein Beispiel ist die Paneuropa-Bewegung des Richard Graf Coudenhove-Kalergi. Es war kein Zufall, dass ausgerechnet in der vom Nationalitätenstreit erschütterten Habs-

---

39   Arendt, Totale Herrschaft, 284.

burger-Monarchie, woran diese letztendlich zugrunde ging, die Idee ihren Anfang nahm. Und es ist ein schönes Symbol, dass der letzte Thronfolger der Habsburger-Dynastie, Otto von Habsburg, deren langjähriger Präsident war. Es zeigt dessen menschliche Größe und Klugheit, dass er als langjähriger Abgeordneter im Europäischen Parlament diese Idee in anderer Form vertrat. Er sah in der Europäischen Einigung eine moderne Fortsetzung der supranationalen Idee, die in der Paneuropa-Idee in die Welt getreten war.

Doch bevor diese Idee ihre Wirkung entfalten konnte, kam die Katastrophe. Der Erste Weltkrieg als finale Katastrophe der monarchistischen Weltelite und ihres Konkurrenzkampfes um die Vorherrschaft zertrümmerte die Welt und ihre Menschen. Es war das erste globale Trauma in dieser Hinsicht. Danach war nichts, wie es zuvor gewesen war. Mit Begeisterung hatten sich die irregeleiteten Menschen hineingestürzt, mit der falschen Gewissheit, zu gewinnen und rasch Beute zu machen. Betrachtet man die Propagandaplakate dieser Zeit und liest, wie die Monarchen ihre Untertanen motiviert hatten, sich für ihre Zwecke zu opfern, kann man dies heute schwerlich nachvollziehen. Der Rausch des Patriotismus fegte alle Vernunft hinweg. Man glaubte tatsächlich an die »Reinigung« und die »Katharsis« des Krieges, wie es die Feldherren propagierten. Das Militär, das lange Jahrzehnte bloß bunter Aufputz gewesen war, und die Gewalt übernahmen die Regie. Die jungen Männer zogen mit Begeisterung und unter dem Jubel des Volkes für das Vaterland in den Krieg. Kriegsanleihen als patriotische Pflicht standen hoch in Kurs. Es herrschte eine Massenpsychose, der sich nur wenige entziehen konnten. Bertha von Suttner mit ihren Friedensbemühungen hatte man verlacht und verspottet. Sie hatte vergebens vor den Gräueln des Krieges gewarnt. Ein gnädiges Schicksal hatte es ihr erspart, den Kriegsausbruch miterleben zu müssen. Sie verstarb kurz zuvor.

Die Völker, die bis dahin noch kein totalitäres System in reiner Form gekannt hatten, erlebten nun den totalen Krieg. Regeln und Grundsätze, die bisher bei Schlachten eingehalten worden waren, galten nicht mehr. Es wurde skrupellos Giftgas eingesetzt, die Soldaten in aussichtslose Schlachten gejagt, sinnlose Ströme von Blut in Kauf genommen. Die Technik, etwa Flugzeuge und Panzer, hielt Einzug und entmenschlichte die Beteiligten zusätzlich. Der Krieg selbst übernahm die Regie, die Feldherren lieferten ihm dafür bereitwillig das Material an Menschen.

Mitten in die Gräuel des Ersten Weltkrieges fiel die Geburtsstunde des ersten totalitären Systems, das zuerst als solches nicht zu erkennen war. In Russland gelang es Lenin, die Menschen zu mobilisieren und den Zaren zu stürzen. Die Verzweiflung, der Hunger und das Elend der Untertanen dieses riesigen Reiches kamen seinen Plänen entgegen. Lenin war ein Mann des 19. Jahrhunderts, er wollte eine Revolution, um dann zu den Werten und der Moral gemäß der abendländischen Tradition zurückzukehren. Er plante nicht, radikal mit allem zu brechen, was den Humanismus dieses Abendlandes ausgemacht hatte. Dem charismatischen Lenin gelang es mithilfe von Leo Trotzki, einen unblutigen Putsch und Umsturz zu organisieren. Dies ging als »Oktoberrevolution« in die Geschichte ein. Doch unmittelbar danach begann ein Bürgerkrieg, bei dem sich die Bolschewiki durchsetzen konnten. Allerdings gelang dies nur mit äußerster Gewaltanwendung, Terror, Verfolgung und Verhaftung politischer Gegner durch die gefürchtete »Tscheka«, die Geheimpolizei. 1922 erfolgte die Gründung der UdSSR unter einer marxistisch-leninistischen Doktrin, die das Land Jahrzehnte prägen sollte.

Von Beginn an dabei war Josef Stalin, der ab 1927 die Sowjetunion als Diktator weiter zu einem totalitären Staat transformierte. Seine zentralistische Kommandowirtschaft führte zu Misswirtschaft und Missernten, den daraus resultierenden Hungersnöten fielen sechs Millionen Menschen zum Opfer. Zusätzlich etablierte er ein System des Terrors mit willkürlichen Verhaftungen und »Säuberungswellen«. Insgesamt wurden dabei mehrere Millionen Menschen als angebliche oder tatsächliche politische Gegner verhaftet, in Schauprozessen abgeurteilt und in Straflager, die berüchtigten »Gulags« deportiert, was nur ein Bruchteil von ihnen überlebte. Dem Terrorregime Stalins, das bis zu seinem Tod im Jahr 1953 dauerte, fielen mehr Menschen zum Opfer als dem Zweiten Weltkrieg.

Im Krieg verbündete sich Stalin zunächst mit seinem ideologischen Gegner, Adolf Hitler, dann wechselte er die Fronten und schlug sich auf die Seite der Alliierten. Somit zählte die Sowjetunion zu den Siegermächten, konnte sich weite Teile Europas einverleiben und dort ebenfalls kommunistische Diktaturen etablieren. Paradoxerweise lebt ein gewisser Stalin-Kult trotz der ungeheuerlichen Gräuel bis heute fort.

Der Totalitarismus, in den die Vision der Kommunisten vom neuen Gesellschaftssystem ohne Klassen und ohne Unterschiede letztlich mündete, blieb in dieser Spielart nicht allein. Bald nachdem sich das kommunistische System in Russland etabliert hatte, begann – als scheinbarer Gegenentwurf – in etlichen westlichen Ländern der Faschismus seinen Siegeszug. Eigentlich eine elitäre Erfindung, nutzte er das Schreckgespenst des Kommunismus, um mit ähnlichen Strukturen und Methoden seine Macht auszubauen. Der Nationalsozialismus und Adolf Hitler hätten nie an die Macht gelangen können ohne die Förderung durch die wirtschaftlichen und sozialen Eliten. Diese wollten Faschismus und Nationalsozialismus nutzen, um ihre Position und ihr Vermögen zu behalten. Letztlich war es jedoch umgekehrt, und sie wurden von diesen Bewegungen hinweggefegt oder gar vernichtet.

Die Eliten, die Hitlers Machtergreifung begrüßten und unterstützten, stammten aus den Reihen der Industrie, der Wissenschaft und des Rechts. Es waren Fabrikanten, Professoren, Richter, Anwälte, Ärzte, Großbürger, Bankiers.

So etwa kam es am 20. Februar 1933 zu einem Geheimtreffen Hitlers mit 27 Industriellen, um Geld für die Reichstagswahl im März einzuwerben. Drei Millionen Reichsmark konnten so für den Wahlkampf der NSDAP gesammelt werden. An dem Treffen nahmen teil: Gustav Krupp von Bohlen und Halbach, Vorsitzender des Präsidiums des Reichsverbandes der Deutschen Industrie; Albert Vögler, erster Vorstandsvorsitzender der Vereinigte Stahlwerke AG; Fritz Springorum, Hoesch AG; August Rosterg, Generaldirektor der Wintershall AG; Georg von Schnitzler, Vorstandsmitglied der I. G. Farben; Hugo Stinnes junior, Vorstandsmitglied des Reichsverband der Deutschen Industrie; Fritz von Opel, Vorstandsmitglied der Adam Opel AG; Günther Quandt, Großindustrieller; Friedrich Flick und August von Finck. Hitler konnte die Industriellen von seinem Programm, dem Kampf gegen Demokratie und Kommunismus, überzeugen. Gustav Krupp fertigte nach der Begegnung mit Hitler eine Notiz an: »Ruhe in der inneren Politik: keine weiteren Wahlen. ... Ermöglichung der Kapitalbildung. ... Dementsprechend Entlastung von Steuern und öffentlichen Lasten.«[40]

Es ist erstaunlich, dass diese erlesene Runde mächtiger Herren die Einladung Hitlers überhaupt annahm. Des Anführers einer Gruppe, die bis zu diesem Zeitpunkt vor allem durch Randale, Putschversuche, Schlägereien und Geschrei auf sich aufmerksam gemacht hatte. Es ging jedoch ganz klar um eines: wie die eigenen Interessen bestmöglich gewahrt

---

40 Eine Dokumentation der VVN-BdA Essen von Walter Hilbig. https://verbrechen-der-wirtschaft.vvn-bda.de/2021/02/22/hitler-und-27-industrielle-geheimtreffen-am-20-februar-1933/

werden konnten. Man wollte sich Hitlers und seiner Bewegung bedienen, man wollte die Politik den eigenen Zielen unterordnen. Es kam anders, wenngleich die Beteiligten und deren Industrie tatsächlich von Hitlers Politik profitierten und beträchtliche Gewinne einfahren konnten. Bis zum Zusammenbruch am Ende des Krieges.

Die Industriellen waren bekanntlich nicht die Einzigen, die die Hitler-Bewegung unterstützten. Auch viele Intellektuelle und Künstler schlossen sich ihr an. Und dies trifft nicht nur auf die NSDAP zu, sondern auch auf den Bolschewismus und andere totalitäre Bewegungen. Für Hannah Arendt war dieses Phänomen noch wesentlich beunruhigender als der Umstand, dass die breiten Massen beeinflusst werden konnte. »Weder Weltfremdheit noch Naivität können erklären, daß eine erschreckend große Zahl der wirklich bedeutenden Männer unserer Zeit sich unter den Sympathisierenden oder den eingeschriebenen Mitgliedern totalitärer Bewegungen befunden haben oder zu irgendeiner Zeit ihres Lebens befunden haben.«[41] Sie erklärt sich dieses zeitweilige Bündnis zwischen Elite und »Mob« dadurch, dass beide Gruppen außerhalb der Massen stehen und diese deshalb besser verstehen und führen können. Ist die totalitäre Bewegung jedoch zur Macht gelangt, haben beide Gruppen ihre Bedeutung verloren, sie spielen dann keine Rolle mehr.

Ähnlich erging es den Wissenschaftlern. Zu Beginn der NS-Bewegung benutzte man gerne »wissenschaftliche Beweise«, etwa für die Überlegenheit der arischen Rasse, für die Propaganda. Man verbrämte die Behauptungen mit pseudowissenschaftlichen Argumenten, ähnlich der Werbung für Zahnpasta. Es fanden sich genügend Wissenschaftler oder solche, die sich dafür ausgaben, um diese Behauptungen zu untermauern. Man denke an die »Kataloge«, in denen die

---

41   Arendt, Totale Herrschaft, 703.

Merkmale der Rassen, vor allem jene der Juden, klassifiziert wurden. Es wurden Berechnungen angestellt, Analysen durchgeführt, um jede noch so absurde Theorie »belegen« zu können. Dies mündete in den grausamen Versuchen an Menschen – Gefangenen, Juden, Behinderten, »Zigeunern« –, bei denen man deren Tod billigend in Kauf nahm. So etwa unternahmen Ärzte Medikamententests, Unterdruckexperimente für die Luftwaffe und einen Massentest mit dem tödlichen Gas Zyklon B an diesen wehrlosen Opfern. Von diesen Experimenten profitierten neben dem Militär auch die Wissenschaft und die Pharmaindustrie. So etwa arbeitete der berüchtigte Lagerarzt Josef Mengele eng mit Universitäten zusammen, vorgeblich bei der Entwicklung eines Impfstoffes gegen das Fleckfieber. In Wirklichkeit wurden mehrere bekannte Impfstoffe an Hunderten KZ-Häftlingen getestet, viele von ihnen verstarben im Zuge der Experimente.

Beim Nürnberger Ärzteprozess 1947 meinte der angeklagter Lagerarzt Karl Gebhardt auf die Frage, warum er sich für derlei Grausamkeiten hergegeben habe: »So hat mir, wie ich mich bemühte zu zeigen, das Dritte Reich [...] auf ärztlichem Gebiete eine große Chance gegeben. Ich habe die Chance genutzt.« Die gewissenlosen Experimente jener Zeit führten schließlich zur Deklaration des »Nürnberger Kodex«, durch den diese in Zukunft verhindert werden sollten.

Jene Wissenschaftler, die bei derlei Machenschaften nicht mittun wollten, die an echter Wissenschaft interessiert waren und sich nicht für die NS-Ideologie einspannen ließen, wurden aus ihren Positionen entfernt. Ähnliches geschah übrigens mit den Gelehrten in der kommunistischen Diktatur. Sie standen der Pseudowissenschaft, die dem Regime zu dienen hatte, im Wege.

Hitlers neue Elite bestand nach der Transformation des Staates zu einem Terrorregime eher aus Beamtentypen aus der Mittelschicht, aus SS-Offizieren, Gestapo-Leuten und all jenen, die sich, ohne zu hinterfragen, dem jeweiligen Willen des Führers unterwarfen. Dafür waren sie, ohne zu zögern, bereit, jedes Mittel anzuwenden. Ihre wichtigste Eigenschaft war nicht Mut oder Entschlossenheit, sondern absolute »Treue zum Führer« und totale Ergebenheit. Es ging um eine bedingungslose Gefolgschaft, eine Ergebenheit, die Parteien oder andere demokratische Bewegungen nicht von ihren Anhängern verlangen.

Man darf in diesem Zusammenhang nie vergessen, dass wir die Entwicklung dieser totalitären Systeme aus dem Rückblick betrachten. Wir kennen den Endpunkt der Geschichte. Begonnen hat jedoch weder der kommunistische noch der nationalsozialistische Totalitarismus mit den millionenfachen Morden des Holocaust oder Stalins Säuberungen. Es begann mit Brandreden, Verächtlichmachung anderer, alltäglichen Gewaltakten, Propagandaschriften und einem scheinbar hehren Ziel, das alle Mittel zu rechtfertigen schien: die angebliche Befreiung der Menschen aus ihrer Knechtschaft, die Rückgabe ihrer Würde und ein besseres Leben für alle – außer den Volks- und Klassenfeinden.

Internationale Zusammenarbeit nach dem Zweiten Weltkrieg

Durch die Gräuel des Ersten und Zweiten Weltkriegs, den man als dessen Fortsetzung betrachten kann, brauchte es einen neuen Ansatz. Die Fratze des Totalitarismus und die schlimmen Erfahrungen mit dem Nationalismus hatten den Menschen eine bittere Lektion erteilt. Nun wollten es die Staatenlenker besser machen, zumindest jene in der freien Welt. Denn die Länder des Ostens verblieben weiterhin fest im Griff der kommunistischen Diktatoren. Trotz oder gar wegen des »Kalten Krieges« startete man mehrere Initiativen, um in Zukunft Konflikten vorzubeugen oder diese ohne Gewaltanwendung zu lösen.

Eine der Initiativen war eine internationale Gerichtsbarkeit, wie sie etwa bei den Nürnberger Prozessen angewendet worden war. Ziel war es, die Menschenrechte global durchzusetzen und die Unrechtsgesetzgebung totalitärer und autoritärer Systeme zu ersetzen oder zu revidieren.

Es wurde die UNO, die Vereinten Nationen, gegründet, mit ihren zahlreichen Unterorganisationen. Diese sollte eine friedliche und faire Entwicklung und Verteilung sicherstellen und weltweit agieren. Ihre anfängliche Stärke als freiwilliger Zusammenschluss wurde jedoch im Lauf der Zeit zu ihrer Schwäche, weil sie sich als zahnloser Tiger entpuppte. Dennoch hat sie, etwa im Konfliktfall, durch ihre Truppen noch immer eine wichtige Funktion und ihre Meriten.

Ein großer Schritt in Richtung enger Zusammenarbeit war die Gründung der Freihandelsorganisation EFTA. Als eine der Lehren aus den Kriegen und um nationalistischen Bestrebungen zumindest auf dem Gebiet der Wirtschaft entgegenzuwirken, wurde diese später sehr bedeutsame Organisation ins Leben gerufen. Sie bildete eine der Grundlagen für die rasante und erfolgreiche wirtschaftliche Erholung und Entwicklung Europas. Die Idee, als gemeinsamer Wirtschaftsraum im internationalen Wettbewerb vor allem in Hinblick auf die USA und China bestehen zu können, erwies sich als zukunftsweisend. Die EWG wurde gegründet und als ihre Weiterentwicklung die Europäische Union.

Auch auf militärischem Gebiet ging man neue Wege, allerdings mit einer anderen Strategie. Im Zentrum stand der Gedanke des »Gleichgewichts des Schreckens« im Zuge des Kalten Krieges. Man wollte, ja musste der Sowjetunion mit ihren zahlreichen Satellitenstaaten militärisch etwas noch Schlagkräftigeres entgegensetzen. Die NATO war geboren, in der sich etliche westeuropäischen Staaten, die Türkei und Kanada unter der Federführung der USA zusammenschlossen. Ein Wettrüsten begann, das in einer latenten gegenseitigen atomaren Vernichtungsdrohung mündete. Die permanente Gefahr der Endzeit sollte den Frieden sichern, der mehr einem Waffenstillstand glich. Der totalitäre Kommunismus als Feindbild schweißte die westlichen Bündnisgenossen, die sonst – etwa wirtschaftlich – durchaus unterschiedliche Ziele verfolgten, fest zusammen. Und letztlich trugen sie den »Sieg« davon, als 1989 der kommunistische Block implodierte und wie durch ein Wunder kampflos in sich zusammenstürzte.

Die Jahrzehnte nach dem Zweiten Weltkrieg waren somit geprägt von einer latenten militärischen Auseinandersetzung, die nicht geführt wurde. Im Osten des Kontinents und in Asien konnten sich die totalitären Systeme unter der Flagge der klassenlosen Gesellschaft erstaunlich lange halten. Die totalitären Staaten des Ostblocks scheiterten an der wirtschaftlichen Erfolglosigkeit. Die Menschen verarmten immer mehr, die Staaten hatten immer weniger Ressourcen, es gab immer weniger Geld für Rüstung und für die Unterdrückung der Bevölkerung. Korruption machte das System zusätzlich mürbe. Und so konnte man dem Freiheitsdrang der Menschen immer weniger entgegenhalten.

Totalitäres »Musterland« China

In China gelang es Mao Zedong und seinen politischen Erben hingegen, die Herrschaft immer weiter zu perfektionieren. Interessanterweise überlebte China den Zusammenbruch des Ostblocks nicht nur, sondern ging mit Erfolg bis heute einen eigenen, völlig anderen Weg.

China hat ein System etabliert, das der totalen Kontrolle jedes einzelnen Bürgers schon sehr nahekommt. Dort kann man studieren, wie der totale Staat des 21. Jahrhunderts organisiert ist und wodurch er sich von historischen Beispielen unterscheidet.

China hat aus den Fehlern anderer kommunistischer Diktaturen gelernt und rechtzeitig einen Strategiewechsel vollzogen. Seit dem Parteitag von 1978 steht nicht mehr die kommunistische Ideologie mit der klassenlosen Gesellschaft im Mittelpunkt, sondern eine Art Kapital-Imperialismus. Man hat das Streben nach Weltherrschaft der kommunistischen Ideologie transferiert und setzt dieses nun mit kapitalistischen Mitteln um. Ein Beispiel dafür sind die scheinbar großzügigen Kredite, die China etlichen afrikanischen Ländern gewährt. Als Gegenleistung erhält China die Rechte an bestimmten seltenen Erden und anderen Rohstoffen sowie Einfluss auf die Wirtschaft und die Infrastruktur. Und somit begeben sich diese Länder in eine dauerhafte wirtschaftliche und letztlich auch politische Abhängigkeit von China. Mittlerweile nutzt es diese Abhängigkeit, um Infrastruktur zu übernehmen, wie etwa Häfen und Eisenbahnlinien. Direkt am wirtschaftlich und strategisch bedeutenden Suezkanal, im Ministaat Dschibutti, baute China im Rekordtempo sogar eine Militärbasis, die erste außerhalb des Landes.

Auch im eigenen Land hat China diesen Kurswechsel zu Kapitalismus in Kombination mit kommunistischer Ideologie vollzogen. Es wurde den Menschen gestattet, Besitz zu erwerben, gut zu verdienen, nach Leistung bezahlt zu werden, ihr Geld zu genießen und ins Ausland zu reisen. Es gibt immer mehr sehr vermögende Chinesen, die eigene Firmen besitzen und erfolgreich Geschäfte in aller Welt und mit aller Welt machen. Mittlerweile gibt es in China sogar mehr Milliardäre als in den USA.

Allerdings sind selbst die Superreichen völlig abhängig von der Kommunistischen Partei und deren Funktionären und Bürokraten. Ohne die Partei geht nichts. Die Korruption blüht weiterhin, obwohl der aktuelle Präsident diese vorgeblich bekämpft. Und wehe, man fällt in Ungnade. Regelmäßig verschwinden Unternehmer und Superreiche spurlos, oder sie werden verfolgt und verhaftet. So etwa verschwand der Gründer des Onlinehandel-Imperiums Alibaba, Jack Ma, im Oktober 2020 plötzlich spurlos. Zuvor hatte er sich kritisch über die Finanzvorschriften der chinesischen Behörden geäußert. Monate später war er in einer Videobotschaft zu sehen, eine Erklärung über sein Verschwinden gab er nicht ab. Allein im Jahr 2019 sollen an die 400 chinesische Milliardäre verschwunden sein.[42]

Die Wirtschaft brummt, die Wachstumsraten sind beispiellos. Das chinesische »Wunder« hat jedoch einen weiteren hohen Preis. Die Umwelt wird rücksichtslos ausgebeutet und verschmutzt. Von 20 Städten mit extremer Luftverschmutzung weltweit liegen 16 in der Volksrepublik China. Saurer Regen, ungeklärtes Abwasser, verschmutzte Gewässer, giftige Absonderungen aus den Industrieanlagen, mangelhafte Abfallentsorgung, exzessiver Einsatz von Pestiziden in der intensivierten Landwirtschaft – all dies macht China zum Umweltsünder Nummer eins auf dem Planeten. Klimaziele und Klimakonferenzen machen keinen Eindruck auf die Pekinger Führung. Einzig der sich ständig verschlechternde Gesundheitszustand der Bevölkerung lässt Anzeichen eines Umdenkens erkennen.

Die persönliche Freiheit und die Menschenrechte werden jedoch nicht nur in Einzelfällen, sondern systematisch missachtet. Deutlich wird dies auch am Beispiel Hongkong. Die ehemalige britische Kolonie musste 1997 an China zurückgegeben werden. Die chinesische Führung hatte zugesagt, dass die Freiheiten der Bürger und die Demokratie in Hongkong erhalten bleiben würden. Nichts ist davon übriggeblie-

---

42   Frankfurter Rundschau, 21.1.21.

ben. Es herrschen mittlerweile beinahe dieselben Repressalien wie überall sonst in China.

Das riesige Land mit 1,4 Milliarden Einwohnern hat über die Jahrzehnte ein ausgeklügeltes System der Überwachung und Unterdrückung der Bürger etabliert und installiert. Es ist eine Kombination aus technischer und sozialer Kontrolle und Überwachung. So sind Millionen Kameras installiert, die jede Bewegung der Menschen registrieren. In Shanghai etwa wird der gesamte öffentliche Raum mit Kameras überwacht, nichts entgeht den elektronischen Augen. In jedem Stadtviertel gibt es Rechenzentren, in denen die Daten ausgewertet werden. Trägt etwa ein Bauarbeiter keinen Helm, entsorgt jemand seinen Müll nicht sachgerecht oder hat jemand keinen Mundschutz, wird dies automatisch registriert und geahndet. Künstliche Intelligenz und Gesichtserkennungssoftware helfen dabei, die Person zu identifizieren.

Zur sozialen Kontrolle hat man ein Sozialkredit-System etabliert, das gewünschtes Verhalten belohnt und unerwünschtes Verhalten bestraft. Der Übervater Staat erzieht seine unmündigen Kinder mittels schwarzer Pädagogik beständig zu linientreuen Untertanen. Mithilfe von Big Data werden Daten von jedem Bürger gesammelt, jeder hat ein Sozialkredit-Konto. Bei einem sehr hohen Punktestand bekommt man Privilegien, vergünstigte Kredite oder Stipendien. Bei niedrigem Punktestand wird die Sozialhilfe gestrichen, die persönliche Freiheit eingeschränkt, der Zugang zum Internet gesperrt, oder man darf nicht mehr reisen. Auf dieser »schwarzen Liste« landen auch Regierungskritiker, die auf diese Weise drangsaliert und mundtot gemacht werden.

Zur Bewertung einer Person wird auch das Kauf- und Konsumverhalten herangezogen, denn auch dieses entgeht den Überwachern nicht. Der chinesische Romanautor Murong Xuecun meinte:»Die Führung in Peking hat verstanden, dass die alten Werkzeuge der Kontrolle nicht mehr greifen: Aufenthalts-Registrierung, Polizei, Personenspitzel. Das reicht nicht im digitalen Zeitalter der sozialen Medien.« Für ihn ist das Sozialkredit-System vor allem eines: ein modernes Mittel zur Machtsicherung.[43]

Präsident Xi Jinping, der sich 2018 zum Präsidenten auf Lebenszeit wählen ließ, treibt die Wirtschaft voran. China war jenes Land, das sich nach der Corona-Krise am schnellsten erholt hat. Ausgerechnet jenes Land, in dem die Pandemie mit ihren verheerenden Auswirkungen auf Menschen und Wirtschaft ihren Ausgang nahm, profitierte am meisten davon. Es lieferte medizinisches Material in alle Welt und verdiente an der Krise ein Vermögen.

Das chinesische Modell ist somit das totalitärste System, das wir derzeit auf der Welt kennen. Messen kann es sich vielleicht nur noch mit dem noch grausameren und von Armut gekennzeichneten Nordkorea.

Frappierend dabei ist, dass ausgerechnet die Mitglieder des WEF, allen voran dessen Präsident Klaus Schwab, China häufig als Vorbild bezeichnen. Denn eigentlich stellt das kommunistische, totalitäre China ja das Gegenteil des freien, kapitalistischen und auf Menschenrechten basierenden westlichen Modells dar. Stolz präsentierte sich Chinas Präsident 2017 erstmals beim Weltwirtschaftsforum in Davos, wo er in Präsident Schwab einen Bewunderer und Freund Chinas hat. Obendrauf machte China beim Klimagipfel nicht mit und pfiff auf internationale Begrenzungen bei den Treibhaus-Emissionen. Wiederum gab es keinerlei Kritik vom WEF, der angeblich einer der Vorreiter beim Klimaschutz sein und die Erde unbedingt retten will.

Chinas Staatsführung ist ungeachtet dessen ständiger und gern gesehener Gast beim Weltwirtschaftsforum, und man unterhält enge freundschaftliche Beziehungen. Allein die-

---

43   Beitrag des SWR2 Wissen, 4.6.2021.

ser Umstand sollte die Alarmglocken schrillen lassen. Zwei an sich auf den ersten Blick unvereinbare Systeme, nämlich der Kapitalismus und der Kommunismus, scheinen sich gefunden zu haben. Jede Seite hat jene Anteile des anderen übernommen, die ihm auf dem Weg zur totalen Macht und Kontrolle dienlich erscheinen. Xi Jinping sagte es, beflügelt von den Erfolgen seiner Politik, ganz offen: »Wir werden die Reform des globalen Regierungssystems einleiten.«[44] Das bedeutet im Klartext, dass es das Ziel Chinas ist, sein totalitäres kommunistisches Regime der gesamten Welt überzustülpen.

Auffallend war, dass bei Ausbruch der Corona-Krise Ende 2019 im Westen kein Wort der Kritik an China geäußert wurde. Dankbar nahm man die Lieferungen an medizinischem Material an, das sich China teuer bezahlen ließ. Obwohl die Pandemie dort ihren Ausgang nahm, China die Welt lange im Unklaren über die Gefährlichkeit ließ und verschwieg, woher das Virus in Wahrheit stammte. In der Corona-Krise nannten auch westliche Regierungschefs und Experten China als Vorbild, wie mit der Pandemie umgegangen werden solle und welche Maßnahmen zu ergreifen seien, um sie einzudämmen. Gravierende Verletzungen der Menschenrechte wurden dabei nicht nur einfach zur Kenntnis genommen, sondern ausdrücklich gelobt und teilweise nachgeahmt. Erstaunlich ist dies in mehrfacher Hinsicht: China hat mit extremen Maßnahmen die Verbreitung des Virus eingedämmt, wie etwa totale Ausgangssperren mit Schießbefehl gegen jene, die dagegen verstießen. Es wurden Menschenrechte massiv verletzt, die Verhältnismäßigkeit spielte dabei keine Rolle.

Was die westlichen Regierungen ebenfalls unerwähnt ließen, ist, dass China die Welt sehr spät über den Ausbruch der Pandemie informierte und mit allen Mitteln vertuschte,

---

44   ARTE-Doku »Die neue Welt des Xi Jinping«, 13.7.2021.

woher dieses Virus eigentlich stammte. Es wurde zwar Monate später einer WHO-Delegation der Zutritt zum Labor in Wuhan gestattet, jedoch nur unter ständiger Aufsicht der chinesischen Behörden und ohne Unterlagen ausgehändigt zu erhalten. Mit den damals beteiligten Forschern konnte man ebenfalls nicht sprechen, diese sind nämlich verschwunden. Doch auch die Beteiligung von US-Forschern, die in Wuhan die – damals in den USA verbotene – Gain-of-function-Forschung gemeinsam mit den Chinesen betrieben, kam erst durch eine Indiskretion ans Licht. Die Laborthese wird bis heute sowohl von China als auch von den beteiligten westlichen Wissenschaftlern vehement bestritten.

Es ist eine der Grotesken dieser Krise, dass China bis heute international offiziell keine Schuld an der Pandemie gegeben wird. Das Land hat sogar noch prächtig an der Krise verdient, konnte sich wirtschaftlich am schnellsten erholen und die Konkurrenz weit hinter sich lassen. Es stellt sich die Frage, warum man hier nicht nur beide Augen zudrückt, sondern sich noch ständig der gegenseitigen Wertschätzung und Freundschaft versichert? Sind es wirklich nur wirtschaftliche Interessen, die die systematische Missachtung der Menschenrechte in diesem totalitären Staat vergessen lassen? Oder will man vielmehr von China lernen, wie man eine Gesellschaft umbaut, hin zu einer totalitären Gesellschaft?

Die totalitären kommunistischen Diktaturen in China und Nordkorea haben sich bis in die heutige Zeit erhalten, entgegen den Erwartungen konnten sie ihre Macht und Kontrolle noch ausbauen. Hannah Arendt schätzte Anfang der 50er Jahre die Lage in China so ein, dass sie weniger schlimm als in Stalins Russland sei. Allerdings gestand sie zu, dass man zu diesem Zeitpunkt sehr wenig über die Lage in China wisse, da dieses völlig abgeschirmt war. Die Kunde von mindestens 15 Millionen Todesopfern in den ersten Jahren der »Revolution« drang sehr wohl bis in die USA.

Aber sie deutete die Rede Maos von 1957 durchaus als Zugeständnis an eine gewisse Meinungsvielfalt.[45] Dennoch stellt Arendt fest, dass die totalitären Züge der Kommunistischen Partei Chinas von Beginn an sehr deutlich waren, ebenso deren Anspruch auf »Weltherrschaft«.

Allein ein Blick auf die Genese des heutigen Chinas sollte westlichen Eliten und allen Demokraten eine Warnung sein. Die Geschichte Chinas im 20. Jahrhundert ist geprägt von brutalen Umwälzungen und Gewalt. Schon das chinesische Kaiserreich tendierte dazu, sich von der Außenwelt abzuschließen und fremde Einflüsse fernzuhalten. Immer wieder kam es zu Aufständen und Unruhen, die jedoch niedergeschlagen werden konnten. Als das 2.100 Jahre währende Kaiserreich 1911 letztlich durch eine Revolution zerbrach und eine Republik gegründet wurde, begann eine unruhige und gewalttätige Periode. Die Jahrzehnte der politischen Spaltung, Revolutionen und Kriegstreiberei wurde denn auch als »Kriegsherrnzeit« bezeichnet. Die erfolgreiche Oktoberrevolution im benachbarten Russland im Jahre 1917 hinterließ auch in China großen Eindruck und führte zur Gründung einer kommunistischen Partei. Nach heftigem Ringen mehrerer einflussreicher Gruppen und zwei Kriegen gegen Japan gelang es schließlich Mao Zedong, die Macht zu erringen. Im Jahr 1949 wurde die Volksrepublik China ausgerufen, die auf eine breite Zustimmung in der Bevölkerung bauen konnte. Mao orientierte sich zunächst am Vorbild der Sowjetunion, schlug jedoch dann einen gemäßigteren Kurs ein, der auch Kritik zulassen sollte. Im Jahr 1957 hielt er seine berühmte Rede »Über die richtige Behandlung der Widersprüche im Volk«, die unter dem irreführenden Titel »Lasst hundert Blumen sprechen« bekannt wurde. Darin ging es nur vordergründig um mehr Freiheit. In Wahrheit

---

45   Arendt, Totale Herrschaft, 634.

sollte eine systematische »Berichtigung des Denkens«, also eine Gehirnwäsche bei Abweichlern und zu wenig Linientreuen angewendet werden. An die Stelle von offenem gewalttätigem Terror, wie in den ersten Jahren der Republik, trat ein Terror der neuen Art.[46]

Doch als sich die Kritik auch gegen die Partei richtete, reagierte deren Führung mit brutaler Gewalt: Hunderte Oppositionelle wurden hingerichtet, Hunderttausende Menschen in Arbeitslager deportiert. Auch die brutale Bodenreform und Umformung zu Genossenschaften mündete in eine Katastrophe: Schätzungsweise 30 Millionen Chinesen verhungerten infolge schlechter Planung, Misswirtschaft und Missernten. Anstatt jedoch den Kurs wieder umzukehren, initiierte Mao unter dem Titel »Kulturrevolution« ab 1966 eine grausame Terrorwelle. Zahlreiche Repräsentanten des Staates, Intellektuelle und alle, die der Parteiführung missliebig erschienen, wurden ermordet und verfolgt. Das Ziel war eine Revolution in Permanenz mit der Auslöschung jeglichen Individualismus. Es sollte nur noch der Wille des Führers der Partei, Mao, gelten. Der totalitäre Staat wurde Realität.

Der totalitäre Anspruch der kommunistischen Führung Chinas beschränkte sich nicht auf China allein, sondern diese stellte von Beginn an den Anspruch auf Weltherrschaft und betrieb eine skrupellose Außenpolitik. Dies zeigte sich etwa an der Politik gegenüber Taiwan, auf das die Volksrepublik bis heute Ansprüche erhebt.

Nach dem Tod Maos 1976 änderte die neue Führung unter Deng Xiaoping den Kurs. Es wurden mehr Freiheiten gewährt, einige Dissidenten rehabilitiert, eine Aussöhnung mit dem alten Feind Japan und eine Annäherung an die USA erfolgte. Ziel war es, mit marktwirtschaftlichen Reformen

---

46   Vgl. Arendt, Totale Herrschaft, 634.

und internationalem Handel die Wirtschaft des Landes auf Erfolgskurs zu bringen. Dies gelang auch in beeindruckender Weise. Doch den zunehmenden ökonomischen Freiheiten folgten nicht auch jene für die Menschen, ganz im Gegenteil. Vor allem gegen Intellektuelle, die sich öffentlich äußerten, wurde hart vorgegangen, man bezeichnete dies als »Kampagne gegen die geistige Verschmutzung«.

Den Weg des wirtschaftlichen Wachstums ging China in den darauffolgenden Jahrzehnten, bis heute, konsequent weiter. Dies führte auch zu zunehmendem Wohlstand der breiten Bevölkerungsschichten und weniger Armut. Allerdings gibt es noch immer eine große Zahl an extrem Armen in Gestalt von Wanderarbeitern. Der breite Wohlstand ist, wie erwähnt, einer der Gründe, warum Chinas Kommunisten sich im Gegensatz zur UdSSR und deren Satellitenstaaten an der Macht halten konnten. Auch bei seinem Anspruch auf Weltherrschaft schreitet China, wie bereits erwähnt, immer weiter fort: So werden nicht nur den Entwicklungsländern Kredite gewährt, um dann auf deren Infrastruktur zuzugreifen und sie in Abhängigkeit zu bringen. Auch in Europa wird gezielt Infrastruktur eingekauft, wie etwa Häfen oder Eisenbahnen. Das Projekt »Seidenstraße« soll den Transport auf dem Landweg in die Märkte Europas sicherstellen und vom Schiffsverkehr unabhängig machen.

Ziel dieser Aktivitäten ist letztlich nicht nur eine wirtschaftliche Expansion, sondern auch eine politische. Xi Jinping erklärt ganz offen in seinen Reden an das Volk, dass er das kommunistische Modell Chinas in die ganze Welt übertragen will. Er strebt also nichts weniger als die Weltherrschaft an. Dass dies nicht nur leere Worte sind, zeigt sich etwa daran, dass sich China massiv in die Politik jener Länder einmischt, denen es Kredite gewährt hat, und dass es Militärbasen im Ausland errichtet. Beides beweist, dass die chinesische Führung in ihrer Außenpolitik einen radikalen

Kurswechsel vorgenommen hat: mit freundlichem Gesicht und in Wahrheit voller Härte. Diese neue Politik sollte vom Westen durchaus als Bedrohung ernst genommen werden. Bereits Ende der sechziger Jahre stellte die weitsichtige Hannah Arendt im Zusammenhang mit China fest: »Die totale Herrschaft ist die einzige Staatsform, mit der es keine Koexistenz gibt.«[47]

Denunziation als System

Das Sozialkredit- und Überwachungssystem in China ist letztlich nichts anderes als automatisierte Denunziation und ein Spitzelwesen mittels Technik und Künstlicher Intelligenz. Das Denunziantentum ist eines der wichtigsten Merkmale totalitärer Systeme. Ohne die uneingeschränkte Bereitschaft, andere Menschen zu denunzieren, kann eine totale Überwachung, und damit eine Kontrolle selbst intimer Lebensbereiche und privater Sphären nicht gelingen. Sogar die geheimsten Gedanken können dadurch unter Kontrolle gebracht werden. Permanente Angst vor Verrat erzeugt Misstrauen gegen Eltern, Kinder und Ehepartner. Niemandem kann man trauen, jeder könnte ein Spitzel sein, der einen verrät. Es ist erschreckend, wie groß die Bereitschaft in bestimmten Situationen dazu ist. Meist ist gar kein besonderer Druck, keine unmittelbare Drohung notwendig, um Menschen zum Denunziantentum zu bewegen. Es gehört etwa zu den Schandflecken der österreichischen Geschichte, dass unmittelbar nach der Okkupation 1938 die Gestapo sich vor Anzeigen von Österreichern gegen ihre Mitbürger kaum erwehren konnte. Und das, ohne zuvor Druck ausgeübt zu haben.

---

47   Arendt, Totale Herrschaft, 636.

Ist das Individuum erst einmal isoliert und die Gesellschaft atomisiert, ist der Einzelne leichter zu beeinflussen und zu steuern. Die totalitären Massenbewegungen, deren Merkmal ihre völlige Gleichschaltung ist, bestehen aus isolierten Menschen, ohne andere soziale Beziehungen und Netzwerke, die in Treue und Ergebenheit ihrem Führer und der Bewegung zu Willen sind. Und selbst wenn sie in sozialen Beziehungen, in Familien und Verbänden, leben, so sind sie doch für sich allein. Denn sie können ja niemandem bedingungslos vertrauen. Wenn sie es dennoch tun, kann es später ein böses Erwachen geben. So erging es etwa vielen ehemaligen Bürgern der DDR, die nach der Wende und der Öffnung der Archive der Stasi ihre eigenen Akten einsahen. Es war für sie ein Schock, wenn sie feststellen mussten, dass sie von ihrer eigenen Ehefrau, ihrem Freund oder ihrem Onkel bespitzelt worden waren. Es gab Fälle, in denen sich Ehepaare Jahrzehnte nach der Wende deshalb scheiden ließen.

Ein prominentes Beispiel dafür ist der Lyriker Knud Wollenberger.[48] Er bespitzelte, ohne erkennbar unter Druck geraten zu sein, jahrelang seine Frau, die prominente Bürgerrechtlerin Vera Lengsfeld. Die beiden hatten Kinder miteinander, er war ein liebevoller Vater und Stiefvater. Gleichzeitig berichtete er als Informant der Stasi mit dem Decknamen »Donald« haarklein alle Details, selbst Gespräche im Ehebett. 1988 wurde Vera Lengsfeld festgenommen, inhaftiert und unter Druck gesetzt, nach Großbritannien auszureisen. Ein Jahr später fiel die Mauer, Lengsfeld kehrte zurück und engagierte sich wiederum politisch. Da begann das Gerücht zu kursieren, dass ihr Mann ein Stasi-Spitzel gewesen sei, was Wollenberger vehement abstritt. Erst als zwei Jahre später Beweisstücke auftauchten, gestand er seiner Frau, dass er sie ausspioniert hatte. Sie ließ sich sofort von

---

48   Die Welt, 2.2.2012.

Knud Wollenberger scheiden. Jahre später gelang es ihr dennoch, ihm zu vergeben.

Selbst Kinder und Jugendliche werden in totalitären Systemen als Spitzel eingesetzt oder selbst ausspioniert. Die Überwachung macht vor keinem Halt, auch nicht vor den Jüngsten. Sie werden im Gegenteil zum Denunziantentum erzogen, es wird ihnen als etwas Gutes, als ein Beitrag für das Wohl aller empfohlen. So etwa wurde im kommunistischen Ungarn ein 8-jähriger Bub zum Volkshelden stilisiert, weil er 1946 seinen eigenen Vater an den berüchtigten Staatssicherheitsdienst verraten hatte. Diesem wurde vor dem Volksgerichtshof der Prozess gemacht, und er wurde hingerichtet, das Kind zum Halbwaisen.

Die Menschen, die totalitäre Systeme wie jene des Nationalsozialismus oder des Kommunismus erlebt haben, berichten meist, dass das Schlimmste in dieser Zeit gewesen sei, niemandem trauen zu können. Nach außen hin, für den Beobachter, mag das Bedrückendste die mangelnde Reisefreiheit, der Mangel an Waren, die Einförmigkeit des Daseins und die Unterdrückung der Meinungsfreiheit gewesen sein. Doch bei einer Bedrohung von außen, durch eine Diktatur, kann noch immer ein privates Rückzugsgebiet verteidigt werden, eine Unterteilung in Innen und Außen. So wie dies exemplarisch im Metternich'schen Polizei- und Überwachungsstaat der Habsburger die Bürger zum Rückzug ins Private veranlasste, zum »Biedermeier«.

In einem totalitären Staat ist ein derartiger Rückzug in ein privates Paralleluniversum nicht möglich, er durchdringt auch das Private. Er bemächtigt sich darüber hinaus der Gedanken und der Körper der Menschen und übt so eine »Biomacht« aus. Auf diesen Aspekt wird noch näher eingegangen werden.

Die Wirkmacht der Propaganda

Das Endziel des Totalitären ist es also, nicht nur die Lebensumstände und die Handlungen jedes Menschen kontrollieren zu können, sondern auch sein Denken. Ein wirksames und essenzielles Mittel dazu ist die Propaganda.

Bereits Platon erkannte die zentrale Bedeutung der Propaganda für die Erreichung und Festigung der Macht über andere. In seinem idealen Staat mit einem weisen Philosophenkönig an der Spitze solle sich der Herrscher auch der Lüge und Täuschung bedienen, wie ein Arzt eine starke Medizin verabreiche. Diesen Widerspruch versucht Platon aufzulösen, indem er in der Lüge ein notwendiges Mittel zu einem höheren Zweck sieht. Der Philosoph sei zwar ein Liebhaber der Wahrheit, er müsse als Herrscher aber ein Mann von »größerem Mut« sein. Dies bedeute, er müsse entschlossen sein, »zahlreiche Lügen und Täuschungen zu verabreichen« – zum Wohle der Beherrschten und zum Besten des Staates natürlich.[49] Platon wollte aber nicht nur die »dummen« Untertanen zu ihrem eigenen Wohl belügen, sondern auch die übrige Elite des Staatswesens. Er bezeichnete dies als »vornehme Lüge«, mit Hilfe derer auch der Rest des Staatswesens »überredet« werden könne. Er meinte also, als Inhaber der gesamten Weisheit und Macht habe ein Herrscher das Recht, alle anderen bewusst irrezuführen und zu belügen. Es diene ja einem höheren Ziel und einer guten Sache, oder einer vermeintlich guten Sache. Und er geht noch weiter, wenn er empfiehlt, dass ein Staatsmann mit Hilfe von »Überredung und Gewalt zugleich« regieren solle.

Diese mehr als 3000 Jahre alten Tipps kommen uns sehr bekannt vor. Sie begleiten die Menschen in der Geschichte der Macht und Machtausübung bis zum heutigen Tag. Es ist

---

49   Zit. nach Popper, Offene Gesellschaft I, 166f.

eine Haltung, bei der ein Mächtiger meint, dass der Zweck die Mittel heilige und ein Volk belogen werden wolle und müsse, weil es ihm an Verstand und Einsicht mangle, die höheren Ziele zu erkennen. Der weise Platon tarnte damit ein skrupelloses Machtstreben, so wie es moderne Machtbesessene auch tun. Diese Art von abgehobenen, selbstverliebten, alle anderen verachtenden Eliten kennen wir in Geschichte und Gegenwart zur Genüge. Wahrhaft weise Staatenlenker hingegen, die mit Demut ihr Amt ausüben, gab es immer schon recht wenige.

Die Platon'sche Technik der »Überredung« und der »vornehmen Lüge« wurde immer wieder aufgegriffen und weiterentwickelt. Der größte Feind der Wahrheit ist aber nicht die Lüge, sondern die Halbwahrheit. Durch sie lassen sich Menschen, wenn sie überzeugend vorgebracht und möglichst oft wiederholt wird, sehr gut leiten und beeinflussen. Mit schlimmen Folgen.

Der Begründer der modernen Massenpsychologie, Gustave Le Bon, beschrieb in diesem Zusammenhang die Techniken und Wirkungsweise der Beeinflussung der Masse. Die Masse wird am stärksten durch Emotionen bewegt und beeinflusst, nicht durch Vernunft und Argumente. Daher müsse ein Redner durch Schreien, Beteuern und Wiederholen bei Volksversammlungen Eindruck machen. Niemals dürfe er den Versuch unternehmen, einen Beweis für seine Behauptungen zu erbringen. Denn die reine, einfache Behauptung – ohne jegliche Begründung – sei das sicherste Mittel, der Masse eine Idee einzuflößen.[50] Diese Behauptung kann nur dann die Masse beeinflussen, wenn sie ständig wiederholt wird, am besten mit denselben Ausdrücken, Begriffen und Parolen. Als Beispiel nennt er Napoleon, der als begabter Redner und Machtpolitiker wusste, dass eine oftmals

---

50   Psychologie der Massen, 117f.

wiederholte Behauptung sich schließlich als Tatsache in den Köpfen der Menschen festsetzt. Aus der bloßen Behauptung wird somit Wahrheit. Bald wird vergessen, wer der eigentliche Urheber dieser Behauptung ist, und schließlich glauben wir daran.

Auch dieses Muster kennen wir aus Geschichte und Gegenwart. So etwa verbreitete sich im Tirol des 17. Jahrhunderts die Behauptung, Juden hätten ein Kind entführt und geschändet. Das dreijährige Kind sei später tot aufgefunden worden. Die Legende vom »Anderl vom Rinn« hielt sich hartnäckig bis ins 20. Jahrhundert hinein, es gab in der Region zahlreiche Reliquien, Andachtsbilder und in Hall in Tirol in jener Zeit ein »Anderl-Spiel« im Stile der Passionsspiele. Erst der Innsbrucker Bischof Reinhold Stecher beendete 1989 den Anderl-Kult endgültig.

Einen Modernisierungsschub erlebte die Propaganda im 20. Jahrhundert durch die Nationalsozialisten. Adolf Hitler war bereits früh die Bedeutung und Wirkmächtigkeit von Propaganda bewusst. In seiner programmatischen Schrift »Mein Kampf«, die er 1924 während seiner Landsberger Haftzeit schrieb, legte er die Leitlinien fest, an die er sich bis zu seinem Tod hielt. Breiten Raum nahm darin die Frage der Beeinflussung der Massen und der Propaganda ein. Dabei setzte Hitler ganz klar auf die Rede, denn er war überzeugt, dass »alle gewaltigen, weltumwälzenden Ereignisse nicht durch Geschriebenes, sondern durch das gesprochene Wort herbeigeführt worden sind«[51]. Nur dieses sei das geeignete Mittel, um die Massen zu beeinflussen. Der Volksredner prüfe, anders als der Schriftsteller, an der Miene seiner Zuhörer, ob seine Worte Eindruck machen, zum gewünschten Ziel führen, glaubte Hitler. Der Redner werde sich »von der breiten Masse immer so tragen lassen, daß ihm daraus ge-

---

51 Zit. nach: Maser Werner, Hitlers Mein Kampf, 266.

fühlsmäßig gerade die Worte flüssig werden, die er braucht, um seinen jeweiligen Zuhörern zu Herzen zu sprechen.«

Denn die Masse, so war Hitler überzeugt, sei faul und träge und würde nur ungern zu Geschriebenem greifen. »Höchstens ein Flugblatt oder Plakat können durch ihre Kürze damit rechnen, auch bei einem Andersdenkenden einen Augenblick lang Beachtung zu finden. Größere Aussicht besitzt schon das Bild in allen seinen Formen, bis hinauf zum Film. Hier braucht der Mensch noch weniger verstandesmäßig zu arbeiten; es genügt, zu schauen, höchstens noch ganz kurze Texte zu lesen, und so werden viele eher bereit sein, eine bildliche Darstellung aufzunehmen als ein längeres Schriftstück zu lesen.«[52]

Um die Masse zu überzeugen, so schrieb er in »Mein Kampf«, bedarf es der »tausendfachen Wiederholung einfachster Begriffe«, um diese ins Gedächtnis zu senken, denn die Masse sei schwerfällig. »Jede Propaganda hat volkstümlich zu sein und ihr geistiges Niveau einzustellen nach der Aufnahmefähigkeit der Beschränktesten unter denen, an die sie sich zu richten gedenkt. Damit wird ihre rein geistige Höhe um so tiefer zu stellen sein, je größer die zu erfassende Masse der Menschen sein soll.«[53] Dabei dürfe man nicht differenzieren, sondern klar unterscheiden zwischen Liebe oder Hass, Positiv oder Negativ, Wahrheit oder Lüge. Hitler folgte damit exakt der Analyse Gustave Le Bons, dessen Werk er sehr genau kannte, und setzte dieses konsequent um: Nämlich nicht auf den Inhalt, sondern auf die Emotion zu achten und diese anzusprechen, auf wirkmächtige Bilder zu setzen und auf die stete Wiederholung von Parolen und Schlagworten. Er ging sogar über Le Bon hinaus, da er aufgrund seiner persönlichen Erfahrung als Redner zusätzliche Differenzie-

---

52 Maser, 267.
53 Ebd., 272.

rungen vornahm. So etwa, dass eine am Vormittag gehaltene Rede anders anzulegen sei als eine am Abend.

Die Passagen über Propaganda zählen zu den aufschlussreichsten in seiner programmatischen Schrift, und es ist beinahe erschreckend, wie erfolgreich er damit war, und dass diese Grundsätze immer noch anwendbar sind.

Als Reichskanzler installierte Hitler unmittelbar nach seiner Machtergreifung im Jahr 1933 mit Joseph Goebbels einen eigenen Propagandaminister, der sein Handwerk ausgezeichnet verstand. Goebbels folgte exakt den Gedanken und Vorgaben Hitlers in »Mein Kampf«, und damit jenen Le Bons. Er führte neben dem Rundfunk das neue Medium des Tonfilms ein, um die Masse zu lenken. Die riesigen, wirkmächtigen Bilder, noch dazu in Farbe, wurden in Form von Wochenschauen zu einem der wichtigsten Propagandamittel des NS-Systems. Es war eine effektive Möglichkeit, im Sinne des Totalitarismus in die Köpfe und Gedankenwelt der Menschen einzudringen und sie so zu beeinflussen und zu lenken. Für die Produktion der Wochenschaufilme wurde ein riesiger Aufwand betrieben, Szenen extra dafür gestellt und keine Kosten und Mühen gescheut. Die begabte Filmemacherin Leni Riefenstahl hatte die Aufgabe, Hitler als pseudoreligiösen Führer für die Masse wirkungsvoll in Szene zu setzen. Welchen enormen Eindruck diese Propaganda auf die Menschen gemacht hat, ist noch heute klar erkennbar, wenn man die Filmszenen der Reichsparteitage in Nürnberg ansieht, die jedes Jahr im September stattfanden. Die gewaltigen, exakt geordneten, uniformierten und damit gleichförmigen Massen, die dem Führer huldigten und seinem Geschrei lauschten, sollten das Volk zugleich beeindrucken und einschüchtern. In dieser Inszenierung war es nicht wichtig, WAS gesprochen wurde, sondern in welcher Form und vor allem in welchem Rahmen. Es gab demnach auch kein Programm, das auf diesen Parteitagen diskutiert oder beschlossen wurde, sondern sie dienten ausschließlich der Propaganda.

Diese Form der Inszenierung nutzte Joseph Goebbels auch 1943, als er bei einer gewaltigen Versammlung im Münchner Sportpalast die Masse auf den »totalen Krieg«, und somit auf die eigene Vernichtung einschwor. Er erntete dafür Begeisterungsstürme der emotionalisierten und aufgehetzten Menge. Die Beeinflussung der Massen war perfekt gelungen.

Im Zeitalter der modernen Massenmedien und sozialen Medien ist es recht einfach, Behauptungen in die Welt zu setzen und zu verbreiten. Es gehört zum Handwerkszeug eines jeden Politikers, insbesondere im Wahlkampf, mittels Behauptungen dem politischen Gegner zu schaden und die Masse zu beeinflussen. Einen Meilenstein setzte hierbei das Fernsehen, das wesentlich eindrucksvollere und unmittelbarere Botschaften zum Publikum transportieren kann als Zeitungen und Plakate. Dabei wird der Politiker als Person selbst zur Botschaft, in der Form, wie er auftritt und wie er spricht, wie er aussieht und was er ausstrahlt. Er ist Gast im Wohnzimmer der Bürger, die er als Wähler gewinnen will. Niemals kann er in Wahlreden so viele Menschen direkt ansprechen, selbst wenn er noch so viele Auftritte absolviert. Wahlkampfauftritte vor Publikum zählen zwar noch immer zum Pflichtrepertoire, dienen aber eher der Motivation der Funktionäre. Bei den Fernsehdiskussionen – oder »Duellen«, wie sie heute bezeichnet werden – geht es ums Ganze. Die Grundregeln sind simpel: Der Inhalt des Gesagten ist unwichtig, bekannte Botschaften werden nur wiederholt. Wichtig ist es, sympathisch und überzeugend zu wirken, denn nur so können die Wähler gewonnen werden. Ehrlichkeit ist nicht gefragt, im Gegenteil: Es kann und soll alles versprochen werden, denn die Wähler wollen ja glauben, dass alles besser wird.

Durch das Internet hat sich die Form der Propaganda wiederum radikal verändert. Im Prinzip hat jeder die Möglichkeit, Kampagnen zu starten und Informationen zu verbreiten – seien sie korrekt oder nicht. Es ist nicht mehr nötig, sehr viel Geld und Personal einzusetzen und einen großen organisatorischen Aufwand zu betreiben. Im Internet herrscht im Prinzip Waffengleichheit. Das hat es kleinen Oppositionsparteien, NGOs und Bürgerinitiativen erleichtert, ein großes Publikum zu erreichen. Um die Öffentlichkeit auf sich aufmerksam zu machen, sind auch die traditionellen Medien nicht mehr unbedingt notwendig, also Fernsehsender, Radio und Zeitungen. Zwar besitzen sie immer noch eine bestimmte Wirkmächtigkeit, die aus früherer Zeit nachhallt, aber sie nimmt immer mehr ab. Jüngere Menschen informieren sich kaum mehr mittels Fernsehnachrichten oder Zeitungsartikel. Sie streamen lieber im Internet und nutzen Messenger-Dienste und soziale Medien. Das wissen natürlich auch jene, die an Propaganda interessiert sind. Und dies erleichtert es ihnen in gewisser Weise, ihre »vornehmen Lügen« zu verbreiten. Denn im Internet gibt es keine Kontrollinstanz, keine kritischen Redaktionen, die man zuerst beeinflussen muss. Das hat auch den Wahlkampf und die Propaganda demokratischer Länder beeinflusst. Heutzutage werden Trolle im Internet ebenso eingesetzt wie Influencer, gezielte Werbung oder Falschinformationen.

Der deutsche Politikexperte und Zukunftsforscher Daniel Dettling bringt es so auf den Punkt: »Die schlechte Nachricht lautet: Wir müssen Abschied nehmen von der Utopie einer globalen elektronischen Demokratie. Die gute Nachricht: Wir müssen nicht vor der Dystopie eines elektronischen Populismus und seiner postfaktischen Propaganda kapitulieren.«[54]

Wir haben von Hannah Arendt gelernt, dass die »Atomi-

---

54 Die neue Ära der Propaganda? In: Zeitschrift des Zukunftsinstituts, 4/2017.

sierung« der modernen Gesellschaft sie leichter beeinflussbar macht und zu einer Masse formt. Diese Erkenntnis, die
aus der Zeit nach dem Zweiten Weltkrieg stammt, machen
sich moderne Techniker der Propaganda ebenfalls zunutze.
»Die digitalen Wahlkampfmanager individualisieren nicht,
sie singularisieren«, drückt es Dettling aus. Mittels Big Data
und der gezielten Nutzung bereits vorhandener Daten ist es
möglich, Botschaften maximal zu personalisieren. So wie
dies die Internetwerbung erfolgreich praktiziert. Es werden
somit nicht, wie vor dem Internet-Zeitalter, idente Botschaften in die Köpfe der Masse gepflanzt, sondern diese werden
in ihrer Verpackung jeweils angepasst. So etwa spricht man
junge urbane Frauen anders an als ältere Männer, die auf
dem Land leben. Dies sollte allerdings nicht darüber hinweg-
täuschen, dass der Kern trotzdem derselbe ist: Propaganda.

Dies ist nur durch die digitale Macht möglich, durch das
Sammeln gewaltiger Datenmengen, die individuell zuorden-
bar sind. Die Absicht, die dahintersteht, lautet: Wie kann
ich meine potenziellen Kunden oder Wähler so ansprechen,
dass sie das tun, was ich von ihnen will? Wie kann ich sie
maximal beeinflussen?

Dettling sieht trotz all der Möglichkeiten auch Grenzen
der digitalen Steuerung der Menschen: »Lassen sich Wahlen
in Zukunft mit Hilfe digitaler Manipulation gewinnen? Die
Wahlsieger und ihre Strategen und Dienstleister wollen uns
das gerne glauben machen. Widerstand wäre dann zweck-
los. Doch Propaganda funktioniert auf Dauer nur in einer
Diktatur. Menschen sind keine Maschinen. Ihre politischen
Präferenzen lassen sich nicht mit Hilfe von Algorithmen aus
Messdaten ablesen, so präzise diese sein mögen. Nicht Facebook und Google sind schuld an Filter Bubbles und Hate
Speech, der Mensch ist es. Der Vertrauensverlust gegenüber
Politik und Medien ist tiefer. Den Hass und die Bubbles
hat es auch früher schon gegeben. Die neuen Propaganda-

maschinen sind Symptome und Beschleuniger, aber nicht Ursachen der postfaktischen Renaissance einer Gesellschaft des Nichtwissenwollens.« Er weist darauf hin, dass aber auch Fakten allein noch keine Aussagekraft besitzen. Sie brauchen einen Bezugsrahmen und Werte, durch die sie erst einordenbar sind.

Dettlings optimistischer Befund aus dem Jahr 2017, dass ein Gegentrend im Sinne eines konstruktiven statt eines Erregungsjournalismus erkennbar sei, hat sich leider nicht bewahrheitet. Ebenso wenig ist feststellbar, dass Politiker heute mehr auf Bürgernähe statt auf Propaganda setzen würden. Und dass Google und Facebook in den Dienst von Demokratie und Freiheit gestellt worden wären. Ganz im Gegenteil. Durch die Pandemie 2020/22 hat sich der Trend verstärkt, dass Menschen bewusst manipuliert, verwirrt und gesteuert werden. Es ist immer schwieriger, zwischen Propaganda, Falschnachrichten, Teilwahrheiten und Täuschungsmanövern zu unterscheiden und die Realität, echte Fakten und die Wahrheit zu erkennen.

Das Problem in diesem Chaos sind nicht die echten Lügen, seien sie noch so »vornehm«, und die Hetze. Das Problem sind Teilwahrheiten, denen der Bezugsrahmen fehlt, und jene Informationen, die bewusst weggelassen werden. So etwa werden seit März 2020 auf Anordnung der WHO weltweit die »Corona-Toten« gezählt, jeden Tag wird der neue Stand bekannt gegeben. Es werden jedoch nicht nur jene angeführt, die an der Krankheit verstarben, wie man annehmen sollte, sondern alle, die bis zu vier Wochen zuvor positiv getestet wurden, selbst wenn sie nachweislich an einer anderen Ursache verstarben. Nicht erwähnt wird zudem, wie viele Menschen insgesamt in einem bestimmten Zeitraum sterben, und wie groß die Bevölkerung eines Landes ist. Dies führt zu grotesken Verzerrungen und völlig falschen Zahlen.

Man sollte annehmen, dass es im Interesse der Politik ist,

eine Katastrophe eher herunterzuspielen, als noch dramatischer darzustellen. Unklar ist deshalb, wer Interesse daran hat, dass ein Schrecken noch größer wird, als er ohnehin bereits ist.

Es ist jedenfalls ein Muster der totalitären Herrschaft, die möglichst viel Angst und Panik erzeugen will, um die Masse gefügig und leichter beeinflussbar zu machen. Und damit ist sie empfänglicher für Propaganda. Der wohl bedeutendste Analytiker der modernen Propaganda ist Noam Chomsky. Als 1928 Geborener ist auch er wie Arendt und Popper ein Zeitzeuge des Entstehens und der Schrecken des modernen Totalitarismus. Chomsky zählt zu den einflussreichsten Intellektuellen weltweit und lehrte bis zu seiner Emeritierung Linguistik am berühmten Massachusetts Institute of Technology (MIT). Er entwickelte gemeinsam mit Edward S. Herman ein »Propagandamodell«, das die manipulative Wirkungsweise von Massenmedien kritisch beleuchtet. Chomsky definiert zehn Methoden von wirkungsvoller Manipulation durch Politik und Medien:

1. Strategie der Ablenkung: Diese wird angewendet, um die Bevölkerung von den wichtigen Themen abzulenken. Dabei wird der Fokus auf ein Nebenthema oder ein völlig anderes Thema gelenkt, die Öffentlichkeit wird mit unbedeutenden, nur scheinbar wesentlichen Informationen geflutet, die Schlagzeilen machen. Währenddessen werden im Schatten dieses Nebenthemas die wichtigen Schritte gesetzt oder Fehler und Skandale vertuscht. Wird etwa ein Politiker oder eine Partei bei einem unrechtmäßigen Akt erwischt oder droht ein Skandal aufzufliegen, produziert man rasch ein anderes Thema, von dem man annimmt, dass es sehr emotionalisiert. Eine Möglichkeit ist,

einen echten oder vermeintlichen Skandal bei einer anderen Partei zu lancieren, eine andere, die steigende Kriminalität in Ausländervierteln, den drohenden Kollaps der Umwelt, der Börsen, der Wirtschaft etc. zum Thema zu machen. Diese Strategie wird besonders häufig angewendet. Sie gehört zum politischen Handwerkszeug, und es ist Aufgabe von Medien, nicht darauf hereinzufallen.

2. Man schafft selbst Probleme und bietet dann die Lösung an, um Dinge durchzusetzen, die sonst von der Bevölkerung nicht akzeptiert würden. Ein klassisches Beispiel ist es, Extremismus und Kriminalität entstehen zu lassen oder gar zu fördern. Kommt es dann zur Eskalation, etwa zu Attentaten oder einer hohen Kriminalitätsrate, werden für alle Bürger harte Sicherheits- und Kontrollinstrumente eingeführt. Normalerweise wären die Bürger nicht bereit, einschneidende Maßnahmen, die ihre Freiheit einschränken, zu akzeptieren. Bei der Bedrohung der Sicherheit, wie Terroranschlägen, verlangen sie sogar danach. Dies war etwa im Zusammenhang mit den Anschlägen vom 11. September 2001 in New York weltweit zu beobachten.

3. Strategie der Allmählichkeit: Damit die Menschen eine an sich inakzeptable Maßnahme schließlich mittragen, kann man sie mit kleinen Teilschritten daran gewöhnen. Man höhlt somit gleichsam den Widerstand aus. Werden diese Veränderungen alle auf einmal umgesetzt, würden sie auf heftigen Widerstand stoßen.

4. Strategie des Aufschubs: Eine Bevölkerung akzeptiert eine unpopuläre Maßnahme leichter, wenn

sie nicht gleich, sondern erst in der Zukunft umgesetzt wird. So hat sie Zeit, sich an den Gedanken zu gewöhnen und die »harte und schmerzhafte« Maßnahme mit der Zeit zu akzeptieren oder schließlich zu resignieren. Oder sie kann hoffen, dass diese ohnehin nicht umgesetzt werden wird, in dem naiven Glauben, dass bis zur Umsetzung sich die Situation bessern und die Maßnahme nicht mehr notwendig sein wird.

5. Das Publikum wird wie ein Kind angesprochen: Besonders in der Werbung, aber auch zunehmend in der Politik werden Konsumenten und Bürger infantilisiert. Die Botschaften sind in ihrem Inhalt, ihrer Formulierung und im Tonfall so gehalten, wie man zu einem Kind spricht. Im Deutschen, das zwischen der Höflichkeitsform des Sie, das man gemeinhin im Umgang mit Erwachsenen verwendet, und dem Du unterscheidet, macht sich der Unterschied sprachlich besonders bemerkbar. Wenn man nämlich einen unbekannten Erwachsenen per »Du« anspricht, so drückt das nicht eine Vertrautheit aus, die ja nicht vorhanden ist, sondern es spricht eine Autorität zu einem Kind. Damit ist eine Hierarchie geschaffen, und es wird eine Regression erzeugt, in der ein Starker, Überlegener zu einem Schwachen, Unmündigen spricht.

6. Emotion statt Reflexion: Spricht man gezielt die Emotion an, so wird eine Art Kurzschluss erzeugt, der die rationale Analyse und Kritikfähigkeit des Einzelnen stört oder unterbindet. Durch das Ansprechen von Gefühlen kann man darüber hinaus die »Zugangstür« zum Unbewussten öffnen und gezielt Ängste, Ideen, Wünsche und Zwänge einpflan-

zen, um so das gewünschte Verhalten zu erzeugen. Diese Technik ist altbekannt und wurde bereits in der Massenpsychologie ausführlich von Gustave Le Bon beschrieben. Ihre Wirksamkeit ist dennoch ungebrochen und zuverlässig.

7. Das Publikum wird in Unwissenheit und Mittelmäßigkeit gehalten: Dies ist wichtig, damit die Bevölkerung nicht die Techniken versteht, und damit durchschaut, mittels derer sie kontrolliert und letztlich versklavt werden soll. Die Qualität der Bildung der unteren Klassen müsse demgemäß möglichst schlecht sein, damit sie von den gut gebildeten höheren Klassen ungehindert gesteuert werden können.

8. Stimulieren Sie die Öffentlichkeit, sich mit dem Mittelmaß zufriedenzugeben: Unkritisch, ignorant und einfältig zu sein, soll als vorbildlich und modern dargestellt werden. Kritisches Hinterfragen und Kritik allgemein soll im Gegenzug als negativ hingestellt werden.

9. Verstärken von Selbstvorwürfen: Der Einzelne soll denken, oder es soll ihm vermittelt werden, er sei selbst schuld an seinem Unglück. Er sei etwa unfähig, zu wenig tüchtig, zu wenig klug, und habe es daher selbst verschuldet, dass er unterbezahlt oder gescheitert oder arbeitslos sei. Somit wertet sich der Einzelne selbst ab, schämt sich womöglich, und stellt nicht das System infrage. Chomsky meinte dabei den Neoliberalismus und gezielte Ausbeutung. Diese Taktik ist jedoch auch auf andere Felder beliebig übertragbar.

10. Den Menschen besser kennen, als er sich selbst kennt: Die Kluft zwischen dem in der Öffentlich-

keit verbreiteten Wissen und jenem, das die herrschende Elite besitzt, wird durch den Fortschritt der Wissenschaft immer breiter. So etwa im Bereich der Biologie, Neurobiologie, Psychologie oder Technik, über die psychische und physische Verfasstheit und Funktionsweise des Menschen. Somit wissen die Herrschenden mehr über den Einzelnen, als das Individuum selbst über sich weiß.

Trotz all dieser – äußerst aktuell erscheinenden – Strategien und Einsichten gelang es paradoxerweise Chomsky selbst letztlich nicht, sich den Mechanismen der Propaganda zu entziehen. Er, der stets die Grundrechte und speziell das Recht auf freie Meinungsäußerung vertreten und verteidigt hatte, machte im Zuge der Corona-Pandemie einen kompletten Schwenk. So etwa trat er in einem Interview im Oktober 2021 dafür ein, Ungeimpften ihre Grundrechte zu entziehen, bis hin zum Verbot, Lebensmittel einzukaufen. Diese, so der Gelehrte, würden nämlich andere »töten«, und dazu hätten sie kein Recht.[55] Dieser Gesinnungswandel trug Chomsky denn auch einiges an Kritik ein.[56] Offenbar hatten die monatelange Isolation durch Lockdowns und der Schock über das Chaos in den Krankenhäusern und die vielen Toten im Jahr 2020 in den USA in dem 91-jährigen Chomsky etwas ausgelöst, was ihn seine eigenen, lebenslang vertretenen Werte und Erkenntnisse vergessen ließ. Er selbst ist somit die Bestätigung dafür, dass eine Krise, die von den Mächtigen politisch genützt und propagandistisch verstärkt wird, dazu führen kann, dass Menschen aufhören, kritisch, eigenständig und vernünftig zu denken.

---

55 Youtube-Kanal Primo radical, 24.10.21
(https://www.youtube.com/watch?v=TzWcP2b4uZ4).
56 Vgl. dazu Zeitschrift Cicero, 22.12.21.

Noch im Juli 2020 hatte Chomsky den vom Harper's Magazine initiierten »Letter on Justice and Open Debate« unterschrieben, der sich gegen die Auswüchse der Cancel Culture richtete. Es dürfe nicht sein, dass andere Ansichten, Thesen oder vermeintlich politisch Inkorrektes nicht mehr gesagt, gelehrt oder diskutiert werden dürfe, so der Tenor. Plötzlich sah er dies unter dem Eindruck des persönlichen Erlebens gänzlich anders.

Kehren wir daher zurück zu Hannah Arendt, der scharfen Kritikerin aller Formen totalitärer Herrschaft. Eine der wirkmächtigsten Methoden totalitärer Propaganda ist es ihrer Analyse nach, die Argumente der politischen Gegner und Andersdenkender totzuschweigen. Alle zuwiderlaufenden Argumente müssen aus dem Diskurs eliminiert werden, und letztlich auch jene, die sie vertreten. Nur so kann es gelingen, den Menschen mit den eigenen Ideen völlig zu durchdringen und ihn dazu zu bringen, sie unkritisch zu übernehmen. Totalitäre Bewegungen konnten somit »die Methoden des Bürgerkriegs in die normale politische Propaganda tragen, den Gegner morden, statt ihn zu widerlegen, diejenigen, welche nicht bei ihnen organisiert waren, terrorisieren, anstatt sie zu überzeugen.«[57] Reste davon finden sich noch heute in dem Slogan jener Kämpfer gegen Rechtsextremismus und Rassismus, die skandieren: »Gebt den Rechten keine Bühne.« Was und wer »rechts« ist, bestimmen allerdings sie allein, und die Definition wird mitunter recht großzügig auf alle Andersdenkenden ausgeweitet.

Ein prominenter Vertreter dieser Denkrichtung ist der Philosoph Jürgen Habermas. Er bezog sich auf die AfD und deren Politikstil. Rechtspopulisten verdienten »Verachtung statt Aufmerksamkeit«. Wer mit einem Rechtspopulisten öffentlich debattiere, nehme ihn ernst, verschaffe ihm Auf-

---

57   Arendt, Totale Herrschaft, 669.

merksamkeit und mache den Gegner stärker.[58] Derselbe Habermas hatte jedoch auch postuliert, dass eine Öffentlichkeit, aus der eine definierte Gruppe ausgeschlossen werde, keine Öffentlichkeit mehr sei. An diesem Beispiel wird klar, wie schwierig die Gratwanderung in dieser Frage ist und welche Auswirkungen es zeitigt, wenn der Weg des Totschweigens und Ausgrenzens aus dem öffentlichen Diskurs einmal eingeschlagen ist.

---

58   In: Jubiläums-Heft der »Blätter für deutsche und internationale Politik«, 2016.

5. WAS SIND DIE AUSWIRKUNGEN TOTALITÄRER SYSTEME?

Massenpsychose und Mentizid

Je größer die Angst, desto mehr spielt diese jenen in die Hände, die über Menschen herrschen wollen. So wird aus der Angst, wenn man sie nur genügend nährt, eine Panik. Diese extreme Emotion braucht ein Ventil, der Mensch muss sich irgendwie Erleichterung verschaffen.

Diesen Mechanismus aus Angst und Panik hat der Psychoanalytiker C. G. Jung analysiert: Durch eine akute und massive Bedrohung – egal ob real oder vermeintlich – entsteht Panik bei der Masse. Wie diese dann ausbricht und wie sich die Massen von dem negativen emotionalen Druck befreien, das hängt laut Jung vom Zustand der Gesellschaft ab.

In den modernen Gesellschaften herrschen schwache, verletzliche Individuen vor, die anfällig für Angst und Panik sind. Daher können leicht Wahnvorstellungen hervorgerufen werden, und dies führt wiederum zur Massenpsychose des Totalitarismus.[59]

Auch der amerikanische Religionswissenschaftler Arthur Versluis hat sich mit den Mechanismen des Totalitarismus

---

59 Jung, The Symbolic Life. E-Book.

und seiner Beherrschung der Massen näher beschäftigt.[60] Er sieht darin ein modernes Phänomen der totalen zentralen Staatsmacht, gepaart mit der Auslöschung der individuellen Menschenrechte. Es gibt nur zwei Gruppen: die Machthaber und die beherrschten Massen, die gleichzeitig Opfer sind. Beide Gruppen machen eine pathologische Transformation durch. Der Herrscher ist gottähnlich, die Massen sind abhängige Subjekte, deren psychologischer Status kindlich-regressiv ist. Bereits Hannah Arendt hatte ja auf den Versuch des Totalitarismus hingewiesen, die menschliche Natur selbst umzuwandeln, und nicht nur die menschlichen Lebensbedingungen und Verhaltensweisen.

Arendts Zeitgenosse, der 1903 geborene niederländische Arzt und Psychoanalytiker Joost Meerloo, beschäftigte sich ebenfalls intensiv mit dem Verhalten von Menschen in totalitären Gesellschaften. Er war jüdischer Abstammung und konnte als Zeitzeuge jene Mechanismen beobachten, mit denen er sich später wissenschaftlich beschäftigte. Als die Nationalsozialisten seine Heimat okkupierten, legte er den Vornamen Abraham ab, um der Verfolgung zu entgehen. Er floh nach Belgien, dann nach England und wanderte nach dem Zweiten Weltkrieg in die USA aus, wo er an der Columbia Universität und der New York School of Psychiatry mehr als 40 Jahre lang lehrte. Meerloo verfasste zahlreiche Bücher, darunter »The Rape of the Mind«, das sich mit dem Phänomen der Gehirnwäsche befasste, dessen sich totalitäre Systeme bedienen. Seine Analyse ist packend und zutreffend zugleich, sodass sie hier teilweise wörtlich wiedergegeben wird:

»Es gibt in der Tat viel Vergleichbares zu den seltsamen Reaktionen der Bürger im Totalitarismus und ihrer Kultur als Ganzes: auf der einen Seite die Reaktion eines kranken Schizophrenen, auf der anderen Seite der gesellschaftliche

---

60   The New Inquisitions, 2006.

Wandel, der sich im Totalitarismus vollzieht. Er lenkt auf Wahnvorstellungen und wird von ihnen getragen. Nur verblendete Menschen fallen in die kindliche Phase zurück und geben die Kontrolle über ihr Leben an Politiker und Bürokraten ab. Nur eine verblendete Herrschaftsklasse kann glauben, dass sie Wahrheit und Weisheit besitzt, um die Gesellschaft von oben bis unten umzugestalten und zu kontrollieren. Nur wenn man im Bann der Wahnvorstellung lebt, kann man etwas anderes glauben, als dass dies nur zu Massenelend und Ruin führen wird.«[61]

Die Massenpsychose des Totalitarismus beginnt in der herrschenden Klasse einer Gesellschaft. Für sie ist die Vorstellung, die Gesellschaft beherrschen zu können, stets sehr verführerisch, das hat die Geschichte immer wieder gezeigt. Dabei ist diese Klasse nach der Analyse Meerloos besonders anfällig für Wahnvorstellungen. Entscheidend ist, ob es ihr gelingt, die gesamte Gesellschaft mit dieser Massenpsychose zu infizieren, damit sie die Herrschaft akzeptiert. Hinsichtlich der konkreten Wahnvorstellung, der die Elite erliegt, ist es einerlei, ob es sich um die Ideologie des Kommunismus, des Faschismus oder der Technokratie handelt. Es gehe dabei um die Reorganisation und Manipulation der kollektiven Gefühle in der richtigen Weise.

Die Methode, derer sich die Führung dabei bedient, bezeichnet Meerloo als »Mentizid«: die Tötung des Verstandes. Für ihn ist es ein »altes Verbrechen«, das für die Errichtung totalitärer Systeme neu systematisiert wurde. Es geht um eine psychologische Intervention und juristische Perversion, durch die eine herrschende Klasse oder Führung ihre eigenen Vorstellungen und Gedanken in die Köpfe derjenigen einbringt, die sie beherrschen und zerstören will. Die Vorbereitung dieses »Mentalmordes« beginnt mit der Aussaat von

---

61 Meerloo, Rape of the Mind, E-Book.

Angst. Wenn der Einzelne große Angst hat, von dieser schier überflutet wird, dann ist er anfällig für Wahnvorstellungen. Jede Bedrohung, ob real, eingebildet oder erzeugt, kann dazu benutzt werden, Angst zu erzeugen.

So etwa kann man Terror nutzen, der die Menschen in Wellen abwechselnd in Angst versetzt, um dann wieder eine Phase der Ruhe einkehren zu lassen. Und dies in steter Wiederholung. Der Prozess muss immer weitergehen. Dadurch wird die Moral der verängstigten Masse immer niedriger und die Wirkung jeder Propagandawelle immer stärker. Unterstützt wird dieser Prozess durch den gezielten Einsatz von Propaganda. Durch diese werden Fehlinformationen verbreitet und die Verwirrung gefördert. Lügen und widersprüchliche Informationen und Nachrichten sollen immer mehr Verwirrung stiften. Je mehr Verwirrung erzeugt werden kann, desto weniger kann die Krise bewältigt werden. Diese Verwirrung fördert den Abstieg der Masse in Wahnvorstellungen. Die Angst kann dann nicht mehr rational bewältigt werden, und der Weg in den Totalitarismus ist bereitet.

»Logik kann von Logik beantwortet werden. Unlogik nicht«, stellte Meerloo fest. »Sie verwirrt diejenigen, die klar denken. Die monotone Wiederholung von Unsinn und Lüge haben mehr Reiz als Logik und Vernunft. Unerwünschte Informationen werden zensiert. So ist es jenen, die an der Macht sind, möglich, die Köpfe der Massen anzugreifen. Der Suchtcharakter führt dazu, dass sich viele freiwillig der Propaganda der Herrschenden unterwerfen.«

Interessant ist, was Meerloo bereits vor Jahrzehnten im Hinblick auf die modernen Kommunikationsmittel als Mittel der Propaganda feststellte. Die modernen Technologien nämlich würden den Menschen anlocken, sodass er sich keine Zeit mehr nehme, um nachzudenken und sich zurückzuziehen. Die Sinne würden ständig mit Reizen überflutet, es gebe keinen Rückzugsort. Der Bildschirm biete ihm vorgefertigte Antworten, und er lerne nicht mehr zu hinterfragen. Der Stress und Druck des Alltags treibe immer mehr Menschen an, einfache Lösungen und einen einfachen Ausweg aus der Selbstverantwortung zu suchen. Diesen finden sie bei den totalitären Autoritäten. Wer allerdings die Propaganda durchschaue, könne anderen helfen, sich daraus und vom Mentizid zu befreien. Am wirksamsten sei dabei die Kraft des positiven Beispiels.

Bei der Methode des Totalitarismus stellte Meerloo Ähnliches fest wie Arendt. Zuerst müssen die Opfer isoliert und ihre Interaktionen möglichst unterbunden werden. Denn der Mensch, der allein ist und abgeschnitten von seinen Mitmenschen und sozialen Beziehungen, ist anfälliger für Wahnvorstellungen. Isolierte Menschen lassen sich mit ständig wiederholten Reizen, wie etwa durch Parolen oder Angst, besser auf neue Verhaltensmuster konditionieren. Sie sind allein, verwirrt und einer unentwegten Propaganda ausgesetzt. Zusätzlich muss man ihnen jede Freude, jede Hoffnung nehmen und jeden Glauben an eine gute Zukunft zerstören.

Meerloo zeigte auf, wie man Menschen durch systematische Indoktrination und Selbstbeschuldigung »umdrehen« und auf den gewünschten Kurs bringen kann. In kommunistischen Diktaturen war und ist dies noch heute ein gängiges Mittel, Oppositionelle wieder linientreu zu machen. Es werden Geständnisse erzwungen und in Schauprozessen vor einem Scheingericht publikumswirksame Selbstbeschuldigungen inszeniert. Dies wiederum wird für die Propaganda benutzt, um konstanten psychischen Druck auf die Bevölkerung auszuüben. Alle Werte und Normen werden untergraben, es herrscht ein Zustand absoluter Verwirrung. Der Einzelne, gehirngewaschen, ist in Panik, niemand kann mehr Wahrheit und Lüge voneinander unterscheiden.

In diesem Chaos, das von den Totalitaristen gezielt erzeugt wird, sehnen sich die Massen nach Ordnung – und dafür bieten die Führer einen Ausweg. Sie bieten eine neue Ordnung, ihre Ordnung. Der Preis ist die Aufgabe der Freiheit, die sie an die Eliten abtreten.

Doch diese Ordnung ist eine pathologische Ordnung. Sie verlangt strikten Gehorsam. Die Menschen müssen es aufgeben, eigenständige und selbstdenkende Individuen zu sein. Sie müssen es aufgeben, selbst für ihr Leben verantwortlich zu sein. Sie müssen Untertanen werden, unterwürfig und gehorsam. Und sie müssen den gleichen Wahnvorstellungen wie die sie beherrschenden totalitären Eliten verfallen.

Meerloo erkannte ein Muster, das im 20. Jahrhundert in allen totalitären Systemen vorzufinden war: All diese Systeme waren Massenpsychosen, plötzlich auftretend oder sich allmählich entwickelnd.

Die Analyse Meerloos klingt erschreckend aktuell. Noch immer gelingt es den Autoritäten vieler Staaten, exakt nach diesem Muster die Menschen in Angst zu versetzen, zu manipulieren, schrittweise ihrer Freiheiten zu berauben und so den Versuch zu unternehmen, totalitäre Gesellschaften zu etablieren.

Spaltung und Zerstörung der Gesellschaft

In totalitären Systemen sind Vernunft und Anstand nicht möglich. Letztlich führt der Totalitarismus zu Stagnation und Massensterben. Als Nährboden braucht sie Terror und einen Feind in der Mitte dieser Gesellschaft. Nur so gelingt es, dass sich die Gesellschaft gegen sich selbst wendet. Dabei wird sie von den herrschenden Autoritäten aufgestachelt.

Es gibt zahlreiche Beispiele in der Geschichte, bei denen Massenpsychosen zu Gewaltausbrüchen geführt haben. Die mit Abstand meisten Opfer forderten der Holocaust des Nationalsozialismus und die »Säuberungen« unter Stalin in der kommunistischen Sowjetunion. Stets war die Angst der Antrieb. Es wurden Sündenböcke und Feindbilder als Zielscheibe von Hass und Vernichtung erkoren.

Im 16. und 17. Jahrhundert waren Naturkatastrophen und Missernten die Auslöser für Massenpsychosen. Als Zielscheibe wurden Frauen gewählt, die aus irgendeinem Grund in Verdacht gerieten und als »Hexen« grausam verfolgt und ermordet wurden.

Auch die McCarthy-Ära in den USA der 1950er Jahre trug die Züge einer Massenpsychose. In diesem Fall machte man Jagd auf tatsächliche oder vermeintliche Kommunisten, die pauschal als Spione und Verräter gebrandmarkt und verfolgt wurden.

Die Liste ließe sich beliebig fortsetzen.

Eine totalitäre Gesellschaft kann, wie dargelegt, nur funktionieren, wenn man den gesellschaftlichen Zusammenhalt und die sozialen Bindungen der Menschen untereinander möglichst unterbindet und zerstört. Dies ist die Grundlage dafür, dass sich die Mitglieder einer totalitären Gesellschaft durch ein ausgebautes Spitzelwesen und Denunziantentum gegenseitig kontrollieren. Denn ein Staat, selbst wenn er noch so ausgeklügelte und technisch hochgerüstete Überwachungsinstrumente anwendet und Scharen von Polizisten einsetzt, kann nicht jeden einzelnen Menschen kontrollieren. Dies führt zu einem tiefen Misstrauen, selbst nahen Angehörigen gegenüber. Dieses Misstrauen währt auch dann noch nach, wenn der totalitäre Staat längst zusammengebrochen ist, oder es hat zumindest tiefe Wunden hinterlassen.

Das zeigte sich in dem erwähnten Beispiel der DDR-Dissidentin Vera Lengsfeld, deren eigener Ehemann sie ausspioniert und an die Stasi verraten hatte. Und es war kein Einzelfall. Die Möglichkeit, Einsicht in die Stasi-Akten der DDR-Zeit zu nehmen, hat viele ehemalige DDR-Bürger verstört und vieles im Sozialgefüge nachhaltig erschüttert. Viele Zeitzeugen berichten, dass das Schlimmste an der DDR nicht die Unfreiheit war, dass man nicht reisen konnte, dass Mangel an Konsumgütern herrschte und man von der Partei und ihren Schergen drangsaliert wurde. Nein, das Schlimmste sei gewesen, dass man niemandem trauen konnte.

Dasselbe Misstrauen herrschte in der NS-Zeit und in der UdSSR. So berichten Zeitzeugen, dass sie es selbst im Bombenhagel in den Luftschutzkellern nicht wagten, den Krieg zu verfluchen oder gar Adolf Hitler zu kritisieren. Zu groß war die Angst, dass ein Ohrenzeuge sie bei der Gestapo anzeigen und wegen »Defätismus« verhaftet würden.

Zerstörung des Vertrauens in staatliche Institutionen

Die Menschen, die in totalitären Systemen leben oder leben mussten, haben auch gelernt, allem, was von oben kommt, zu misstrauen. Der Staat und seine Institutionen werden als Feinde wahrgenommen, als Mittel der Repression. Dies gilt nicht nur für die Exekutive, sondern auch für die Justiz, das Bildungswesen und die Bürokratie. Dies zeigt sich in Russland, wo Aufrufen des russischen Präsidenten kaum Gefolgschaft geleistet wird. Die Russen begegnen allem, was von der Regierung kommt oder gar mit Zwang durchgesetzt werden soll, reflexartig mit Misstrauen und Ablehnung. Dies beruht auf ihrer schlechten Erfahrung in Jahrzehnten der kommunistischen Diktatur.

Unterschätzt wird vielfach die Bedeutung der Bürokratie in totalitären Staaten. In liberal-demokratischen Staaten kommt ihr eine Rolle als Dienstleister für die Bürger zu. Selbst wenn man sich über Kosten und Aufwand, den bürokratische Vorgänge bedeuten, oft ärgert, so erkennt man doch auch ihren Nutzen. Die Bürger und die Wirtschaft eines Landes profitieren davon, wenn die Verwaltung gut funktioniert, etwa Dokumente rasch ausgestellt werden, Eigentum in Grundbücher eingetragen wird, Firmengründungen und Genehmigungen rasch und ohne Schmiergeldzahlungen funktionieren. All dies wirkt sich positiv aus.

In totalitären Systemen hingegen hat die Bürokratie eine gänzlich andere Funktion: Sie dient einzig dem Staat sowie der Kontrolle und Unterdrückung der Menschen. Eine überbordende, schikanöse Bürokratie, der der Einzelne hilflos ausgeliefert ist und in der er sich gleichsam verfängt, ist ein typisches Phänomen dieser Systeme oder ein Zeichen dafür, dass sich ein solches System etabliert. Sowohl im Nationalsozialismus als auch im Kommunismus war die Bürokratie eine wichtige Säule, damit der totale Staat funktionierte. Es ist kein Zufall, dass gerade in diesen Systemen Akten- und Papierberge produziert wurden, sowie grotesk ausufernde Verwaltungssysteme entstanden. Für alles und jedes brauchte es eine schriftliche Genehmigung, Ausweise, Stempel und Anträge. Und wehe, es fehlte eines dieser Papiere! In Österreich ist es noch vielen älteren Menschen in deutlicher Erinnerung, in welcher Aufregung man stets war, wenn man eine Zonengrenze überschreiten wollte. Voll Angst wurden die Kontrollen erwartet, denn wenn ein Stempel fehlte oder irgendeine Kleinigkeit nicht in Ordnung schien, konnte dies die Verhaftung oder die Verschleppung in ein Lager zur Folge haben. Dies galt ebenso für die NS-Zeit, wo es eine der wichtigsten Überlebensfragen war, stets gültige Papiere bei sich zu tragen und sich entsprechend ausweisen zu können.

In liberal-demokratischen Systemen besteht eine Ausweispflicht nur insofern, als man einen Ausweis zur Feststellung der Identität besitzen muss. Man muss jedoch nicht ständig einen Ausweis mit sich führen. Eine Ausnahme ist der Grenzübertritt, bei dem man sich mit einem Reisepass ausweisen muss. Ansonsten gibt es in westlichen Ländern, mit

Ausnahme Deutschlands, keine Ausweispflicht. Diese Form der persönlichen Freiheit ist ein hohes Gut, an das sich die Bürger demokratischer Staaten längst gewöhnt haben. Umso mehr macht es besorgt, wenn diese Freiheit rückgebaut wird, wie dies in den letzten Jahren zu beobachten ist. In Österreich etwa hat man 2022 mit dem Impfpflichtgesetz auch eine Ausweispflicht im engeren Sinn eingeführt. Jede Person, gleich welcher Staatsbürgerschaft, muss sich jederzeit ausweisen können, und dies ohne Anlass. Darüber hinaus gibt es Pläne der EU, einen digitalen Ausweis im Zuge der digitalen Identität einzuführen.

Diese Maßnahme, die in der Öffentlichkeit kaum debattiert wurde, erscheint geringfügig, ist jedoch ein Schritt in Richtung eines totalitären Staates. In Großbritannien, das nicht mehr Mitglied der EU ist, scheiterte die Regierung im Jahr 2012 mit dem Vorhaben, einen Personalausweis und eine Ausweispflicht einzuführen. Ein neuerlicher Versuch wurde seither nicht mehr gestartet.

Gravierende Auswirkungen hat es, wenn Bürger kein Vertrauen in Justiz und Rechtsstaat haben. Menschen, die in totalitären Systemen leben oder gelebt haben, mussten erkennen, dass die Justiz nicht dazu da ist, Recht im Sinne von Gerechtigkeit zu sprechen. Die Justiz in einem totalitären System hat die Aufgabe, das Unrecht des Staates zu legitimieren und den Schein einer Rechtsstaatlichkeit zu bewahren. Historische Beispiele wurden bereits angeführt, wie die stalinistischen Schauprozesse oder die NS-Volksgerichtshöfe, bei denen das Urteil bereits vor der Anklage feststand.

Nach dem Zweiten Weltkrieg und dem Ende der NS-Diktatur wurden in den meisten Fällen die Richter und Staatsanwälte nicht ausgetauscht. Dies führte dazu, dass in den 68er-Bewegungen die jungen Menschen Fragen zur NS-Vergangenheit nicht nur ihrer Professoren, sondern auch von Richtern und Staatsanwälten stellten. Bis heute beschäftigt dieses Thema die Öffentlichkeit und angehende Juristinnen und Juristen. So hat etwa das Land Nordrhein-Westfalen eine eigene Dokumentationsstelle »Justiz und Nationalsozialismus« eingerichtet. Darin wird dargelegt, wie sich Richter und Staatsanwälte nach der Machtübernahme Adolf Hitlers bereitwillig in das neue System eingefügt hatten. Die »Verreichlichung« der Justiz, also ihre Gleichschaltung und Unterwerfung unter das NS-Regime, fand in einem großen Festakt 1935 ihren Abschluss. Fortan standen nicht mehr die Menschenrechte im Mittelpunkt, sondern der Wille des Führers und das »gesunde Volksempfinden«. Etwa 16.000 Todesurteile wurden während der NS-Zeit in Zivil- und Strafrechtsprozessen gesprochen. Dennoch konnten die meisten Juristen ihre Karrieren nach dem Zusammenbruch des NS-Regimes nahtlos fortsetzen. Aufgearbeitet wurde die Rolle der Juristen in der NS-Zeit von der BRD nicht.

Doch es sollten die Lehren aus dieser Zeit gezogen werden. Man kann nie ausschließen, dass so etwas wieder passiert, erklärt der Leiter der Dokumentationsstelle Stephan Wilms. Nur wer sich über die Mechanismen bewusst sei, die eine demokratische Gewaltenteilung aushöhlen können und die Justiz zum willigen Erfüllungsgehilfen einer unheilvollen Politik werden lassen, werde sich solchen Entwicklungen auch entgegenstellen.[62]

Eine weitere Auswirkung, die totalitäre Systeme noch Jahrzehnte nach ihrer Implosion nach sich ziehen, ist ein tiefes Misstrauen gegenüber jeglicher Art von Medien und Nachrichten. In einem totalitären System existieren ja keine kritischen Medien mit dem Anspruch, möglichst umfassend und objektiv die Bürger zu informieren, wie in einem liberal-demokratischen System zu erwarten sein sollte – selbst wenn auch in diesem der Anspruch stets unerfüllt bleibt. In

---

62   Welt am Sonntag, 3.3.2020.

einem totalitären System werden die Medien in den Dienst des Staates gestellt, sie sind ein Instrument von Herrschaft und damit selbst totalitär. Sie betreiben keine Information, sondern Propaganda mit dem Zweck der Indoktrination.

Daher rührt die reflexartige Ablehnung von Propaganda und jeglicher einseitiger Information oder Meinungsmache besonders in den Nachfolgestaaten ehemals totalitärer Systeme. Es ist sicher kein Zufall, dass in Deutschlands Osten das Misstrauen gegenüber dem medialen »Mainstream« besonders groß ist. Stichwort »Lügenpresse«. Dies zeigte sich etwa beim Thema Migration im Zuge der Flüchtlingskrise 2015 und im Zuge der Pandemie 2020/22. In beiden Fällen folgten die Bürger der ehemaligen BRD recht einhellig dem medial verbreiteten Narrativ, das von der Regierung ausgegeben wurde. Doch genau deshalb, weil das Narrativ zu einhellig und zu sehr jenem der Regierung entsprach, stieß es bei den ehemaligen Bürgern der DDR in hohem Maße auf Misstrauen, Ablehnung und Widerstand. Dies wiederum führte in den Medien zu dem Narrativ, der Osten sei eben anfällig für Rechtsextremismus, daher der Widerstand. Dass die Prägung der Menschen aus der DDR-Zeit, ihr Misstrauen gegen Medien, von ihren Erfahrungen mit Propaganda herrühren könnte, wurde dabei völlig außer Acht gelassen.

6. WIE TARNEN SICH MODERNE TOTALITÄRE SYSTEME, UND WAS SIND IHRE ZIELE?

Totalitäre Systeme tarnen sich mittels moralisch oder politisch gerechtfertigter Anliegen und greifen tatsächliche Probleme oder Ungerechtigkeiten auf. Dies nützen sie für die Agenda einer Elite und deren Machtstreben. So etwa wurde der Erste Weltkrieg im Namen des Patriotismus geführt. Durch den Nationalismus, der in Wahrheit den Eigeninteressen und Machtgelüsten der Herrschenden diente, wurden den Menschen patriotische Gefühle eingeflößt. Es ging um die Überlegenheit und das Bestehen der eigenen Nation, die gegen andere Nationen verteidigt werden müsse, oder den Anspruch auf bestimmte Territorien. Man schloss sich zu Bündnissen zusammen, hetzte gegen andere Völker und baute systematisch Feindbilder und eine äußere Bedrohung auf. Ein Funke genügte dann, und die explosive Mischung ging hoch.

Ein Beispiel dafür ist das sogenannte »Kriegslied«, das damals in der österreichisch-ungarischen Monarchie und dem deutschen Kaiserreich verbreitet wurde und zur Melodie »Prinz Eugen, der edle Ritter« gesungen werden sollte. Darin hieß es:

»Serbien hat durch Mördertaten,
seinen tück'schen Sinn verraten.
Mordete Franz Ferdinand,
Russland – Österreich zum Trutze,
bot dem Mordgesell'n zum Schutze,
seine blutbefleckte Hand.
Der Franzose, feig, doch kecke,
kriecht hervor aus dem Verstecke,
denn er fürchtet um sein Geld.
England wollt im Trüben fischen,
Wilhelm lässt es nicht entwischen,
hat sie alle stramm gestellt.
Öst'reich, das sie tot schon glaubten,
reckt sich auf, um zu behaupten,
sich und seine blanke Ehr.
Deutschlands treue Waffenbrüder,
reichen ihren Arm herüber,
unbesiegt zu Land und Meer.
Nikita mit seinen Schergen,
kommt aus seinen schwarzen Bergen,
öffnet seinen leeren Sack.
Deutschland, Öst'reich sich umschlingen:
»Ja, wir werden niederzwingen,
dieses ganze Lumpenpack.«

Es kam anders. Nach der Niederlage der Mittelmächte im
Ersten Weltkrieg wurde in den sich gedemütigt fühlenden
Nationen und Staaten, vor allem bei den ehemaligen und
seelisch zerrütteten Soldaten, das Revanchebedürfnis geschürt. Dies war der Nährboden des Nationalsozialismus.
Die Demütigung sollte mit der Vision einer angeblichen
»Herrenrasse«, die stark und siegreich sein würde, getilgt
werden. Dies war der Nährboden, auf dem der Nationalsozialismus gedieh. Und auch der Bolschewismus konnte 1917

seine siegreiche Revolution durchführen, vor allem durch das Versprechen, aus dem Kriegsgeschehen auszusteigen und das Leid zu beenden. Der Blutzoll im russischen Volk war hoch, und die Unzufriedenheit und das Elend waren zu drückend geworden. Im Namen der Gerechtigkeit für die Massen, das Wohl der Arbeiterklasse und deren Befreiung aus der Knechtschaft errang der Bolschewismus unter dem charismatischen Führer Lenin seinen Sieg. Das Versprechen einer neuen Gesellschaft und eines neuen Menschen mündete in beiden Fällen, wie bereits ausgeführt, in neue Knechtschaft, neues Leid und unvorstellbare Grausamkeit.

Die Erinnerung an diese totalitären und grausamen Herrschaftssysteme des 20. Jahrhunderts ist noch frisch. Daher müssen moderne Formen der totalen Herrschaft gut getarnt werden. Selbst wenn sich die Ziele und die Mittel unterscheiden, so sind doch Muster erkennbar, die einander gleichen. Zunächst wird eine vermeintlich hehre und moralisch hochstehende Agenda ausgerufen: Solidarität mit den Armen, Gesundheitsschutz, Umweltschutz, wissenschaftlicher Fortschritt, Wohlstand und Glück für alle, Gerechtigkeit, eine bessere Welt. Alles Schlagworte, die jeder Mensch sofort unterstützen wird. Die Ziele sind hochgesteckt und moralisch aufgeladen, gleichzeitig wird den Menschen vermittelt, dass man zu deren Erreichung auch Opfer bringen muss. Und der Opferwille der Masse ist groß, wenn sie entsprechend beeinflusst wird, das haben wir durch die Massenpsychologie gelernt. Doch wie sehen nun diese modernen Formen des Strebens nach totaler Macht und Kontrolle aus? Was sind ihre Visionen? Und welche Opfer werden dafür verlangt?

Die Idee des vollkommenen Menschen

Wie bereits früher in der Geschichte, steht am Beginn die Vision des »neuen Menschen«. Heute ist dieser nicht nach seiner Rasse oder seiner Klassenzugehörigkeit definiert, sondern nach seiner körperlichen und geistigen Verfasstheit.

Das Problem des Menschen, ein nicht perfektes Wesen zu sein, beschäftigt ihn schon seit Menschengedenken: Krankheit, Leiden, Behinderung, geistige Unzulänglichkeit, Alter und schließlich seine Sterblichkeit – all dies wurde als Mangel empfunden. In der Antike stellte man sich daher Götter vor, die diese körperlichen Mängel nicht aufweisen. Sie waren gesund, schön, unsterblich und ewig jung. Als Brücke zu den unzulänglichen Menschen gab es in der antiken Vorstellung auch Mischwesen, halb menschlich und halb göttlich, deren menschliche Makel beinahe eliminiert worden waren. Wie etwa Achill, der bis auf eine kleine Schwachstelle unverletzbar und damit beinahe unsterblich war.

Einen gänzlich anderen Zugang als die antike Götterwelt haben andere Religionen, wie etwa das Christentum. Deren Religionsgründer Jesus nahm sich bewusst der Schwachen, Kranken und Leidenden an. Sein Ziel war es aber nicht, sie durch Heilung ihrer körperlichen Leiden zu körperlich vollkommenen und biologisch unsterblichen Wesen zu machen, wie dies durch die moderne Technik angestrebt wird. Jesus nahm sich bewusst der Kranken und Schwachen an, weil er eine andere Vollkommenheit meinte, die die irdischen Vorstellungen von Perfektion sprengte. Er wählte bewusst die Unvollkommenen aus. Er predigte, die Schwachen, Leidenden und Kranken in ihrer Unvollkommenheit liebend anzunehmen. Trotz seiner Wunderheilungen wollte er nicht alles Unvollkommene, das Leid und den Tod auslöschen. So zumindest wird es den Christen in der Bibel nahegebracht. Es geht um die Sorge um das schwache, verletzliche Geschöpf, die vollkommen macht.

Doch diese Lehre von Vollkommenheit setzte sich nur teilweise durch, ja sie geht in der modernen Zeit in ihrem Machbarkeitswahn zunehmend verloren. Stets wurde sie auch abgelehnt und wütend bekämpft, denn Gott gebe es nicht, und die Religion dürfe die Menschen nicht auf das Jenseits vertrösten. Das Himmelreich sollte vielmehr auf Erden verwirklicht werden. So lautete in etwa der Ansatz der kommunistischen Ideologie eines Karl Marx.

Die Idee vom vollkommenen Menschen und der Eliminierung des Fehlerhaften verfolgte auch der Philosoph Friedrich Nietzsche, obwohl in gänzlich anderer Weise. Nietzsche, geboren 1844, fand in der griechischen Mythologie die Antwort auf seine Vorstellung vom freien Menschen: frei von Moral, frei von jeglichen gesellschaftlichen Einschränkungen, frei sich zu entwickeln. Er lässt seinen »Zarathustra« Folgendes sagen: »Ich lehre euch den Übermenschen. Der Mensch ist etwas, das überwunden werden soll. [...] Alle Wesen bisher schufen etwas über sich hinaus: Und ihr wollt die Ebbe dieser großen Flut sein und lieber noch zum Thiere zurückgehen, als den Menschen überwinden? [...] Ich beschwöre euch, meine Brüder, bleibt der Erde treu und glaubt denen nicht, welche euch von überirdischen Hoffnungen reden! Giftmischer sind es, ob sie es wissen oder nicht.«[63]

Zu Nietzsches »Übermenschen« gehört auch, dass das Gleiche ewig wiederkehrt, und der Wille zur Macht. Er lehnt die Moral ab, weil sie den Schwachen bevorzugt und durch die Rücksicht auf das Wohl aller die starken Persönlichkeiten und deren Kreativität einengt und behindert. Für ihn steht Kultur über allem, jedoch befreit von jeglicher Moral. Mora-

---

63 Friedrich Nietzsche, Also sprach Zarathustra. Ein Buch für alle und keinen, 1977, 14.

lisches Handeln mache aus den Menschen Herdentiere, also eine Masse. Beklemmend ist es, wie er Zarathustra den »letzten Menschen« beschreiben lässt:

»Ich zeige euch den letzten Menschen. ›Was ist Liebe? Was ist Schöpfung? Was ist Sehnsucht? Was ist Stern? ‹ – so fragt der letzte Mensch und blinzelt. Die Erde ist dann klein geworden und auf ihr hüpft der letzte Mensch, der alles klein macht. […] ›Wir haben das Glück erfunden‹ – sagen die letzten Menschen und blinzeln. […] Ein wenig Gift ab und zu: das macht angenehme Träume. Und viel Gift zuletzt, zu einem angenehmen Sterben. Man arbeitet noch, denn Arbeit ist eine Unterhaltung. […] Man wird nicht mehr arm und reich: beides ist zu beschwerlich. Wer will noch regieren? Wer noch gehorchen? Beides ist zu beschwerlich. Kein Hirt und eine Herde! Jeder will das gleiche, jeder ist gleich: wer anders fühlt, geht freiwillig ins Irrenhaus. ›Ehemals war alle Welt irre‹ – sagen die Feinsten und blinzeln.«[64] Im Gegensatz dazu steht für Nietzsche eben der Übermensch, der entweder biologistisch oder durch Erziehung »gezüchtet« werden solle, hier blieb er etwas unklar.

Eindeutig war er jedoch in seiner Ablehnung des Unvollkommenen. Für ihn war der Kranke der »Parasit der Gesellschaft«. Im Reich der Gesunden haben für ihn »Minderwertige« keinen Platz und damit keine Daseinsberechtigung. Seine Erzählung vom vollkommenen Menschen, dem »Übermenschen«, wurde in die Ideologie der Nationalsozialisten integriert und auf grausame Weise realisiert. Sie führte zur Vernichtung »unwerten Lebens«, von körperlich und geistig Behinderten, Juden, Slawen und überhaupt allem, was der totalitären Ideologie im Wege schien.

Dabei war der Übermensch keine Erfindung Nietzsches, sondern er geht auf antike Vorbilder zurück im Zusammen-

---

64 Nietzsche, Zarathustra, 18–19.

hang mit dem Herrscher- und Heroenkult des »Hyperanthropos«. Hier klingt bereits an, dass der körperlich Vollkommene, Starke auch der ist, der die Macht hat. Auch dies wirkt in der NS-Ideologie nach, und so war die Eugenik nur logisch. Denn im Mittelpunkt stand der gesunde »Volkskörper«, von dem man alles Schwache, Kranke und Degenerierte entfernen oder fernhalten wollte. Gemeinwohl vor Eigennutz, lautete der Grundsatz. Die Tötung des Unvollkommenen war im Sinne der Nationalsozialisten damit keine Grausamkeit, sondern ein Akt der Solidarität und Notwendigkeit, um das deutsche Volk gesund, kräftig und siegesstark zu machen und zu erhalten. Dies erforderte eben das Opfer des Einzelnen, also im Extremfall dessen Tod, zum Wohl aller.

Der gesunde Volkskörper wiederum erschien als Grundlage für die Weltherrschaft der »Herrenrasse«. Vorerst ging es um die Ausrottung der nicht-germanischen Völker und der Kranken. Doch letztlich hätte das NS-Regime auch vor dem deutschen Volk nicht Halt gemacht. Im von Hitler selbst geplanten »Reichsgrundgesetz« sollte bestimmt werden, dass alle Familien, in denen spezielle Erkrankungen zu finden seien, wie etwa Herz- oder Lungenerkrankungen, vom Rest der Gesellschaft abzusondern seien. Als letzten Schritt hätte das Gesetz die Auslöschung, also Ermordung der betreffenden Familien vorgesehen. Diese Art von »Auslese« wäre niemals beendet worden, sondern sollte stets weitergetrieben werden. Somit hätte Hitler nach dem Krieg die totale Herrschaft wohl noch weiter ausgebaut. [65]

---

65   Vgl. dazu Arendt, Totale Herrschaft, 666.

Human Enhancement und Transhumanismus

Den ewigen Traum von Vollkommenheit und Unsterblichkeit des Menschen als biologisches Wesen will man in der modernen Zeit nun realisieren. Gleichzeitig will man den Menschen perfektionieren und kontrollieren. Entsprechend dem unerschütterlichen Glauben an die Möglichkeiten der Technik und der Digitalisierung, nähert man das Bild des perfekten Menschen der Vorstellung von einer Art Supercomputer an. Der Mensch wird als unzulängliche Maschine gesehen, die man optimieren kann und muss. Der Gegentrend ist jener, den Computer als unvollkommene Technik zu betrachten, die nie an den Menschen mit seinen komplexen Fähigkeiten und Gefühlen herankommen wird. Doch diese Überzeugung hat in der allgemeinen Euphorie des technischen und digitalen Fortschritts derzeit keine Chance.

Die Idee, den Menschen in seinen körperlichen und geistigen Fähigkeiten weiterzuentwickeln, ist in den vergangenen Jahrzehnten vor allem im angelsächsischen Raum gekeimt. Dabei knüpfte man an die Antike, an den Humanismus der Renaissance und schließlich an die Aufklärung an.

Vor etwa 2500 Jahren brachte es der Dichter Sophokles bereits auf den Punkt, was den Menschen ausmacht; in seiner Großartigkeit, aber auch in seiner Beschränktheit. Sophokles lebte im fünften Jahrhundert vor Christus und war einer der bedeutendsten Dichter der Antike. In seiner Antigone preist er die vielfältigen Fähigkeiten und Leistungen, die der Mensch erbringen kann. Durch seine Fähigkeiten in der Seefahrt, der Landwirtschaft und in der Jagd machte er sich zum Herrn über Erde, Luft und Meere, alle Lebewesen hat er sich dienstbar gemacht. Der Mensch weiß sich überall zu helfen, er hat sich das Sprechen beigebracht, er kann so schnell denken wie der Wind, kann Städte bauen und sich vor der Natur schützen. Nur dem Tod kann er nicht entfliehen. Doch Sophokles erkannte auch die menschliche Ambivalenz, nämlich dass er all seine Fähigkeiten sowohl zum Guten als auch zum Bösen nützen könne.

Der Humanismus in der Renaissance knüpfte etwa 2000 Jahre später an diese Denkweise der Antike an. Die »Erfindung« der Renaissance wird dem Dichter Francesco Petrarca zugeschrieben, neben Dante und Boccaccio einer der Großen des 14. Jahrhunderts. Die Jahrhunderte zuvor wurden als Zeit der Finsternis, als »finsteres Mittelalter« abgewertet. Nun sollte wieder der Mensch mit seinen Fähigkeiten in den Mittelpunkt gestellt werden. Die Dominanz und Deutungshoheit der Religion wurde nicht mehr akzeptiert. In der Vorstellung der Humanisten der Renaissance löst sich der Mensch von der Transzendenz und dem Ausgeliefertsein an einen göttlichen Willen und nimmt die Dinge selbst in die Hand. Mittels eines neuen Selbstbewusstseins wird der Mensch selbst als Schöpfer und Gestalter begriffen, im Bereich der Wissenschaft, der Künste und der Technik. Er forscht, seziert, malt, baut, stellt Althergebrachtes radikal infrage und erschafft und erfindet Neues. Getragen und vorangetrieben wird dieser Humanismus von einer kleinen Elite aus Herrschern, Künstlern und Intellektuellen.

Der niederländische Gelehrte Erasmus von Rotterdam sollte dann 1511 mit seinem Aufruf »Zurück zu den Quellen« den intellektuellen Startschuss für die neue Epoche geben. Angeregt hatte ihn die intensive Beschäftigung mit den antiken Schriften, die nach dem Zusammenbruch des Oströmischen Reiches und der Flucht vieler Gelehrter nach Europa gelangt waren. Althergebrachte Weltbilder und Glaubenslehren wurden radikal infrage gestellt, neue Erkenntnisse traten an ihre Stelle. »Rinascita« – Renaissance, Wiedergeburt wurde diese Epoche schließlich genannt.

Der neue Humanismus, der »Transhumanismus« will an diese Epoche anknüpfen. Die Evolution des Menschen, die seit etwa sieben Millionen Jahren andauert, ist nach Meinung der Vertreter dieser neuen Richtung nicht nur nicht abgeschlossen. Vielmehr muss der Mensch die Evolution nicht dem Zufall der natürlichen Auslese und Entwicklung überlassen, sondern er kann sie selbst in die Hand nehmen. Und er muss auch nicht mehr so viel Zeit verstreichen lassen, bis die nächste Optimierungsstufe erreicht ist, sondern kann sie wesentlich schneller erreichen. Transhumanisten gehen also davon aus, dass der Mensch selbst die Evolution planen und steuern kann, und dies in recht kurzer Zeit, also quasi im Zeitraffer.[66]

Möglich werden soll dies aufgrund der Erkenntnisse und des Fortschritts der modernen Naturwissenschaft und mittels der modernen Technologien. Ziel ist es, die Grenzen der physischen und intellektuellen Fähigkeiten zu erweitern und zu verbessern, also den Menschen zu optimieren. Dadurch, so die Vision der Transhumanisten, sollen die Chancen auf ein erfülltes und geglücktes Leben, das möglichst lange in guter körperlicher und geistiger Verfassung gelebt werden kann, erhöht werden. Die Verfechter dieses biologistischen Lebenskonzepts haben auch eine konkrete Vorstellung und einen konkreten Plan, wie dies möglich werden soll. Und zwar durch gezielte Eingriffe in die Biologie, also in den Menschen selbst. So etwa soll durch genetische Eingriffe das Erbgut optimiert werden, um Krankheiten zu verhindern. Sie wollen den Alterungsprozess verlangsamen, ja stoppen, und so dem Traum vom ewigen Leben ein gutes Stück näherkommen. In dieser Begriffswelt sind Krankheit, Altern und Tod nicht natürliche Elemente des Lebens, sondern eine Niederlage, die man keinesfalls hinnehmen darf.

---

66   Vgl. dazu u. a. Inge Schuster, Transhumanismus – Selbstgesteuerte Evolution des Menschen. In: Imago Hominis Personalisierte Medizin I. Zeitschrift für Medizinische Anthropologie und Bioethik. Band 26, Heft 3, 2019, 132.

Die Transhumanisten beschränken sich nicht nur auf den Körper, sondern sie wollen auch die mentale Leistungsfähigkeit steigern – so wie man die Rechenleistung eines Computers steigert. Zwar wird schon längst der moderne Mensch mittels Technik und IT »aufgerüstet«, und damit in gewisser Weise zu einem hybriden Wesen. Herzschrittmacher steuern und kontrollieren den Herzschlag, setzen, wenn notwendig, die lebensrettenden elektrischen Impulse und schlagen Alarm. Armprothesen lassen sich mittels Gedanken steuern. Gelähmte können mittels Gedankensteuerung sogar Computer bedienen und schreiben. Alle diese Errungenschaften erleichtern es dem Menschen, mit seinen Unzulänglichkeiten besser zurechtzukommen. Die Technik ist somit ein Hilfsmittel, das dem Menschen dient und von ihm kontrolliert wird, damit er sein Leben selbstbestimmter führen kann, oder damit Leiden gelindert werden.

Ein völlig anderer Zugang als die Verbesserung der Lebensqualität mittels technischer Hilfsmittel ist jener, der den Menschen in seiner Unvollkommenheit mittels IT ersetzen oder transformieren möchte. Das Human Enhancement, also die Verbesserung und Optimierung des Menschen selbst, will ihn letztlich transformieren in ein anderes, perfektes Wesen. Somit wird ein neues Wesen erschaffen, das auch als Cyborg bezeichnet wird. »Verbunden mit High-Tech und Hormonen, Genselektion und Genmanipulation wird das Projekt der Verbesserung des Menschen vorangetrieben: von Human Enhancement über Anti-Aging bis zur Eugenik.«[67] Die Philosophin Mona Singer von der Universität Wien weist auf den autoritären Charakter dieser Ideen hin: »Der Transhumanismus proklamiert Menschenverbesserung durch Human Enhancement, hierin liegt nicht nur der politisch autoritäre Charakter dieses Ansatzes begraben,

---

67 Vgl. Schuster, Transhumanismus, 132.

sondern hierin liegen auch technikphilosophisch seine Missverständnisse im Hinblick auf die Beherrschbarkeit der biologischen Naturhaftigkeit des Menschen.«[68] In diesem sehr tiefgehenden Beitrag arbeitet Singer die zutiefst unmenschliche, ja gefährliche Agenda der Transhumanisten heraus und bezeichnet ihn als »Anthropozentrismus in technologischer Höchstform«.

Doch die Dinge werden nicht beim Namen genannt, sondern die Agenda der Transhumanisten tarnt sich als zutiefst ethisch, menschenfreundlich, als Weltverbesserung mit hohem moralischem Anspruch. Zusammengefasst wurden die verschiedenen Strömungen des Transhumanismus im Jahr 1999 vom britischen Philosophen Nick Bostrom und dem Neurowissenschaftler Anders Sandberg. Sie verfassten ein »Transhumanistisches Manifest«, das unter globaler Beteiligung mehrfach überarbeitet und schließlich vom Dachverband der Transhumanisten 2009 beschlossen wurde. Darin werden die Möglichkeiten der Optimierung vorgestellt, wie das Leben für die Menschen verbessert werden kann. Unter Punkt 1 heißt es: »Wir sehen die Möglichkeit, das menschliche Leistungsvermögen auszuweiten, indem Alterung, kognitive Defizite, unfreiwilliges Leiden und unsere Beschränkung auf dem Planeten Erde überwunden werden.«

Gleichzeitig werden in dem Manifest jedoch auch die Wahlfreiheit des Einzelnen betont sowie die Risiken der neuen Technologien in diesem Zusammenhang und die moralische Verantwortung im Hinblick auf künftige Generationen: »Wir erkennen an, dass die Menschheit ernsthaften Risiken ausgesetzt ist, insbesondere durch den Missbrauch neuer Technologien. Es sind realistische Szenarien denkbar, in de-

---

68 Was vom Transhumanismus übrigbleibt. In: »Medien und Zeit«, 2/2020. https://medienundzeit.at/wp-content/uploads/2020/08/MZ-2020-02-SINGER.pdf

nen das meiste oder sogar alles, was wir für wertvoll halten, verloren geht. Einige dieser Szenarien sind drastisch, andere subtil. Obwohl jeder Fortschritt Veränderung bedeutet, ist nicht jede Veränderung Fortschritt.« In diesem Zusammenhang wird die Verantwortung der Politik dringlich eingemahnt: »Die Politik sollte von einer verantwortungsbewussten und zugleich moralischen Sichtweise geleitet werden, die Chancen und Risiken ernst nimmt, Selbstbestimmung und persönliche Rechte achtet und Verbundenheit mit und Sorge um Interessen und Würde aller Menschen auf der ganzen Welt zeigt. Dazu müssen wir auch unsere moralische Verantwortung gegenüber zukünftigen Generationen berücksichtigen.« Sodann wird näher erläutert, was man unter »moralischer Verantwortung für die nächsten Generationen« versteht: Konkret genannt werden die Reproduktionstechniken, Kryonik-Verfahren, also das Einfrieren von Menschen unmittelbar nach ihrem klinischen Tod, und lebensverlängernde Therapien. Die Kryonik soll angewendet werden, damit Menschen, die an einer unheilbaren Krankheit leiden, eingefroren und wieder erweckt werden, wenn neue Heilmethoden gefunden wurden. Hunderte Menschen lagern weltweit in flüssigem Stickstoff und Tausende haben dafür eine Vorsorge getroffen. Eine wahrhaft gruselige Vorstellung, die eher zu einem Science-Fiction-Roman passen würde.

Die Reproduktionstechnik hat sich wesentlich mehr durchgesetzt, sie ist mittlerweile zum Standard geworden. So ist es heute bereits üblich, dass Embryonen im Mutterleib auf mögliche »Defekte« gescannt werden. Gesucht wird nach Erbkrankheiten, Trisomie 21 und anderen »Auffälligkeiten«, meist Gendefekte, die nicht zum Tod führen, aber eine Behinderung vermuten lassen. Ist ein Defekt gefunden, wird der Schwangeren meist zur Abtreibung geraten. Eine Grenze, ab welcher das Leben des Embryos als nicht mehr lebenswert erscheint, gibt es dabei nicht, ebenso wenig klar definierte

Gendefekte, die eine Abtreibung begründen oder gar rechtfertigen würden. Diese sogenannte »Pränataldiagnostik« ist somit ein Instrument der letztlich willkürlichen Selektion und dementsprechend umstritten. Überhaupt stellt sich in diesem Zusammenhang die Frage, nach welchen moralischen Maßstäben die Transhumanisten hier urteilen oder wonach sie sich richten. Es existiert ja keine allgemeingültige Moral, die in verschiedenen Gesellschaften und Staatsformen gleich ausgerichtet wäre, und Moral ist letztlich auch verhandelbar. Dessen ungeachtet sind die Ideen der Transhumanisten auf dem Vormarsch und haben sich in bedeutenden Bereichen bereits etabliert.

Beim Transhumanismus geht es neben der technischen Verschmelzung zwischen Mensch und Maschine mittlerweile vor allem um seinen Geist. Einer der einflussreichsten Vertreter ist der IT-Spezialist Ray Kurzweil. Er entwickelte etwa den Flachbett-Scanner und Lesegeräte für Blinde. Er vertritt die sogenannte »Singularität«, also die Verschmelzung von menschlicher und Künstlicher Intelligenz. Kurzweil hat im Silicon Valley sogar eine eigene Forschungseinrichtung gegründet, die »Singularity University«, die sich in unmittelbarer Nachbarschaft zum Hauptquartier von Google befindet. Das Google-Unternehmen »Alphabet«, das riesige Summen für die Erforschung der Künstlichen Intelligenz (KI) ausgibt, hat auch diese Universität großzügig unterstützt und Kurzweil 2021 als Chefingenieur für technische Entwicklung engagiert.

Mona Singer sieht diese Entwicklungen äußerst kritisch: »Es nimmt der Kritik am Transhumanismus gerade ethisch den Stachel, ihn nun auch mit Forschung zu starker KI und robotics zu identifizieren, denn er setzt auf better humans, auf Kryonik und Mind-uploading, auf Cyborgtechnologien in liberal eugenischem Einsatz. Und so wird auch verständlich, warum der Transhumanismus in der Person eines seiner gewichtigsten Vertreter, nämlich Nick Bostrom, sich nun als großer Gegner einer starken KI bzw. Superintelligence in Stellung bringt. In dieser Gegnerschaft kann man Anthropozentrismus und eine narzisstische Kränkung vermuten, nämlich in der Befürchtung, dass eine Superintelligenz transhumans entmächtigt zurückgelassen würde. Das Silicon Valley als Zentrum des Hightech-Kapitalismus setzt nun auf Künstliche Intelligenz und technisch autonome Systeme, seine Futurist*innen wollen nun mit KI als neue Quelle des Profits die Welt verbessern, wie sie sagen (siehe Singularity University), und nicht mehr, wie die alten Transhumanisten, old humans technologisch verbessern.«[69] In diesem Sinn kritisch äußert sich auch die Philosophin Elena Louisa Lange: »Dass die Linke einmal die totale Verdinglichung der Gesellschaft als erstrebenswertes Ziel vorschlagen würde, hatte ich lange Zeit für widersinnig, absurd, unmöglich gehalten. Und doch: wir sind genau an diesem Punkt.«[70]

Interessant in diesem Zusammenhang ist es, dass Alphabet neben anderen Internetkonzernen wie Facebook oder Amazon zu den großen Gewinnern der Pandemie gehört: 2021 erwirtschaftete Alphabet einen Nettogewinn von 76 Milliarden Dollar (67,5 Milliarden Euro) und konnte seinen Gewinn damit nahezu verdoppeln! Durch Home Office und Lockdowns verlagerten sich viele Aktivitäten ins Internet. Und auch Alphabets Werbeeinnahmen sind beeindruckend: 61 Milliarden Dollar im Jahr 2021. In diesem Jahr erlitten traditionelle Medienhäuser wie im Jahr zuvor große Verluste bei den Inseraten und geraten seither immer mehr in Schieflage. Der IT-Branche kommt das gelegen, man sieht die Zukunft des Journalismus ohnehin in der Künstlichen

---

69   Singer, Transhumanismus, 10.
70   https://netzwerk-linker-widerstand.ru/magma/2022/02/was-ist-eine-gesellschaft/

Intelligenz. Und diese kann man besser steuern als unabhängig denkende, menschliche Redakteure.

Die Singularity-Universität entwickelte sich zum Zentrum des Transhumanismus, in der sich regelmäßig Führungskräfte großer IT-Unternehmen und einschlägige Startup-Gründer einfinden. Dort kann man das Allerneueste zu den Themen Robotik, Künstliche Intelligenz, Virtuelle Realität und synthetische Biologie lernen. Aber nicht nur im Silicon Valley widmet man sich den Techniken für den Transhumanismus. Überall auf der Welt gibt es Transhumanistische Gesellschaften, Einrichtungen und Think Tanks, mit großzügiger Unterstützung der IT-Branche und von Pharmafirmen, die großen Einfluss ausüben. Internationale Forschungseinrichtungen arbeiten fieberhaft an der Weiterentwicklung der Künstlichen Intelligenz. Für Aufsehen sorgte etwa die Forschungsabteilung von Google »DeepMind«. Sie entwickelte den Supercomputer »AlphaGo«, der auf das komplizierte asiatische Brettspiel Go programmiert wurde. Das Spiel bietet derart viele Spielmöglichkeiten, dass diese nicht im Voraus programmiert werden können, AlphaGo war somit selbstlernend. Bei der Weltmeisterschaft des Go-Spiels 2016 in Seoul trat der Computer gegen den Weltbesten Lee Sedol an. Beim ersten Spiel verlor das Programm, dann jedoch gewann es alle weiteren Spiele. Anfangs waren seine Schöpfer irritiert, weil der Computer fehlerhafte Spielzüge machte. Sein menschlicher Gegner Sedol berichtete danach fassungslos, der Computer habe absichtlich falsche Spielzüge gemacht, um ihn zu täuschen, um dann doch zu gewinnen. AlphaGo hatte von seinem menschlichen Gegner die Kunst der Unlogik und Unberechenbarkeit als Strategie der Täuschung erfolgreich gelernt.

Die Lernfähigkeit des Programms war auf viele andere Anwendungen übertragbar, das war auch das Ziel der Entwickler. Ein Jahr später stellte DeepMind das Programm AlphaZero vor. Die Leistungs- und Lernfähigkeit dieses Computerprogramms stellte alle bisherigen Programme in den Schatten und war weit übermenschlich. Der Schachweltmeister Garri Kasparow meinte damals: »Die Auswirkungen sind offenbar wunderbar und weit jenseits von Schach und anderen Spielen. Die Fähigkeit einer Maschine menschliches Wissen aus Jahrhunderten in einem komplexen, geschlossenen System zu kopieren und zu überflügeln, ist ein Werkzeug, das die Welt verändern wird.« Den jungen, idealistischen Programmierern, hochbegabten Talenten aus der ganzen Welt, wurde suggeriert, sie wirkten an einer großartigen Weltverbesserung mit, dieses Programm würde die Grundlage sein für eine Verbesserung in der Medizin. Dadurch würde etwa die Diagnose automatisiert und wesentlich verbessert werden, weil auch die Erfahrungen und Erkenntnisse anderer, ja aller Fachärzte zusammengefasst und verarbeitet werden könne. Von Überwachungssystemen und Transhumanismus war nicht die Rede.

Das Unternehmen DeepMind wurde im Jahr 2014 von Google gekauft. Zuvor gehörte es mehreren Investoren, einer von ihnen war Tesla-Gründer Elon Musk. Er teilte die Euphorie des Schachweltmeisters nicht, ganz im Gegenteil. Musk äußert sich immer wieder kritisch zum Projekt. Er sorgte sich, dass Künstliche Intelligenz den Menschen nicht nur überflügelt, sondern auch immer mehr die Kontrolle über die Menschen übernimmt. Musk fordert seit dem Erfolg in Seoul, dass KI besser kontrolliert und vorsichtiger damit umgegangen werden müsse. Da Künstliche Intelligenz der menschlichen in vielerlei Hinsicht überlegen ist, wird die Maschine den Menschen letztlich beherrschen, meinen auch andere Kritiker.

Doch auch Musk ist weiter aktiv, wenn es um die Cyborgisierung des Menschen geht, der Verschmelzung von IT und Biologie. Die Methode nennt sich »Biohacking«. Er besitzt die Firma »Neuralink«, die die Leistungsfähigkeit des menschlichen Gehirns verbessern will. Ähnlich der Aufrüstung einer Festplatte soll dem Menschen ein Mikrochip ins Gehirn eingepflanzt werden. Dieser soll Leiden wie Blindheit, Lähmung oder Hörprobleme beheben. Diese Technologie, nämlich durch elektronische Reize im Gehirn Leiden zu verbessern, gibt es bereits. Aber darüber hinaus soll der Mikrochip als eine Art Datenspeicher für Erinnerungen dienen, durch den man Bilder aus dem Kopf beliebig abspeichern und bei Bedarf wieder abspielen kann. Das finale Ziel von »Neuralink« ist es, dass das gesamte Bewusstsein eines Menschen in den Chip hoch- und wieder heruntergeladen werden kann.

Was völlig utopisch klingt, ist bereits in der Umsetzung. Nach Versuchen mit Tieren werden seit Jänner 2022 menschliche Versuchspersonen gesucht, die bereit sind, sich den Chip einpflanzen zu lassen. Musk sieht das Projekt als Meilenstein und Mission, die die Welt verändern wird. Doch das wird wohl nicht geschehen: Nur wenige Wochen später wurde bekannt, dass im Zuge der Tierversuche die Mehrzahl der Versuchsaffen aufgrund der Eingriffe und Behandlungen verendeten oder eingeschläfert werden mussten. Heftig kritisiert wurde auch die grausame und für die Tiere äußerst schmerzvolle Art, wie die Versuche durchgeführt worden waren. Die Versuche am Menschen wurden daraufhin abgesagt.

Musks Vision vom »optimierten Menschen« wird daher zu Recht viel Skepsis entgegengebracht. Bioethiker etwa sehen das »Biohacking« durchaus kritisch. Ihm liege ein Menschenbild zugrunde, das den Mensch als bloßes Mangelwesen betrachte, und es sei obendrein nur ein leeres Versprechen. Es sei ethisch bedenklich, den Menschen auf diese Weise in geistiger und körperlicher Weise zu höheren Leistungen zu trainieren und letztlich umzuprogrammieren.

Cyborgs und der Homo Deus

Der Transhumanismus und die Vorstellung der Verschmelzung von Mensch und Maschine zu einem perfekten Wesen greifen letztlich auf die Götterwelt der Antike zurück. Es hat also eine spirituelle Dimension. Wie weit diese Entwicklung bereits gediehen ist, zeigt ein aktuelles Beispiel aus Japan: Im Zentempel von Kodaji in Kyoto haben sich die Mönche einen Cyborg angeschafft: Mindar. Mindar kostete eine Million Dollar und steht nun der Mönchsgemeinde vor. Er leitet die Gebete eigenständig und hat zudem Ähnlichkeit mit Kannon, der Göttin der Barmherzigkeit und des Mitgefühls. Der Androide ist nach Ansicht der Mönche deshalb auch in spiritueller Hinsicht so wertvoll, weil er unsterblich ist und dank Künstlicher Intelligenz unendliche Weisheit erwerben kann. Somit sei er selbst göttlich. Dementsprechend beten die Mönche ihn auch regelmäßig an.

Noch weiter geht der israelische Historiker und Bestseller-Autor Yuval Noah Harari, der unter anderem vom ehemaligen US-Präsidenten Barack Obama und Bill Gates hochgeschätzt wird. Hararis Zukunftsvision ist es, dass der Mensch selbst göttlich wird, ein »Homo Deus«. So betitelte er auch sein 2015 erschienenes Buch, das zu einem Weltbestseller wurde. In Hararis schöner Welt von Morgen hat der Mensch alle Bedrohungen der Vergangenheit durch seine herausragenden Fähigkeiten überwunden: Hunger, Krankheit, Armut und sogar den Tod. Daher sei es dann Zeit, sich neue Ziele zu setzen: »Erfolg gebiert Verlangen, und unsere jüngsten Leistungen drängen die Menschheit jetzt dazu, sich noch gewagtere Ziele zu setzen. Nachdem wir ein beispielloses Maß an Wohlstand, Gesundheit und Harmonie erreicht haben und angesichts unserer vergangenen Bilanz und unserer gegenwärtigen Werte werden die nächsten Ziele der Menschheit wahrscheinlich Unsterblichkeit, Glück und Göttlichkeit sein. Nachdem wir die Sterblichkeit durch Hunger, Krankheit und Gewalt verringert haben, werden wir nun darauf hinarbeiten, das Altern und sogar den Tod zu überwinden. Nachdem wir die Menschen aus bitterstem Elend gerettet haben, werden wir uns nun zum Ziel setzen, sie im positiven Sinne glücklich zu machen. Und nachdem wir die Menschheit über die animalische Ebene des Überlebenskampfes hinausgehoben haben, werden wir nun danach streben, Menschen in Götter zu verwandeln und aus dem Homo sapiens den Homo deus zu machen.«[71] Harari glaubt, dass wir gottgleich zu Schöpfern werden und Leben designen und herstellen werden, sowohl Körper als auch Gehirne, es gibt keine Grenzen des Machbaren für ihn.

Seine Logik ist bestechend einfach: Da der Mensch ein »Recht auf Leben« habe und der Tod gegen dieses Recht verstoße, sei er eindeutig ein Verbrechen gegen die Menschheit, »und deshalb sollten wir den totalen Krieg gegen ihn führen«.[72] Die Religionen hätten nicht dem Leben gehuldigt, sondern dem Jenseits, sie seien dem Tod gegenüber zu tolerant gewesen und hätten ihn als gottgewollt und positiven Bestandteil der Welt akzeptiert. »Für moderne Menschen ist der Tod vielmehr ein technisches Problem, das wir lösen können und sollen.« Und er hat diese Lösung auch schon parat: »Wir müssen nicht auf das Jüngste Gericht warten, um den Tod zu überwinden. Dazu reichen ein paar Freaks in einem Labor.«[73]

Und Harari nennt auch einige der Jünger dieser neuen Religion, etwa den bereits erwähnten Ray Kurzweil und den Gerontologen Aubrey de Grey. Zu Ehren kommt bei ihm auch Google, bei dem Kurzweil das Subunternehmen

---

71 Harari, Homo Deus, 38.
72 Ebd., 39.
73 Ebd., 41.

»Calico« gründete, dessen hochgestecktes Ziel es ist, nichts weniger als den Tod zu beseitigen. Und der Investmentfond Google Ventures investiert Milliarden in Start-up-Unternehmen im Bereich Biowissenschaften zur Lebensverlängerung. Der Transhumanist Harari kennt sich aus in der Szene, und er weiß auch von anderen Größen des Silicon Valley, die zu den »Unsterblichkeitsgläubigen« zählen, wie er sie selbst bezeichnet. Etwa den amerikanisch-deutschen Investor Peter Thiel. Dieser gab mehrfach als sein Ziel an, ewig leben zu wollen. Man könne, so der 1967 geborene Thiel, den Tod akzeptieren, ihn leugnen oder ihn bekämpfen. Er selbst wolle ihn bekämpfen. Thiel zählt zu den Größen des Silicon Valley, er hat in Facebook investiert, als es noch ein Start-up war, und mit Elon Musk gemeinsam PayPal gegründet. Und er mischt auch kräftig in der Politik mit, als Berater des US-Präsidenten Donald Trump und dessen Wahlhelfer.

Die »gefährlichste Idee« der Welt

Doch wo, so kann man einwenden, liegt das Problem? Warum sollen nicht ein paar Spinner im Silicon Valley am uralten Traum vom ewigen Leben herumbasteln, sich technisch aufrüsten oder einfrieren lassen? Wenn es ihnen Spaß macht, so lasst sie doch!

Wenn es sich nur um ein Privatprojekt einiger Superreicher handelte, wie etwa die Flüge zum Mond, wäre das tatsächlich kein Problem. Doch es geht um mehr, es geht um nichts weniger als die Zukunft aller Menschen, die sie umgestalten wollen. Sie wollen selbst Götter spielen und den »neuen Menschen« in einer von ihnen gestalteten Welt erschaffen.

Yuval Harari legt das sehr deutlich dar. Zwar verwendet er in seinem Buch auf mehr als 600 Seiten kein einziges Mal den Begriff »Transhumanismus«, und dennoch ist völlig klar, dass er genau diesen meint, wenn er von der wunderbaren Zukunft des dann göttlichen Menschen schreibt. Er zitiert ausgiebig seine Geschwister im Geiste. Bereits ab 2050 solle nach Ray Kurzweil für Menschen, die zu diesem Zeitpunkt einen gesunden Körper und ein gut gefülltes Bankkonto haben, eine reelle Chance auf Unsterblichkeit bestehen, berichtet Harari. Sie müssten nur etwa alle zehn Jahre zur Generalüberholung und Unfälle meiden. Das würde sie wohl auch zu sehr ängstlichen Menschen machen, die jedes Risiko meiden. In der schönen neuen Welt des Transhumanismus wird der Mensch ewig gesund und glücklich sein. Dies setzt allerdings einen einwandfrei funktionierenden Organismus und eine hohe Intelligenz voraus, alles andere ist ein Fehler oder Schaden, der behoben oder mittels Selektion vermieden werden muss. In dieser Welt ist kein Platz für Behinderte, chronisch Kranke oder Gebrechliche.

In der christlich-abendländischen Tradition geht man vom Wert jedes Menschenlebens aus. Kein Individuum, und sei es noch so krank und schwach, ist überflüssig. Gerade diese bräuchten die Fürsorge und das Mitleid, wie es der Religionsstifter vorgelebt hatte.

In diesem Sinne äußerte sich auch Papst Franziskus in seiner Enzyklika »Fratelli tutti«, wobei man dies sowohl auf die Umweltzerstörung als auch auf die Optimierungswut am Menschen, die Eugenik und die Selektion bei Ungeborenen, beziehen kann: »Teile der Menschheit scheinen geopfert werden zu können zugunsten einer bevorzugten Bevölkerungsgruppe, die für würdig gehalten wird, ein Leben ohne Einschränkungen zu führen. Im Grunde werden die Menschen nicht mehr als ein vorrangiger, zu respektierender und zu schützender Wert empfunden, besonders wenn sie arm sind oder eine Behinderung haben, wenn sie – wie die Ungeborenen – ›noch nicht nützlich sind‹ oder – wie die Alten – ›nicht mehr nützlich sind‹.«

Der Papst befindet sich damit in Gesellschaft auch von Naturwissenschaftlern und Philosophen. So etwa sieht die Wiener Philosophin Mona Singer eine große Gefahr darin, wenn Menschen optimiert würden, um weniger Schaden an der Umwelt anzurichten. Denn die Transhumanisten möchten einen »produktiven Beitrag zu Strategien gegen den Klimawandel« leisten. »Sie schlagen vor, Menschen nicht nur zu enhancen, sondern sozusagen nun auch zu disenhancen. Sie wollen beim Menschen als ›dem größten Treiber des Klimawandels‹ ansetzen, und dementsprechend die Menschen technologisch so verändern, dass sie weniger Ressourcen verbrauchen, um damit die Erderwärmung einzudämmen. (…) Menschen sollen technologisch so modifiziert werden, dass sie gegen rotes Fleisch allergisch werden, darüber hinaus sollen sie, gentechnisch modifiziert, kleiner werden, und intelligenter und altruistischer werden.«[74]

Die Wirtschaftsinformatikerin Sarah Spiekermann, die in Wien lehrt, ist ebenfalls eine deklarierte Kritikerin des Transhumanismus. »Im Transhumanismus verdichtet sich das negative Menschenbild zu einer Ideologie der Lieblosigkeit, in der der Mensch schlichtweg als suboptimales Auslaufmodell angesehen wird.«[75] Sie weist darauf hin, dass in den Unternehmen des Silicon Valley und an der Spitze vieler führender IT-Konzerne heute Anhänger des Transhumanismus zu finden seien. Der Mensch sei für sie ein defizitäres Wesen, das wie ein Computersystem funktioniere, das optimiert werden müsse. Der Transhumanismus gehe von der irrigen Annahme aus, dass Menschen suboptimal und daher unglücklich seien, und dies sei ein »unschönes Menschenbild«.

Der deutsche Philosoph Richard David Precht zählt ebenfalls zu den prononcierten Kritikern und meint: »Aller tech-

---

74 Singer, Medien und Zeit, 2/2020.
75 In: Der Standard, 20.4.2020.

nischer Heilsrhetorik zum Trotz ist das Paradies der Transhumanisten erschreckend banal.« Der Mensch, dem jeder Wunsch erfüllt werde, bevor er ihn geäußert habe, werde zum faulen User. Es handle sich bloß um eine »Rundum-Wohlfühl-Welt für Wohlhabende«, die aber, bei Licht betrachtet, wenig Verführerisches habe. »Dass sie artgerecht sein soll, ist eine äußerst kühne Behauptung. Doch Trans- und Posthumanisten insistieren auf ihrem hehren Ziel. Es ist es ihnen sogar wert, dass die gesamte Menschheit sich freiwillig total überwacht oder total überwachen lässt«,[76] kritisiert Precht.

In die gleiche Kerbe schlägt die Philosophin Singer, der vor allem die Eugenik der Transhumanisten als gefährlich erscheint: »Der zutiefst autoritäre Gestus eugenischen Denkens liegt darin, dass sich Individuen oder Gruppen als Elite verstehen, die sich berechtigt fühlen, anderen Menschen Maßnahmen nahezulegen, sich zu verbessern.«[77]

Der berühmte Politikwissenschaftler Francis Fukuyama hält den Transhumanismus gar für die »gefährlichste Idee« der Welt. Sie ist auch deshalb gefährlich, weil sie nicht bei der Technisierung des Menschen und letztlich der Herrschaft der Technik über den Körper Halt macht. Die Kämpfer gegen die Biologie und die Natur haben auch ein klares politisches Ziel. Der einflussreichste Mann des Silicon Valley, Peter Thiel, macht kein Geheimnis daraus, dass er wenig bis nichts von der Demokratie hält. Seiner Ansicht nach würden Firmen besser funktionieren als Regierungen, weil sie nur einen Chef hätten. Politik und Verwaltung sind für ihn Monster, die Wirtschaft und Innovation behindern. Er setzt voll und ganz auf den technologischen Fortschritt, und dies in geradezu esoterischer Weise: »Technologie ist ein Wunder, denn

---

76   Richard David Precht, Künstliche Intelligenz und der Sinn des Lebens, 145.
77   Singer, in: Medien und Zeit, online-Version 12.

sie erlaubt uns, mehr mit weniger zu erschaffen und unsere Fähigkeiten auf die nächste Stufe zu heben. (…) Dabei folgen wir keinem vorgegebenen kosmischen Programm – im Gegenteil, mit unseren Erfindungen schreiben wir den Plan der Welt ständig neu.«[78]

Sein Biograf, der Bloomberg-Journalist Max Chafkin, sieht den Einfluss und die politische Einstellung Thiels recht kritisch. Das hat auch damit zu tun, dass Thiel, entgegen dem Rest seiner Branchenkollegen im Silicon Valley, Konservativer ist und Donald Trump unterstützt hat. Dennoch sind Chafkins Beschreibungen des Einzelgängers Thiel, seines Werdegangs und Weltbilds interessant und wichtig. So zitiert er einen Satz Thiels, der dessen Weltanschauung plakativ zusammenfasst:»Ich halte Freiheit und Demokratie für nicht länger miteinander vereinbar.«[79] Wäre dies die Meinung eines schrulligen Einzelgängers, müsste man sich nicht weiter darum kümmern, und sei er auch noch so reich und einflussreich. Aber Thiel ist mit seinem Zugang, dass Firmenbosse es besser können als die Politik und die Demokratie, nicht allein.

Das Menschenbild der globalen Wirtschaftselite

Das Problem der Verschmelzung von Mensch und Technik, des Cyborgs, des Biohacking und der künstlichen Intelligenz, ist nicht nur der Optimierungswahn und dessen ethische Fragwürdigkeit an sich. Man kann es ja auch durchaus positiv sehen, wenn menschliche Schwächen ausgeglichen

---

78 Peter Thiel, From Zero to One, Vorwort.

79 Max Chefkin, The Contrarian: Peter Thiel und Silicon Valleys Streben nach Macht.

werden und damit die Welt besser wird. Das Problem ist vielmehr, dass die Maschine die Kontrolle über den Menschen erlangt. Und die totale Macht haben dann jene, die diese Technologie steuern, konzipieren und gezielt nutzen. Daran kann man die Frage des Philosophen Precht anschließen: »Vom sorgfältig selektierten Spermium über den Optimierungsprozess durch technische Verschmelzung bis hin zum mit Millionen Lösungen gefütterten effizienten Supermenschen ist der gesamte Lebensweg vorgezeichnet. Die Diktatoren des 20. Jahrhunderts hätten daran ihre helle Freude; wer werden die freundlichen Diktatoren des 21. Jahrhunderts sein?«[80] Dieser Ansatz entspricht dennoch dem, was sich Transhumanisten aktuell vorstellen.

Die Idee des Transhumanismus hat Hochkonjunktur, sie ist Teil der schönen neuen digitalen Welt, die den Menschen und sein Lebensumfeld besser machen soll. Einer der führenden Vertreter dieser Ideen ist der Gründer des World Economic Forum (WEF) Klaus Schwab. In seinem 2020 erschienenen Buch »Covid19 – The Great Reset«[81] beschreibt er den Neustart, den die Welt nach der Pandemie brauche. Auf den ersten Blick wirken Schwabs Zukunftsvisionen zutiefst humanistisch: eine schönere, bessere, gerechtere Welt, frei von Existenzsorgen. Es werde eine Umverteilung von oben nach unten geben, »von den Reichen zu den Armen, vom Kapital zur Arbeit«. Es werde auch keine Krankheiten mehr geben. So etwa sollten mittels Nanotechnologie Krankheiten im Körper selbst geheilt werden. Implantierte Chips könnten Gesundheitsdaten sammeln und rechtzeitig Alarm schlagen, wenn etwas nicht in Ordnung sei.

Auf den zweiten Blick jedoch erscheinen seine Ideen zu-

---

80 Precht, Künstliche Intelligenz, 145f.
81 Klaus Schwab, Thierry Malleret, Covid-19: The Great Reset. 2020, E-Book.

mindest fragwürdig. Denn diese Chips, so gesteht Schwab offenherzig ein, dienten auch der Standortbestimmung und Identifizierung jedes einzelnen Individuums. Und so könnten diese dazu benutzt werden, »Gedanken, die üblicherweise verbal kommuniziert werden, durch eingebaute Smartphones zu übermitteln, und potentiell nicht zum Ausdruck gebrachte Gedanken oder Stimmungen durch die Auswertung von Gehirnwellen und anderen Signalen zu erfassen«. Und als Endstufe beschreibt er den ersten Menschen, dem ein komplettes künstliches Gedächtnis eingepflanzt werde.

Schwab will somit den Traum jedes totalitären Herrschers der Weltgeschichte realisieren: nämlich auch über die Gedanken, Träume und geheimsten Wünsche seiner Untertanen Bescheid zu wissen, sie zu kontrollieren und sie zu steuern. Die Fragwürdigkeit dieses Vorhabens scheint ihm auch bewusst zu sein, wenn er einräumt, dass es bei den Menschen Angst auslöse, wenn ihre Gedanken, Träume und Wünsche entschlüsselt würden, und es somit keine Privatsphäre mehr gebe. Dies betrachtet er jedoch nicht als Hindernis dafür, solche Pläne umzusetzen, sondern dies und vieles andere müsse für den Fortschritt eben in Kauf genommen werden. Damit entlarvt sich der Humanist als Totalitarist.

Die Mitwirkenden an diesem Zukunftsszenario lassen annehmen, dass diese Ideen keine bloßen Träumereien eines Spinners sind, sondern sehr konkret und durchdacht, und dass sie mit Zielstrebigkeit umgesetzt werden sollen. Und dies bereits in wenigen Jahren. Mit an Bord seines WEF und der digitalen Revolution sind Giganten wie Bill Gates und der Vorstand von Google. Alles Persönlichkeiten, die über genügend Geld, Möglichkeiten und Willen verfügen, ihre Ziele auch umzusetzen.

Auf den ersten Blick könnte man meinen, dieses Konzept passe gar nicht zu einem Gremium, das sich der Freiheit der Wirtschaft verschrieben hat und von freiheitsliebenden

Menschen aus westlichen Industrieländern dominiert wird. Es würde viel eher zum totalitären China mit seinem weit fortgeschrittenen Kontrollsystem passen. Interessant in diesem Zusammenhang ist der starke Konnex zu China, den das WEF und Klaus Schwab persönlich aufweisen. China ist gern gesehener Gast bei den Davoser Treffen, man pflegt beste Kontakte. Klaus Schwab bewundert China, er selbst bezeichnet sich gerne als »Xiao Liu«, chinesisch für »Gefährte«, und hat ein Faible für die chinesische Lebensweise. Er ist Ehrenbürger einer chinesischen Hafenstadt und hat 2018 von Chinas Führung eine Freundschaftspreis-Medaille erhalten. Sein Sohn ist mit einer Chinesin verheiratet und leitet das WEF-Büro in Peking. Die Menschenrechtssituation in China war Schwab und dem WEF noch nie ein kritisches Wort wert, im Mittelpunkt stehen vielmehr gemeinsame Projekte und wirtschaftliche Kooperationen. So etwa hat man gemeinsam ein Projekt zu »smarten« Fieberthermometern umgesetzt. In einem Gesundheitszentrum im chinesischen Shanghai werden diese Covid-Patienten implantiert, die Temperatur wird automatisch gemessen, und die Werte werden an einen zentralen Server gesendet und überwacht.

Die Idee dieser Technologien ist, dass nach dem »Internet der Dinge« das »Internet der Körper« kommt, indem physische Daten über eine Reihe von Geräten gesammelt werden, die implantiert, geschluckt oder getragen werden können. Diese riesige Menge an gesundheitsbezogenen Daten könnten »das menschliche Wohlbefinden auf der ganzen Welt verbessern«, schreibt der WEF-Gründer. Nun, bisher hat sich diese Annahme nicht bestätigt.

Schwab gesteht ein, dass man die Pandemie dazu nütze, um die Umsetzung der »Vierten Industriellen Revolution« zu beschleunigen. Um das Potenzial dieser Technologie auszuschöpfen, müssten jedoch etliche Hürden beseitigt werden, etwa der Datenschutz. Somit gesteht er offen ein, dass die

Krise dazu genutzt werden soll, um die eigene Agenda ohne Widerstand der Bevölkerung umzusetzen. Bedenken, etwa im Hinblick auf den Schutz von personenbezogenen und Gesundheitsdaten, haben offenbar wenig Gewicht, wenn es um das Wohl der Menschheit geht. Die Umsetzung hat bereits begonnen, und China zeigt vor, was alles möglich ist.

Dass es dem WEF nicht nur um Wirtschaft, Umwelt und technische Lösungen für die Zukunft geht, sondern auch um politische Macht und Herrschaft, legt man ganz offen dar. So etwa ging es beim Treffen in Davos Anfang 2022 beim Thema »Vertrauen« letztlich um die Frage, wer die Leadership in der Welt künftig übernehmen solle. Das Fazit des WEF wurde als Schlagzeile auf dessen Website öffentlich gemacht: »Unternehmen genießen mehr Vertrauen als Regierungen. So verstärkt sich der private Sektor«, lautete der Titel. Dabei beruft man sich auf eine Umfrage, den »Edelman Trust Barometer 2022«: Von 77 Prozent der Arbeitnehmer würde demnach der eigene Arbeitgeber als vertrauenswürdigste Institution angesehen. Daher erwarteten die meisten Menschen, dass CEOs das »Gesicht des Wandels« seien. Im Klartext heißt das: Die Leute vertrauen der Politik nicht mehr, die können das auch nicht, also übernehmen wir Wirtschaftskapitäne das Steuer! Folgerichtig sprach man in Davos unter der Führung dieser CEOs mit Staatsoberhäuptern über die »Lage der Welt«, und nicht umgekehrt. Und man bleibt gerne unter sich, in der WEF-Familie: Edelman ist ein global agierendes PR-Unternehmen, vom Umsatz her gesehen, ist es das weltweit größte Unternehmen in dieser Branche. Zu seinen langjährigen Großkunden zählen unter anderen Microsoft, Pfizer und Johnson&Johnson. Der Eigentümer des Unternehmens ist Richard Edelman, der auch Agenda-Beauftragter des WEF ist. Somit schließt sich der Kreis. Das Barometer, das seit 2000 alljährlich im Auftrag des WEF durchgeführt wird, ist also eine gesteuerte, sich selbst erfüllende Prophezeiung, und damit nichts anderes als ein PR-Trick. Edelman ist wie Klaus Schwab Anhänger eines »Great Reset« und der »Vierten Industriellen Revolution«. Und er war am Event 201 federführend beteiligt, welches das WEF, die Bill und Melinda Gates Stiftung und das Johns Hopkins Center for Health Security im Oktober 2019 veranstalteten. Diese zu diesem Zeitpunkt bemerkenswerte Veranstaltung war als eine Übung für eine künftige Pandemie konzipiert, bei der wichtige Staatschefs, wie etwa Angela Merkel, mit eingeladen waren.

Wenige Monate später, im März 2020, wurde diese Übung von der Politik in die Realität umgesetzt: Fluten der Öffentlichkeit mit Zahlen, tägliche Dashboards, täglich veröffentlichte Infizierten- und Todeszahlen, die durch die Johns Hopkins University erhoben wurden. Im Nachhinein rechtfertigten sich die Veranstalter, man habe keineswegs die Pandemie vorausgesehen, sondern nur eine fiktive Pandemie aufgrund eines neuartigen Coronavirus simuliert. Doch man engagierte sich weiterhin außerordentlich und mit beeindruckenden hellseherischen Fähigkeiten: Im Oktober 2020 wurde vom WEF eine Agenda angekündigt, dass Unternehmen beim Aufbau des Vertrauens in Impfstoffe eine Rolle spielen müssten. In Österreich wurde dann tatsächlich von vielen großen Unternehmen massiv für die Covid-Impfungen geworben. Das WEF begründete das Engagement auf seiner Website bereits in der Phase, in der die Impfstoffe noch in Entwicklung und nicht einmal bedingt zugelassen worden waren, wie folgt: »Impfzögerlichkeit stellt eine große Bedrohung für die Genesung von der COVID-19-Pandemie dar. Der Aufbau und die Aufrechterhaltung des Vertrauens der Öffentlichkeit in Impfsysteme ist von entscheidender Bedeutung, und Arbeitgeber können als vertrauenswürdige Boten glaubwürdiger Informationen eine entscheidende Rolle spielen. Da 78 % der Befragten sagen, dass Unternehmen die Verantwortung haben, zum Schutz ihrer Mitarbeiter und ihrer Gemeinschaften beizutragen, initiiert das Weltwirtschaftsforum, informiert durch das kollektive Fachwissen seiner Partner, eine Koalition gleichgesinnter Arbeitgeber, die sich für den Aufbau und die Aufrechterhaltung des Vertrauens in Impfstoffe einsetzen (…). Aber hinter der Pandemie selbst lauert eine weitere Kraft – ein alarmierender Widerwille, einen Pandemieimpfstoff zu erhalten, selbst wenn er nachweislich hohe Sicherheits- und Wirksamkeitsstandards erfüllt.«

Es stellt sich die Frage, woher die Leute vom WEF zu diesem Zeitpunkt, also im Oktober 2020, als die heißersehnten Impfstoffe noch nicht einmal zugelassen waren, das alles bereits wissen konnten? Anfänglich war doch in der Bevölkerung die Begeisterung über die Impfstoffe groß. Und warum fürchteten sie die »lauernde Kraft« eines Widerwillens, also eines Widerstands der Bevölkerung so sehr? Warum war ihnen das ein so großes Anliegen? Und wenn es tatsächlich um die Beseitigung von Ungerechtigkeiten, die Ärmsten und Schwächsten ging: Warum wurde den armen Ländern von den Pharmariesen der teure Impfstoff vorenthalten und nur an die reichen Länder ausgeliefert? All diese Fragen lassen an der Ehrlichkeit und dem moralischen Anspruch der Agenda zweifeln. Vielmehr nährt es Zweifel, dass es noch um etwas ganz anderes als bloß um die Gesundheit der Weltbevölkerung geht. Es ist der WEF-Gründer selbst, der diese Zweifel nährt. Klaus Schwab lässt uns in seinem erstaunlich offenherzigen Buch »The Great Reset« tief in seine Vorstellung einer zukünftigen Welt blicken.

So etwa ist Schwab ein Verfechter von Kontrolle und Überwachung. Die Technologien der Vierten Industriellen Revolution stellen offenbar eine noch nie dagewesene Bedrohung für unsere Freiheit dar: »Die Werkzeuge der vierten industriellen Revolution ermöglichen neue Formen der Überwachung und andere Kontrollmittel, die gesunden, offenen Gesellschaften zuwiderlaufen.«[82] Dennoch plädiert er für deren Einsatz, weil »die öffentliche Kriminalität aufgrund der Konvergenz von Sensoren, Kameras, KI und Gesichtserkennungssoftware wahrscheinlich zurückgehen wird.«[83] Bei dieser Vermutung kann er sich auf Erfahrungen aus China stützen. Aber er geht noch weiter. Schwab erklärt, wie diese Technologien »in den bisher privaten Raum unserer Gedanken eindringen, unsere Gedanken lesen und unser Verhalten beeinflussen können. (…) In dem Maße, wie sich die Möglichkeiten in diesem Bereich verbessern, wird die Versuchung für Strafverfolgungsbehörden und Gerichte zunehmen, Techniken einzusetzen, um die Wahrscheinlichkeit krimineller Handlungen zu bestimmen, die Schuldfrage zu klären oder möglicherweise sogar Erinnerungen direkt aus den Gehirnen der Menschen abzurufen. Sogar beim Überschreiten einer Landesgrenze könnte eines Tages ein detaillierter Gehirnscan durchgeführt werden, um das Sicherheitsrisiko einer Person zu bewerten«[84].

Alle Dinge sollten »smart« und mit dem Internet verbunden sein, prognostiziert Schwab. Dazu brauche es überall Sensoren sowie »Datenplattformen«.[85] Auch diese Vorstellung ist in Chinas Großstädten mittlerweile Realität, wie bereits dargelegt. Doch für Schwab ist dies keineswegs verwerflich oder abschreckend, ganz im Gegenteil gerät er geradezu ins Schwärmen: Es gäbe unbegrenzte Mög-

---

82 Klaus Schwab, Die Vierte Industrielle Revolution.

83 Klaus Schwab mit Nicholas Davis, Die Zukunft der Vierten Industriellen Revolution: Wie wir den digitalen Wandel gemeinsam gestalten.

84 Ebd.

85 Schwab, Revolution.

lichkeiten, wenn Milliarden von Menschen durch mobile Geräte miteinander verbunden sind. Dazu kämen neue technologische »Durchbrüche«, wie Künstliche Intelligenz, Robotik, das Internet der Dinge, autonome Fahrzeuge, 3D-Druck, Nanotechnologie, Biotechnologie, Materialwissenschaft, Energiespeicherung und Quantencomputer. All dies würde sich dann in einer »Fusion von Technologien in der physischen, digitalen und biologischen Welt gegenseitig verstärken«[86]. Und damit ist der WEF-Gründer beim Transhumanismus angelangt, ohne diesen explizit zu erwähnen: »Diese Technologien (…) sind in der Lage, die Grenzen zwischen Körper und Geist zu überschreiten, unsere physischen Fähigkeiten zu verbessern und sogar das Leben selbst nachhaltig zu beeinflussen.«[87]

Bei aller Euphorie und transhumanistischen Ideologie ist Schwab in erster Linie Geschäftsmann, es geht also auch ums Geldverdienen: »Big-Data-Technologien« würden »neue und innovative Wege für den Dienst am Bürger und Kunden eröffnen«, und »wir werden aufhören müssen, uns dagegen zu wehren, dass Unternehmen von der Nutzung und dem Verkauf von Informationen über jeden Aspekt unseres persönlichen Lebens profitieren.«[88] In der neuen Realität der Zukunft ist alles möglich, von »aktiven implantierbaren Mikrochips«, »intelligenten Tätowierungen«, »biologischen Computersystemen« bis hin zu »individuell gestalteten Organismen«. Es gehört zur schönen neuen Zukunft, dass »Sensoren, Speicher und Schaltkreise in gewöhnlichen menschlichen Darmbakterien kodiert werden können«[89], dass »Smart Dust, Anordnungen von vollwertigen Computern mit Antennen, von de-

---

86 Schwab, Revolution.

87 Schwab, Davies, Zukunft.

88 Schwab, Revolution.

89 Schwab, Davies, Zukunft.

nen jede viel kleiner als ein Sandkorn ist, sich jetzt im Körper organisieren können«[90].

Das Ziel all dieser Entwicklungen ist eine »synthetische Biologie«, die den Programmierern und Beherrschern dieser Technologie die Fähigkeit verleihen soll, Organismen individuell zu gestalten.[91] Somit ist das Ziel des Transhumanismus erreicht, nämlich dass er zum Schöpfergott aufsteigt und den neuen, perfekten Menschen erschafft. Dazu gehört aber auch, dass das nicht perfekte Leben eliminiert wird, damit es keinen Schaden anrichten kann oder zum Ballast wird, etwa das »genetische Editieren«: Designer-Babys, die bestimmte Eigenschaften besitzen oder gegen eine bestimmte Krankheit resistent sind.[92]

Insgesamt geht es im Zusammenhang mit Krankheit und Alter nicht nur um Heilung, sondern um Vermeidung aufgrund der damit verbundenen wirtschaftlichen Folgen. In der Überalterung der Bevölkerung und den Rentenzahlungen wiederum sieht er die Wirtschaft belastet. Daher sollte das Kranke vermieden oder entfernt werden. Somit belebt Schwab – ob bewusst oder unbewusst sei dahingestellt – die Ideologie des »unwerten Lebens«.

Schwab prognostiziert neben seiner Euphorie für die schöne neue Welt aber auch den möglichen Widerstand dagegen – und wie man ihn überwinden wird: »Wir stehen an der Schwelle eines radikalen Systemwandels, der von den Menschen eine ständige Anpassung verlangt. Infolgedessen werden wir möglicherweise Zeuge einer zunehmenden Polarisierung in der Welt, gekennzeichnet durch diejenigen, die den Wandel annehmen, und diejenigen, die sich ihm widersetzen. (…) Die Gewinner könnten sogar von einer Art

---

90 Schwab, Revolution.
91 Ebd.
92 Ebd.

186

radikaler menschlicher Verbesserung profitieren, die durch bestimmte Segmente der vierten industriellen Revolution (wie z. B. die Gentechnologie) hervorgerufen wird, von der die Verlierer ausgeschlossen sind. Dies könnte zu Klassenkämpfen und anderen Auseinandersetzungen führen, wie wir sie noch nie gesehen haben.«[93] Schwab fordert daher unbeschränktes Vertrauen der Bürger und die Aufhebung des Datenschutzes.

Der 1938 Geborene macht auch einen Rückgriff auf eines jener Muster, das Hannah Arendt als eine Grundbedingung totalitärer Herrschaft erkannte, nämlich die Atomisierung der Gesellschaft: »Früher identifizierten sich die Menschen am stärksten mit einem Ort, einer ethnischen Gruppe, einer bestimmten Kultur oder sogar einer Sprache. Das Aufkommen des Online-Engagements und der zunehmende Kontakt mit Ideen aus anderen Kulturen bedeutet, dass Identitäten heute austauschbarer sind als früher (…) Dank der Kombination aus historischen Migrationsmustern und kostengünstiger Konnektivität werden Familienstrukturen neu definiert.«[94] Was das Ziel dabei ist, wenn Familienstrukturen »neu definiert« werden, und warum dies erstrebenswert sein soll, lässt der Autor offen.

Systemmanagement als neuer Totalitarismus

Das Ziel ist offenbar Kontrolle von oben. Schwab bezeichnet dies als »Systemmanagement der menschlichen Existenz«. So als wären der Mensch und die Gesellschaft ein Computersystem, das man kontrollieren, optimieren und durch einen Administrator mit weitreichenden Rechten ma-

---

93   Schwab, Revolution.
94   Ebd.

nagen kann. Angestrebt wird eine Systemführerschaft, eine gemeinsame Vision für den Wandel. Dabei will er alle »Akteure der globalen Gesellschaft« einbinden: Einzelpersonen, die Führungskräfte in der Wirtschaft, die gesellschaftlichen Einflussnehmer und die politischen Entscheidungsträger.[95] Praktischerweise hat das WEF diese bereits versammelt und beeinflusst, von der UNO über die WHO bis hin zu Staats- und Regierungschefs und der EU-Kommissionspräsidentin.

Das im Juli 2020 veröffentlichte Buch »Covid-19: The Great Reset«[96] will »Vermutungen und Ideen darüber anstellen, wie die Welt nach einer Pandemie aussehen könnte und vielleicht auch sollte.« Covid-19 sei zwar eine der am wenigsten tödlichen Pandemien, die die Welt in den letzten 2000 Jahren erlebt hat, und es handle sich nicht um eine existenzielle Bedrohung oder um einen Schock. Diese Krise soll dennoch genützt werden, um die Sache der Transhumanisten und der Transformation rascher voranzubringen, so wie Krisen in der Geschichte oft Katalysatoren für Neues gewesen seien: »Der Zweite Weltkrieg war der Inbegriff eines Transformationskriegs (...). Natürlich gibt es grundlegende Unterschiede zwischen einer Pandemie und einem Krieg, aber das Ausmaß ihrer transformativen Kraft ist vergleichbar. Beide haben das Potenzial, eine transformative Krise von bisher unvorstellbarem Ausmaß zu sein.«

Trotz aller Beteuerungen des Humanen und Friedlichen ist es doch offenkundig, dass Schwab im Zusammenhang mit der Transformation häufig kriegerisches Vokabular verwendet, und dies nicht nur im Hinblick auf die Pandemie: »Einige Führungskräfte und Entscheidungsträger, die bereits an

---

95   Schwab, Davies, Zukunft.

96   Klaus Schwab, Thierry Malleret, Covid-19: The Great Reset (2020), E-Book. Edition 1.0. Auch alle weiteren Zitate entstammen, sofern nicht anders angegeben, diesem Text.

vorderster Front im Kampf gegen den Klimawandel standen, wollen den Schock, den die Pandemie verursacht hat, vielleicht nutzen, um langfristige und umfassendere Umweltveränderungen durchzuführen. Sie werden die Pandemie ›gut einsetzen‹, indem sie die Krise nicht ungenutzt verstreichen lassen.«[97] Mit dieser Formulierung ist die Katze endgültig aus dem Sack, und es verwundert nicht, dass dieser Satz Schwabs heftig kritisiert wurde. Das ändert jedoch nichts daran, dass diese Methode recht gut funktioniert, und dies nicht zum ersten Mal. Schwab und seine Brüder im Geiste haben es nicht erfunden, aber sehr gut verstanden, wie man Schockwellen ausnützt. Er selbst verweist auf die Terroranschläge vom 11. September 2001, nach denen überall auf der Welt neue Sicherheitsmaßnahmen eingeführt wurden.

Das WEF will also die Pandemie und danach die Klimakrise benutzen, um die Vision einer Global Governance voranzubringen. Darunter versteht man die Zusammenarbeit global agierender Institutionen, wie zum Beispiel der Vereinten Nationen, der Weltbank, der Welthandelsorganisation (WTO), des internationalen Währungsfonds (IMF) und Nichtregierungsorganisationen. Eng verbunden ist man auch mit der WHO, mit der man immer wieder gemeinsame Initiativen setzt. Und schließlich ist deren größter privater Geldgeber die Bill und Melinda Gates Stiftung. Wie vorausschauend ist es doch, dass das WEF seit vielen Jahren exakt diese Organisationen und deren Repräsentanten eng in seine Organisation und seine Veranstaltungen eingebunden hat. Und im Mittelpunkt steht dabei stets einer: Klaus Schwab. Er ist sozusagen der weise Philosophenkönig, wie er Platon in seinem »Idealen Staat« vorschwebte, nur eben global agierend.

Und es gibt für ihn und seinen Weisenrat, der der Welt

---

97   Schwab, Malleret, The Great Reset.

und ihren Bürgern zu ihrem Glück verhelfen will, viel zu tun. Für sie ist die Pandemie der perfekte Katalysator für die »digitale Transformation«. Nach Ansicht Schwabs sind Pandemie und Klimafrage eng verwoben: »Während bei einer Pandemie die Mehrheit der Bürger der Notwendigkeit von Zwangsmaßnahmen zustimmt, wird sie sich im Falle von Umweltrisiken, bei denen die Beweise umstritten sind, gegen eine restriktive Politik wehren.«[98]

Wir erinnern uns, dass eine der Methoden und Kennzeichen der totalitären Herrschaft in der Isolation der Menschen besteht, um sie besser zu beeinflussen und zu kontrollieren. Dies schwebt auch Klaus Schwab vor, und die Pandemie liefert eine perfekte Blaupause für eine künftige industrielle Revolution. Denn Automatisierungstechnologien seien besonders gut für eine Welt geeignet, in der die Menschen einander nicht zu nahe kommen können oder bereit sind, ihre Interaktionen zu reduzieren. Der Zwang während der Pandemie, die »kontaktlose Wirtschaft« um jeden Preis voranzutreiben, und die daraus resultierende Bereitschaft der Regulierungsbehörden, dies zu beschleunigen, bedeute, dass es keine Hindernisse gebe.

Als ein zu überwindendes Hindernis identifiziert Schwab die Weigerung der Menschen, sich überwachen zu lassen. So etwa würden Contact-Tracing-Apps nur funktionieren, wenn ausnahmslos alle bereit seien, diese Apps zu installieren und ihre Daten an die Behörden weiterzugeben. Auch in Unternehmen gehe der Trend hin zu vermehrter Überwachung, etwa mittels Messung der Körpertemperatur durch Wärmebildkameras oder der Einhaltung des Social Distancing.

Man sollte nicht denken, dass es sich bei all diesen Thesen bloß um die krausen Ideen eines Größenwahnsinnigen handelt. Vielmehr genießt diese Agenda die Unterstützung einiger

---

98   Schwab, Malleret, The Great Reset.

der reichsten, potentesten und einflussreichsten Menschen der Erde. Auch sie sind der Ansicht, dass sie es als globale Elite in der Hand haben, ja dass es ihre Verantwortung ist, die Zukunft der Menschheit zu gestalten. Denn die breiten Bevölkerungsschichten wären dazu nicht in der Lage, das Instrument der Demokratie und die Politik hätten in den großen Krisen versagt. In diesem Zusammenhang ist es auffallend, dass unter jenen Ländern, die an den Pandemiemaßnahmen am längsten festhielten und diese am restriktivsten anwendeten, fast alle Regierungschefs oder entscheidungsbefugten Minister ein Naheverhältnis zum WEF pflegen oder gar dessen Mitglieder sind. Zu den Hardlinern in der Pandemie zählt Kanadas Premier Justin Trudeau, einer der Young Global Leaders des WEF. Auch Trudeaus Stellvertreterin Chrystia Freeland und zwei weitere Minister seines Kabinetts sowie Kanadas EU-Botschafter sind aktive Mitglieder von Organisationen des WEF. Zur gleichen Zeit, als in den benachbarten USA die Einschränkungen wegen der Pandemie aufgehoben wurden, verschärfte Trudeau die Gangart. Im Jänner 2022 demonstrierten daher zahlreiche LKW-Fahrer gegen die schikanösen Quarantäne-Bestimmungen, ein Convoi legte Ottawa lahm, den Protesten schlossen sich große Teile der Bevölkerung an. Trudeau tauchte zunächst unter, um sodann den »nationalen Notstand« auszurufen. Eine außerordentliche Maßnahme, die zuletzt 1970 Trudeaus Vater als Regierungschef ergriffen hatte. Der Liberale Justin Trudeau gab den Befehl, mit aller Härte gegen die Demonstranten vorzugehen. Weiters setzte die Polizei Tränengas gegen friedliche Demonstranten vor dem Regierungssitz ein, es kam zu Massenverhaftungen und Gewaltanwendung. Schließlich ordnete Trudeau sogar an, die Bankkonten der Demonstranten und ihrer Unterstützer zu sperren. Dies war durch einen vorherigen Datenaustausch zwischen den Banken und den Behörden möglich. Ein in einer Demokratie unerhörter Vorgang!

Auch der ehemalige deutsche Gesundheitsminister Jens Spahn, dem das Management der Pandemie oblag, der österreichische Kanzler Sebastian Kurz, der bis Herbst 2021 im Amt war, die Ministerpräsidentin Neuseelands, Jacinda Ardern, sowie der französische Ministerpräsident Emmanuel Macron sind Mitglieder der WEF-Organisation Young Global Leaders. Kurz und seine Regierungskollegen missachteten mehrfach die Verfassung, etliche ihrer Verordnungen mussten daher wieder zurückgenommen werden. Und Frankreich hat mit Macron einen Präsidenten, der zunehmend autokratisch regiert. Der französische Verfassungsrechtler Dominique Rousseau etwa kritisierte, der Präsident neige dazu, völlig allein Entscheidungen zu treffen, und damit die Gewaltenteilung zu schwächen. Viele Beschlüsse seien in einem »Verteidigungsrat für die Gesundheit« gefällt worden, der keine echte verfassungsrechtliche Basis habe. Danach habe er sie im Fernsehen verkündet und das Parlament gebeten, zu bestätigen, was er allein entschieden habe.[99]

Die Kritik an Macron wurde immer lauter, seine Chancen bei der Wahl im April 2022 sanken. Doch dann wendete sich das Blatt: Durch den Krieg in der Ukraine stiegen Macrons Werte. Jene seiner Konkurrentin, Marine Le Pen, die im Jänner noch geführt hatte, sanken. Ihr wurde ihre frühere Nähe zum russischen Präsidenten zum Verhängnis.

Sehr starke Nahebeziehungen zu Klaus Schwab und dem WEF pflegt Italiens Ministerpräsident Mario Draghi. Letzterer war als Präsident der Europäischen Zentralbank Dauergast bei den WEF-Treffen, was an sich ja nicht ungewöhnlich ist. Auffallend ist es jedoch, dass der nicht demokratisch gewählte, sondern vom italienischen Präsidenten als Experte bestellte, zupackende Draghi mit Schwab gemeinsam das Davoser Treffen im Jänner 2022 vorberei-

---

99 Deutschlandfunk, 24.2.22.

tete. Eine ungewöhnliche Aufgabe für einen Ministerpräsidenten. Und Draghi ist ebenfalls einer derjenigen, die hart durchgreifen, was einem Teil der Italiener zusagt, die sich nach Ordnung sehnen, den anderen Teil jedoch auf die Straße treibt und sie veranlasst, den autokratischen Führungsstil des Ex-Bankers lautstark zu kritisieren. Denn Draghi neigte immer mehr dazu, das Parlament zu umgehen, etwa indem er den seit Jänner 2020 geltenden Ausnahmezustand nicht beendet hatte. Als zu Beginn dieses Jahres der Ausnahmezustand neuerlich verlängert wurde, waren das Murren und die Proteste nicht mehr zu überhören, Zehntausende gingen in ganz Italien auf die Straße. Eigentlich darf in Italien laut Verfassung ein Ausnahmezustand nur maximal 24 Monate dauern, plus einer Verlängerung um 60 Tage. Diese Frist war ausgeschöpft. Im Parlament regte sich ebenfalls Protest. Die Opposition forderte ein Ende des Notstands und kritisierte, dass Draghi und sein buntes Kabinett aus Experten und Politikern auf Vertrauensabstimmungen zurückgreifen würden, um das Parlament zu umgehen. Damit sei die Demokratie gefährdet.

Am 23. Februar wurde im Parlament die von der Regierung geplante, heftig umstrittene Impfpflicht für alle ab 50 Jahren debattiert. Es kam zu turbulenten Szenen, die Sitzung musste unterbrochen werden. Tags darauf verkündete Draghi ein endgültiges Ende des Ausnahmezustands mit 31. März. Nur einen Tag später jedoch beschloss die Regierung ein neues Dekret: Auf Initiative Draghis wurde der Ausnahmezustand um weitere drei Monate verlängert. Diese Aktion kam völlig überraschend, quasi über Nacht. Als offizielle Begründung für die neuerliche Verlängerung wurde seitens der Regierung diesmal nicht die Pandemie, sondern der Krieg in der Ukraine genannt. Damit solle die Durchführung »dringender Interventionen« ermöglicht werden – was immer das heißen mag. Am 26. Februar meldeten die italienischen Zeitungen plötzlich, dass Premier Draghi erneut einen Ausnahmezustand für die Dauer von drei Monaten ausgerufen habe. Diesmal nicht wegen der Pandemie, sondern wegen der Krise in der Ukraine. Der Text des Gesetzesdekretes lautete: »Der Ministerrat hat auf Vorschlag von Präsident Mario Draghi die Ausrufung des Ausnahmezustands für eine Intervention im Ausland als Folge der Ereignisse auf dem Territorium der Ukraine beschlossen.«

Für die Italiener kam diese Aktion völlig überraschend, viele bekamen es gar nicht richtig mit, weil man dachte, der Ausnahmezustand würde ohnehin enden. Es stellt sich die Frage, wozu der italienische Ministerpräsident so weitreichende Befugnisse braucht für einen relativ fernen Konflikt? Kein anderes EU- oder NATO-Land rief wegen der russischen Invasion den Ausnahmezustand aus, nicht einmal die Nachbarstaaten. Niemand hinderte Draghi, der sich nie einer Wahl gestellt hatte, sondern zum Amt des Premiers »eingeladen« worden war, an diesem Verfassungsbruch; auch nicht der 80-jährige und politisch zurückhaltende Präsident Sergio Mattarella, früherer Verfassungsrichter, der erst im Jänner 2022 zu einer weiteren Amtsperiode überredet worden war. Es entsteht der Eindruck, dass Draghi einen neuen Vorwand gesucht hatte, um sich nicht mit dem Parlament und den mühsamen Entscheidungsfindungen herumschlagen zu müssen, und eine autoritäre Regierung bevorzugt. Er, der Macher aus der Finanzwelt, der den Politikern zeigt, wie es geht, und hart durchgreift.

Zum Kreis der Hardliner in der Covid-Krise zählte auch Australien. Dessen liberaler (!) Premierminister Scott Morrison schickte das Land in einen monatelangen Lockdown, ließ nicht einmal die eigenen Bürger ins Land zurück und fuhr eine Null-Covid-Strategie. Dies trug ihm immer mehr Kritik selbst von den eigenen Wählern ein, die die Maßnahmen für überzogen erachteten. Bald stellte man auch einen

194

Zusammenhang mit dem Programm des WEF und Morrisons Agenda einer »digitalen Transformation« her. So etwa schrieb die regierungskritische »The Richardson Post« anlässlich des öffentlichen Lobes für Morrison durch den Präsidenten des WEF Borge Brende: »In dem Wissen, dass das Weltwirtschaftsforum bestrebt ist, die Energieinfrastruktur der Welt zu verändern, d. h. uns in die Steinzeit zurückzuschicken, und in dem Wissen, dass Morrison den Ministerpräsidenten der Bundesstaaten bereits erlaubt hatte, die Covid-Tyrannei umzusetzen, während er vorgab, wie der Gute auszusehen, argumentierten wir, dass er wahrscheinlich Befehle von internationalen Institutionen entgegennahm, anstatt auf seine eigene Wählerschaft zu hören. Dies macht den folgenden Clip, in dem ein WEF-Sprecher ScoMo dazu beglückwünscht, Australiens ›digitale Transformation‹ und ›Energiewende‹ voranzutreiben, sehr interessant.«[100] Morrison plant, wie die EU, eine digitale Identität für alle Bürger einzuführen, was auch der WEF anstrebt. Und EU-Kommissionspräsidentin Ursula von der Leyen ist eine Verehrerin Schwabs, Dauergast beim WEF und Mitglied des »Board of Trustees« des WEF. Von der Leyen hat vielfach unter Beweis gestellt, dass sie die Agenda des WEF eifrig vorantreibt. Weitere Mitglieder sind unter anderen Notenbankpräsidentin Christine Lagarde, Lawrence D. Fink von BlackRock und André Hoffmann vom Pharmariesen Roche.

Auf den ersten Blick passt es nicht ins Bild, dass sich auch Russlands Präsident Wladimir Putin der Agenda des WEF zur digitalen Transformation angeschlossen hat. Er unterzeichnete im Oktober 2021 ein Abkommen und ist bereits in die »Vierte Industrielle Revolution« eingestiegen: das Internet der Dinge und Künstliche Intelligenz. Praktiziert wird in Russland bereits die Gesichtserkennung als Zahlungsmittel

---

100   The Richardson Post, 21.1.22.

bei öffentlichen Verkehrsmitteln wie etwa der U-Bahn. Dies soll den Bürgern mehr Bequemlichkeit im Alltag bringen, so die offizielle Argumentation. Doch ein Blick ins benachbarte China zeigt, dass diese Technologie noch ganz anderen Zwecken dienen kann. Dies mag ein Hinweis darauf sein, was sich der ehemalige WEF-Young Global Leader Putin von der Digitalisierung aller Lebensbereiche verspricht. Und man sollte angesichts der Beteiligung Putins an Programmen des WEF nicht vergessen, dass er ein gelernter Agent ist. Spätestens seit dem Ausbruch des Ukraine-Konflikts und dem Einmarsch russischer Truppen weiß man, dass Putin seine eigene Agenda hat, und die besteht sicherlich nicht in einer friedlichen Transformation.

Die CEOs der bedeutendsten globalen Unternehmen unter dem Dach des WEF sind also der Ansicht, es besser zu können als die Politik. In demokratischen Prozessen sehen sie ein Hindernis. Bisher hatte die Politik das Handeln bestimmt und der Wirtschaft die Spielregeln vorgeschrieben. Künftig soll es umgekehrt werden. Aber nicht, weil die Tycoons die Herrschaft an sich reißen wollen, oh nein! Sondern weil sich die Menschen dies wünschen, weil sie mehr Vertrauen haben, weil sie es ihnen mehr zutrauen als ihren Politikern. Das ist die Erzählung, die von der Wirtschaftselite aufgebaut wird. Wie gut, dass es genau diese Firmen und ihre Chefs oder Gründer sind, die auch die Möglichkeiten haben, die Agenda umzusetzen. Sie haben das Geld und die technischen Möglichkeiten in der Hand, die Kontrolle zu übernehmen. Man muss sie nur lassen, oder besser: Man muss sie darum ersuchen. Dann steht der globalen Weltelite aus Finanz und IT nichts mehr im Wege.

Es irritiert diese Elite, die an die Allmacht der Technik und der Digitalisierung glaubt, nicht, dass sie mit ihrer Ideologie längst gescheitert ist, ja scheitern muss. Die Natur warnt uns ständig und weist uns in unsere Schranken, ob durch Tsunamis, Lawinen, Dürre, Krankheit und letztlich den Tod. Der Philosoph Peter Kampits formulierte es so: »Im Grunde hängen wir allen Warnungen durch die Natur zum Trotz immer noch unserem durch Technologie und Wissenschaft zementierten Herrschaftswahn an. Wir haben die aus der Ethik stammende Frage, ob wir wirklich alles machen sollen, was wir wissenschaftlich-technisch können, bis heute nicht ernst genommen. Oder anders formuliert: Die Verbindung von Globalisierung, Ökonomie und Digitalisierung ist aus dem Ruder gelaufen.«[101]

Dennoch glauben die Verfechter des digital-technologischen Fortschritts, dass damit alle Probleme endlich und energisch gelöst werden können: die Gesundheitskrise, die Umweltkrise, militärische Krisen – einfach alles. Das Opfer dafür ist laut WEF-Gründer Schwab ja nur gering, nämlich die Aufgabe der persönlichen Freiheit. Schwab nimmt somit die Zerstörung der Grundrechte zugunsten eines globalen Gesundheits- und Öko-Totalitarismus in Kauf, ja strebt sie sogar an. Der Begründer der Österreichischen Schule der Nationalökonomie Carl Menger warnte vor den »unbeabsichtigten Folgen absichtsgeleiteter menschlicher Handlungen«. Bereits im Jahr 1972 warnte der Club of Rome vor einer Zerstörung der Umwelt. Als größte Bedrohung für die Menschheit erachtete man damals die Überbevölkerung. So viele Menschen könne die Erde nicht ernähren, sie würden zu viel Schaden anrichten. Darauf fußt der Plan zur Rettung der Welt.

Das sieht auch das WEF ganz klar. Und Bill Gates engagierte sich ebenfalls nicht nur für Medikamente und Impfstoffe für ärmere Länder, sondern auch für Geburtenkontrolle. Das Thema begleitete ihn von Kind an, denn bereits sein Vater war Direktor von »Planned Parenthood«, einer NGO,

---

101 Der Pragmaticus, 10.2.22

die sich in den USA für »reproduktive Medizin« einsetzt und im ganzen Land Abtreibungskliniken betreibt. Gates und seine mittlerweile geschiedene Frau Melinda haben große Summen für die Eindämmung von Krankheiten in der Dritten Welt gespendet, wie etwa Malaria und Kinderlähmung. Gleichzeitig wollten sie auch Verhütungsmethoden in diesen Ländern etablieren. Das kann man gut damit argumentieren, dass zu viele Schwangerschaften die Frauen und Familien in steter Armut halten und sie ihre Kinder nicht ernähren können. Kritisch gesehen wurde jedoch, dass mitunter diese beiden Themen, Eindämmung von Krankheiten und Verhütung, miteinander verknüpft wurden.

Die »Vierte Industrielle Revolution« und ihre Akteure

Wer sind nun diese Akteure, die das Heft des Handelns in die Hand nehmen, die es besser machen wollen als die Politik? Die die Politik beraten, steuern und im Hintergrund Einfluss ausüben? Einen davon, Richard Edelman, haben wir schon kennengelernt. Der Großteil jedoch stammt aus der Elite der weltgrößten IT- und Finanzriesen. Es handelt sich also um Vertreter des Digital-Finanz-Komplexes. Aus dem Bereich IT sind dies Amazon, Apple, Facebook, Microsoft und Alphabet. Die Vertreter des Finanzkomplexes sind weniger bekannt, nämlich der Investmentriese BlackRock und die Vermögensverwaltung Vanguard. Letztere rittert mit BlackRock um den ersten Platz unter den Vermögensverwaltungen weltweit. 2022 hatte BlackRock mit zehn Billionen Dollar an Assets die Nase vorne. Ihr Umsatz zeigt seit 2013 steil nach oben. Zum Vergleich: Das Bruttoinlandsprodukt der EU betrug im Jahr 2020 insgesamt 13 Billionen Euro. Das ist weniger als das Vermögen, das BlackRock und Vanguard verwalten. Sie besitzen damit eine höhere Finanzkraft als alle EU-Länder zusammen. BlackRock gehörte zu den Gewinnern der großen Finanzkrise 2008. Es war von der US-Regierung mit der Überwachung und dem Management der Krise beauftragt worden und konnte danach zur weltweiten Nummer eins aufsteigen. BlackRock steht wegen seiner finanziellen Potenz immer wieder in der Kritik. Durch die Verflechtung mit den Zentralbanken und der Politik wird dem Unternehmen vorgeworfen, dies für eine Einflussnahme zu nützen. Tatsächlich hat BlackRock eine Agenda, die der Konzern auch offenlegt, etwa im Bereich Umweltschutz. Ob und inwieweit der Vermögensverwalter im Zuge seiner Beratertätigkeit für Zentralbanken und Regierungen auch bei anderen Themen Einfluss nimmt, kann niemand mit Bestimmtheit sagen. Aber allein die Konzentration eines derart riesigen Vermögens, die Beteiligung an Pensionsfonds und Wohnungsgesellschaften wie etwa in Deutschland, bedeutet an sich eine ungeheure Machtposition.

Die Verflechtungen in der Finanzwelt sind eng. So sind die beiden Vermögensverwaltungen zwar Konkurrenten, aber auch aneinander beteiligt. Man verfolgt die gleichen Interessen. Vanguard hält auch wesentliche Beteiligungen unter anderem an Apple und Alphabet, der Dachgesellschaft von Google. Damit kommen wir zum zweiten großen Komplex der globalen Wirtschaft, nämlich dem Bereich IT. Dieser ist wiederum mit dem Finanzbereich eng verwoben, mit gegenseitigen Beteiligungen. Die Digitalkonzerne standen im Mittelpunkt der Dritten Industriellen Revolution. Deren Börsewert beträgt heute etwa zehn Billionen Dollar. Nicht zufällig stammen die vermögendsten Menschen weltweit aus dieser Branche. Lange Zeit galt Microsoft-Mitbegründer Bill Gates als reichster Mann der Welt. Durch das Internet und die fortschreitende Digitalisierung wachsen das Volumen und der Einfluss der Digitalkonzerne immer mehr. Sie haben immer mehr Macht durch ihre Software und vor allem durch das Sammeln von Daten.

Die Macht der IT-Konzerne zeichnete sich bereits Ende der 90er Jahre ab, der hellste Stern am Himmel war Bill Gates. Das von ihm in atemberaubender Geschwindigkeit zum globalen Erfolg geführte Unternehmen »Microsoft« dominierte schon damals den Weltmarkt. Nach dem anfänglichen Jubel machte sich bald Skepsis, ja Besorgnis breit ob dieser Übermacht, diesem neuen Monopol. Der damals recht kritische »Spiegel« schrieb in einem umfangreichen Porträt über die Ambitionen des Shooting-Stars: »Gates über alles, im Himmel und auf Erden? (…) Noch ist die Bedrohung durch den Mann aus Seattle nur eine düstere Vorahnung. Noch fügen sich die verzweigten Teile seines Imperiums nicht zu einem undurchdringlichen Netz, das keine Lücke mehr für andere ließe. Doch erstmals hat Gates die Gesellschaften ganzer Kontinente gegen sich aufgebracht. Sein Expansionsdrang bescherte ihm einen unkalkulierbaren Gegner: die Politik. Im Umgang mit den Regierenden ist Bill Gates, bisher nur Streichelpartner der Politiker, gänzlich unerfahren. Für das in Amerika unerläßliche Lobbying hat er in der Vergangenheit nicht viel Geld ausgegeben. Die Gesetzesmaschine in Washington, die Kartellbestimmungen in Japan und Brüssel haben seine Firma noch nie sonderlich interessiert. Erst jetzt beginnt er, eine Lobbytruppe aufzubauen. Vielleicht zu spät für ihn. Längst hat sich eine Stimmung aufgestaut, die sich mit Urgewalt über dem Microsoft-Imperium entladen könnte. Nichts ist mehr undenkbar: Joel Klein, Chef der US-Antitrust-Behörde, spekulierte bereits über eine Zerschlagung des Software-Unternehmens – in eine Firma für Betriebssysteme und eine Firma für Software-Anwendungen. Der Netzspediteur Gates könnte dann nicht mehr über den Inhalt des Frachtguts und die technische Ausgestaltung der Datenbahnen entscheiden. In der Geschichte der USA gab es schon einige Male derart radikale Beschlüsse. Erst 1984 wurde der Telefonriese AT&T zerlegt, auch der Aufstieg des Öl-Milliardärs Rockefeller endete 1911 mit der spektakulären Aufsplittung der Standard Oil Company.«[102]

Dieser aufschlussreiche Artikel analysiert sehr genau, worin das Trauma und die eigentliche Ambition des IT-Unternehmers bestehen. Und er lässt erahnen, in welchen Bereichen das Gates-Imperium stark nachgebessert hat: im Lobbying und in der Beeinflussung der öffentlichen Meinung. Die Politik, die Regierungen sind für ihn nicht nur ein Ärgernis, die ihn in seinen Aktivitäten und seiner Kreativität hemmen. Sie sind viel mehr, nämlich eine ständige Gefahr für sein Imperium, das sie zerschlagen, und damit zerstören könnten. Somit gibt es nur einen Weg: die Kontrolle der Politik durch die globalen Unternehmen. Und hier kreuzen sich Gates' Interessen und Ambitionen mit jenen des WEF. Aber da Geld- und Machtgier sich schlecht verkaufen lassen, ummäntelt man beinharte Eigeninteressen mit Philantropie und Weltverbesserung. Wie wenig ernst das gemeint ist, erkennt man etwa daran, dass trotz Klimarettungs-Propaganda und CO_2-Ausstieg diese globale Elite weiter mit dem Privatjet um die Welt fliegt und ihre Luxusspielzeuge samt Superjachten aus der CO_2-Besteuerung ausnehmen will.

Gates und Seinesgleichen sind, und das kann man ihnen nicht übelnehmen, man darf es aber nicht vergessen, vor allem eines: Geschäftsleute. Ihr Engagement ist daher stets strategisch. Neben bloßen Beteiligungen werden die beiden Bereiche – Finanz- und Digitalkomplex – auch inhaltlich immer enger verwoben. So etwa gingen im April 2020 BlackRock und Microsoft eine Partnerschaft ein: Die Anlage- und Betriebsplattform von BlackRock, Aladdin, wurde in die Cloud von Microsoft integriert. Dadurch sollten die

---

102   Der Spiegel, 12/1998.

Rechenleistung erhöht und neue Anwendungen ermöglicht werden. Doch es gab noch ein strategisches Ziel, eine Mission, die auf den ersten Blick sehr ehrenwert erscheint. Im offiziellen Statement zur Zusammenarbeit hieß es: »Im Einklang mit dem Engagement beider Unternehmen für Nachhaltigkeit werden BlackRock und Microsoft auch an Initiativen zusammenarbeiten, die Technologien nutzen, um Nachhaltigkeitsdaten und -analysen zu verbessern und zu erweitern. Der Mangel an standardisierten, qualitativ hochwertigen Daten bleibt eine erhebliche Hürde für das Verständnis der Auswirkungen nachhaltigkeitsbezogener Risiken auf Anlageportfolios und Unternehmensleistung. Big Data, maschinelles Lernen und KI können alle eine entscheidende Rolle bei der Verbesserung des Zugangs zu Nachhaltigkeitsdaten sowie deren Auswirkungen und Qualität spielen.«[103] Um welche Daten in welchen Bereichen es sich dabei genau handelt, wird nicht näher ausgeführt.

Einfluss auf Politik

Das ist aber nur ein Teil des Problems dieses undurchsichtigen Komplexes. Ein weiterer ist, dass dieser Komplex direkten Einfluss auf die Politik und die Wirtschaft der westlichen Industriestaaten ausübt. So etwa sind die Zentralbanken an BlackRock beteiligt. Doch dies bedeutet nicht, dass die Zentralbanken den Giganten kontrollieren oder steuern, sondern es ist mittlerweile umgekehrt. Dieser kann die Geldpolitik und die Zinspolitik der Zentralbanken beeinflussen und damit die Wirtschaft und die Wirtschaftspolitik der be-

---

103 https://news.microsoft.com/2020/04/07/blackrock-and-microsoft-form-strategic-partnership-to-host-aladdin-on-azure-as-blackrock-readies-aladdin-for-next-chapter-of-innovation/

treffenden Länder. Auch nimmt BlackRock direkt Einfluss auf die Unternehmenspolitik der Unternehmen, an denen es Beteiligungen hält. Jährlich ergeht ein Schreiben seines CEO Larry Fink an alle Unternehmensleitungen, in dem die Leitlinien vorgegeben werden. Im Mittelpunkt dieses stets viel beachteten Briefes an die Unternehmer stand im Jahr 2021 der Klimawandel und das Ziel, bis 2030 die Emissionen auf »netto null« zu reduzieren. So etwa soll die Dekarbonisierung vorangetrieben werden, also der Ausstieg aus Kohle, Öl und Gas. Das soll dem hehren Ziel des Klimaschutzes dienen, hat aber noch andere politische und wirtschaftliche Folgen. Damit wird etwa die Atomkraft wieder attraktiv, was die Atomlobby mächtig freut. Und gleichzeitig werden Russland und die arabischen Staaten geschwächt, weil man von deren Rohstoffen weniger abhängig ist und sie weniger Einnahmen lukrieren.

In seinem Schreiben zu Beginn des Jahres 2022 machte Fink auf den ersten Blick einen bemerkenswerten Schwenk, zurück zu den Wurzeln. Er betonte darin, dass es beim Stakeholder-Kapitalismus nicht um Politik gehe. »Es ist keine soziale oder ideologische Agenda. Es ist nicht ›woken‹. Es ist Kapitalismus, angetrieben von für beide Seiten vorteilhaften Beziehungen zwischen Ihnen und den Mitarbeitern, Kunden, Lieferanten und Gemeinschaften, auf die sich Ihr Unternehmen verlässt, um zu gedeihen. Das ist die Macht des Kapitalismus. (…) Die Stakeholder, auf die sich Ihr Unternehmen verlässt, um Gewinne für die Aktionäre zu erzielen, (…) wollen nicht hören, wie wir als CEOs zu jedem Thema des Tages Stellung nehmen, aber sie müssen wissen, wo wir zu den gesellschaftlichen Fragen stehen, die dem langfristigen Erfolg unserer Unternehmen innewohnen.«[104] Er be-

---

104 https://www.blackrock.com/corporate/investor-relations/larry-fink-ceo-letter

tont in dem Schreiben, dass die Pandemie und der damit verbundene technologische Wandel die Wirtschaft und das Leben völlig verändert hätte, neue Unternehmen geschaffen und andere zerstört habe. Und die »Beziehung zwischen einem Unternehmen, seinen Mitarbeitern und der Gesellschaft wird neu definiert«, deutet er an. Welche allerdings diese gesellschaftlichen Fragen sind und wie die Antworten darauf lauten, darüber lässt Larry Fink die Öffentlichkeit im Unklaren.

Klar ist, dass BlackRock und sein CEO großen Einfluss ausüben und bei der Gestaltung der zukünftigen Gesellschaft zumindest ein gewichtiges Wort mitreden.

Ein weiteres Beispiel, wie Politik und Wirtschaft Krisen für ihre Agenda nutzen, ist die Kampagne zur Abschaffung des Bargeldes. Diese Initiative war in der Vergangenheit auf den Widerstand der Bürger und der Datenschützer gestoßen. Selbst das Argument, damit Geldwäsche und Kriminalität zu bekämpfen, überzeugte nicht. Doch im Zuge der Covid-Pandemie nützte man die Angst vor Ansteckung, indem man aus hygienischen Gründen dringend empfahl, auf Bargeldzahlung zu verzichten und Kartensysteme zu nutzen. Somit werden die Konsumenten an diese Zahlungsweise gewöhnt, und es wird eine Fülle von Daten gesammelt. Bezahlt man nämlich bargeldlos, kann genau nachverfolgt werden, welche Produkte wann und wo gekauft wurden. Daraus lassen sich zahlreiche Informationen ableiten, über Konsumverhalten, Gesundheitsstatus, Suchterkrankungen und vieles mehr. Diese Daten könnten dann etwa für Versicherungen nützlich sein, wenn man die Ess- und Trinkgewohnheiten kennt. Und man kann nachvollziehen, wer sich wo und wann aufgehalten hat, und diese Informationen nutzen.

Der gläserne Bürger und Konsument

Dass das Ziel des »gläsernen Bürgers« nicht in ferner Zukunft liegt, sondern bereits umgesetzt wird, zeigt ein Beispiel aus Österreich. Es war das erste Land in Europa, das 2021 den »Grünen Pass« eingeführt hatte, mit dem Argument, dass damit in Zeiten der Pandemie das Reisen wieder möglich sein würde. Doch die vermeintlich gewonnene Freiheit hatte einen Haken. In dem Gesetzesentwurf war nämlich eine weitreichende Datensammlung und die Verknüpfung mehrerer Datenbanken vorgesehen, die weit über das angebliche Ziel, den Impfstatus einfacher belegen zu können, hinausging.

Datenschützer deckten auf, dass in der Datenbank für den »Grünen Pass« auch die elektronische Gesundheitsakte mit allen Befunden, Krankenhausaufenthalten und Arztbesuchen sowie das Melderegister zusammengeführt werden. Auch Daten, die nur am Rande oder gar nichts mit Fragen der Pandemie-Bekämpfung zu tun haben, werden erfasst: aktuelle und historische Daten über das Erwerbsleben, das Einkommen, etwaige Arbeitslosigkeiten, Rehabilitationsaufenthalte, die höchste abgeschlossene Ausbildung, Erwerbsverläufe, Arbeitsmarktstatus, Einkommen, Arbeitsort und Krankenstände einer Person. Die Daten sollen zwar anonymisiert verarbeitet werden, durch die Vielzahl an Daten können aber ganz leicht Rückschlüsse auf die Identität gezogen werden. Mit diesen umfangreichen Einzeldaten soll unter dem Vorwand des Gesundheitsschutzes eine Datenbank über die gesamte Bevölkerung angelegt werden, indem unterschiedliche Lebensbereiche miteinbezogen und verknüpft werden, so die Kritik der Datenschützer. Auch Bereiche, die mit dem Gesundheitsschutz nichts zu tun haben.

Möglich wurde dieser Riesenschritt in Richtung gläserner Bürger durch eine überfallsartige Änderung des Epidemiegesetzes im Mai 2021. Der Gesetzesvorschlag wurde mit nur wenigen Tagen Frist in Begutachtung geschickt. Der heikelste Teil, nämlich die erwähnten neuen Bestimmungen zum Datensammeln, wurde nachträglich ergänzt, und das Ganze in wenigen Tagen durch die parlamentarischen Gremien gejagt. Die Bedenken der Datenschützer wurden ignoriert, ebenso jene von Verfassungsjuristen. Die Regierung begründete das umfassende Datensammeln mit »effektivem Pandemiemanagement«.

Der »gläserne Bürger« als Voraussetzung für den Kontroll- und Überwachungsstaat ist damit geschaffen. Sind nämlich Daten einmal gesammelt, werden sie auch benutzt. So etwa wurde das Contact Tracing gleichzeitig für Fahndungen oder zur Zeugensuche bei Straftaten verwendet. »Einmal geschaffene Möglichkeiten werden selten wieder zurückgenommen. Es besteht die Gefahr, dass hier ein Dammbruch geschieht«, meinte etwa der Verfassungsjurist Florian Horn.[105]

Der Staat ist nicht der Einzige, der an den Daten seiner Bürger interessiert ist. Auch Unternehmen haben großes Interesse daran, möglichst viel über ihre Kunden zu erfahren. Vor diesem Hintergrund ist die zunehmende Digitalisierung aller Lebensbereiche nicht nur ein Fortschritt, sondern auch eine Gefahr. Denn alles, was digital abgewickelt wird, hinterlässt eine Datenspur. Und diese Daten werden benützt: ob für Werbung oder für Rasterfahndung, für Service oder für Kontrolle.

Es ist in der Geschichte schon immer so gewesen, dass die Mächtigen möglichst viel über ihre Untertanen wissen wollten. Bereits der römische Kaiser Augustus zwang zu Christi Geburt alle seine Untertanen im gesamten Römischen Reich dazu, sich »eintragen zu lassen«, also sich zu registrieren. Durch dieses Register, eine Art antike Datenbank, konnten

---

105 https://www.oegb.at/themen/gesundheit-und-pflege/gesundheitssystem/epidemiegesetz

lückenlos von allen Bürgern die Steuern eingetrieben werden. Das Geld wurde für die Verwaltung und vor allem für Eroberungskriege eingesetzt, also für die Festigung und Ausweitung der Macht.

In den totalitären Systemen des 20. Jahrhunderts wurde enorm viel Aufwand betrieben, um Akten über möglichst viele Bürger anzulegen, Protokolle und Berichte zu schreiben und alles an Informationen zu sammeln, um möglichst viel über jede Person zu erfahren. Diese Informationen konnten dann gegen missliebige Personen verwendet werden. Information wurde also vom Staat als Instrument der Unterdrückung und Verfolgung eingesetzt. Auch heute noch gehen totalitäre und autoritäre Systeme nach diesem Muster vor. Aus diesen Erfahrungen heraus ist es nicht verwunderlich, dass viele Bürger dem Datensammeln des Staates zutiefst misstrauisch gegenüberstehen.

Umgekehrt überlassen viele Menschen globalen IT-Konzernen großzügig und ohne nachzudenken eine Unmenge an Daten und Informationen. Via Facebook gewährt man tiefen Einblick in die privatesten Angelegenheiten, ohne zu bedenken, was damit alles preisgegeben und was damit alles angestellt werden kann. Für einen geringen Preisvorteil oder aus Bequemlichkeit überlässt man Konzernen alle Daten über das persönliche Konsumverhalten. Es ist so bequem und verführerisch, mittels Kredit- oder Bankomatkarte zu bezahlen und im Internet von zu Hause aus einzukaufen. Als zusätzliche Motivation für das Online-Shopping köderte man die Bürger in den letzten Jahren mit dem Argument der Sicherheit. Während der Ausgangssperren und Geschäftsschließungen gab es gar keine andere Möglichkeit, als im Internet einzukaufen. So wurden die Menschen an ein neues Konsumverhalten gewöhnt. Zum Vorteil der Online-Unternehmen. Allein der Online-Händler Amazon hat seinen Gewinn im ersten Quartal 2021 verdreifacht und verdiente so viel wie nie zuvor. Neben den Erlösen durch den Internet-Handel wuchs vor allem der Gewinn durch Online-Werbung. Zeitgleich verloren übrigens die traditionellen Medien ihre Werbekunden fast zur Gänze, viele Medienhäuser gerieten in ernsthafte Schwierigkeiten.

Dazu kommt für die Internet-Riesen noch das Geschäft mit den Daten der Nutzer: Personenbezogene Daten werden weiterverkauft und weitergegeben, damit noch mehr Datenbanken gefüllt werden können. Das Smartphone ist ebenfalls ein Einfallstor, um den privaten Bereich auszukundschaften, legal und illegal. Inhalte von Besprechungen mittels Videokonferenzen sind nicht so sicher, wie sie es wären, würde man sie in Präsenz abhalten.

Legt man all diese Informationen und Daten zusammen, kann man ein Profil jedes einzelnen Nutzers und Bürgers erstellen, der digital unterwegs ist. Und somit ist die Vereinzelung des Menschen, die Kommunikation mittels digitaler Medien und der Konsum im Internet oder mittels Kreditkarte der ideale Boden, um die Menschen lückenlos zu kontrollieren. Man muss nur den Widerstand der Bürger und die rechtstaatlichen Hürden beseitigen. Und wenn man die passenden Argumente hat, etwa irgendeine Bedrohung, wie Terror oder Seuche, ist das offenbar recht einfach durchsetzbar. Österreich ist in dieser Frage anderen Ländern weit voraus.

Die Präsidentin der EU-Kommission, die mit dem WEF und Klaus Schwabs Gefolge bestens vernetzte und dort wohlgelittene Ursula von der Leyen, stellte im Jänner 2022 eine neue Initiative vor: eine europäische digitale Identität für jeden EU-Bürger. Diese soll mehr Datensicherheit garantieren und auf einer zentralen europäischen Plattform gespeichert und organisiert werden. Mit dieser Art europäischer Bürgerkarte soll der gesamte Zahlungsverkehr abgewickelt werden, vom »Steuerzahlen bis zum Fahrradmieten«, wie sich von der Leyen bei der erstmaligen Präsentation im September 2020 ausdrückte. Diese sogenannte »digitale Brieftasche« (EUid) dient vor allem der Identifizierung und kann mit weiteren persönlichen amtlichen Dokumenten, wie dem Führerschein, dem Bankkonto sowie Zeugnissen, verknüpft werden. Seitens der Kommission wurde betont, dass die Nutzung freiwillig erfolge und der Nutzer die Kontrolle über sämtliche Daten behalte. Umgesetzt werden soll sie ab September 2022.

Es wird interessant sein zu beobachten, inwieweit die Datensicherheit tatsächlich gewahrt bleibt. Bisherige Erfahrungen haben gezeigt, dass Datenbanken, so sie einmal angelegt sind, auch anderen Zwecken zugeführt werden als geplant. Es werden sich die passenden Argumente sicherlich finden, wie etwa die Terrorbekämpfung oder die Steuerhinterziehung. Und ist die »EUid« einmal breit akzeptiert, ist anzunehmen, dass sie zum neuen Standard und damit verpflichtend wird. Damit wird dann ein riesiges Feld für die Behörden eröffnet und der Bürger in der gesamten EU ein gläserner werden, und nicht mehr nur im eigenen Land.

Man muss Vorhaben, die die Menschen nicht akzeptieren würden, in schöne, positiv klingende Worte kleiden, um sie besser verkaufen zu können. Das kann die EU-Kommission besonders gut: »Europa hat die einmalige Gelegenheit zu einem nachhaltigen Wiederaufbau. Mit dem neuen mehrjährigen Haushalt und der Aufbau- und Resilienzfazilität haben wir beispiellose Ressourcen mobilisiert, um in den digitalen Wandel zu investieren. Die Pandemie hat gezeigt, wie wichtig digitale Technologien und Kompetenzen sind, um zu arbeiten, zu lernen und am Leben teilzuhaben – und wo wir noch besser werden müssen. Wir müssen die kommenden Jahre zu Europas digitaler Dekade machen, damit alle Bürgerinnen und Bürger sowie Unternehmen die Vorteile der digitalen Welt bestmöglich nutzen können. Der digitale

Kompass lässt uns eine klare Perspektive, wie wir das erreichen können«, erklärte EU-Kommissionspräsidentin Ursula von der Leyen bei der Präsentation der neuen Strategie.

Die Strategie nennt sich also »Digitaler Kompass 2030«. Dazu wird an derselben Stelle ganz offen erläutert, worin der Kern und die eigentliche Absicht der Strategie bestehen: »Die europäische digitale Identität bildet die Basis für den ›Digitalen Kompass‹. Dieser enthält einige Vorgaben und Etappenziele, die auch zur Verwirklichung der europäischen digitalen Identität beitragen werden: Bis 2030 sollen etwa alle öffentlichen Dienste online verfügbar sein, alle Bürgerinnen und Bürger Zugang zu ihren elektronischen Patientenakten haben und 80 Prozent der Bevölkerung eine eID-Lösung nutzen. (…) Sehr große Plattformen werden verpflichtet sein, die Verwendung von EUid-Brieftaschen auf Verlangen des Nutzers, beispielsweise zum Nachweis seines Alters, zu akzeptieren«, heißt es weiter. Demnach müssten Anbieter wie Google oder Facebook auch die neue so genannte EU-ID zum Login ermöglichen.

Umgekehrt bedeutet es aber auch, dass eine pseudonyme Nutzung der elektronischen Identität und diverser Online-Dienste nicht mehr möglich ist, diese wird in dem Vorschlag der EU ausdrücklich untersagt. Es ist interessant, dass ausgerechnet Google und Facebook genannt werden, deren Geschäftsmodell im eifrigen Sammeln von Daten besteht. In dieser »Brieftasche« werden die EU-Bürger »ihre nationale digitale Identität mit den Nachweisen anderer persönlicher Attribute (z. B. Führerschein, Abschlusszeugnisse, Bankkonto usw.) verknüpfen können.« Diese Brieftaschen könnten von Behörden oder privaten Einrichtungen bereitgestellt werden, sofern sie von einem Mitgliedstaat anerkannt sind.

Doch es geht dabei nicht nur ums Bezahlen oder um bloße Bequemlichkeit und Sicherheit. Dies ist nur der erste Schritt. Es zeichnet sich bereits ab, wohin die Reise geht. Auf der offiziellen Website des österreichischen Bundeskanzleramtes heißt es dazu:

»Homeoffice, Homeschooling, virtueller Bauernmarkt – die Coronavirus-Pandemie und die Notwendigkeit, Kontakte zu vermeiden, haben die Digitalisierung auf der ganzen Welt und in Österreich beschleunigt. Digitale Lösungen können zudem den Übergang zu einer nachhaltigen Wirtschaft und Gesellschaft erleichtern. Damit dieser notwendige digitale Wandel bestmöglich den Europäerinnen und Europäern, heimischen Unternehmen und der Umwelt zugutekommt, kam die EU-Kommission der Forderung des Europäischen Rates von Oktober 2020 nach und veröffentlichte am 9. März 2021 einen Fahrplan zum erfolgreichen digitalen Wandel Europas bis 2030.«

Österreich stellt offenbar eine Art Versuchslabor dar. Hier wird erstmals erprobt, wie man den »gläsernen Bürger« im digitalen Zeitalter durchsetzen kann. Und dies soll augenscheinlich nicht nur auf nationaler Ebene umgesetzt werden. Die EU nennt dies euphemistisch »länderübergreifende Synergien«, die genutzt werden sollen. Im Klartext heißt dies, dass in wenigen Jahren die Daten fast aller EU-Bürger, sämtliche persönlichen Daten, zentral auf einer Plattform gespeichert und mit einer eindeutig zuordenbaren digitalen Identität versehen werden. Die Vorstufen dazu sind in vollem Gange, obwohl dies vielen Bürgern nicht bewusst ist. Wer künftig in Österreich einen Reisepass beantragt, wird automatisch eine »ID Austria« erhalten, insofern er dies nicht ausdrücklich ablehnt. Die Vorgangsweise ist ähnlich der elektronischen Gesundheitsakte ELGA, von der man sich ebenfalls aktiv abmelden muss. Diese »ID-Austria« soll sukzessive erweitert werden, etwa um Meldedaten oder um die Speicherung des Führerscheins. Somit soll die bereits bestehende Bürgerkarte erweitert werden, die bisher nur für Behördenwege einsetzbar war. Diese allerdings musste in Eigeninitiative bei der

Behörde beantragt werden und war auf den Bereich der Signatur in Behördenverfahren eingeschränkt.

Das Vorhaben der EU-Kommission, eine europäische elektronische Identität einzuführen, blieb im Schatten der Corona-Pandemie bisher recht unbeachtet. Es stieß jedoch auch auf Kritik. Die »EUid« müsse gewisse Mindeststandards erfüllen, meinte etwa Jan Penfrat von European Digital Rights (EDRi). Dies ist eine internationale Vereinigung, die sich dem Datenschutz und der Freiheit der Bürger im Informationszeitalter verschrieben hat. Zu den Forderungen der EDRi zählt etwa, dass die Nutzung vollkommen freiwillig bleiben und das System die Prinzipien der Datenminimierung und der datenschutzfreundlichen Voreinstellung respektieren müsse. Auch müsse in dem System freie, quelloffene Software zum Einsatz kommen, um vertrauenswürdig zu sein. Kritik an den Plänen kam auch vom Europaabgeordneten Patrick Breyer. Der Datenschützer forderte unter anderem den Verzicht auf die eindeutige Personenkennziffer. Zudem müsse eine pseudonyme Nutzung der Identität möglich sein. Die Daten seien dezentral zu speichern und nicht in einer staatlichen Datenbank. Ebenfalls müsse alle Software quelloffen sein.

Ob die EU-Kommission all diese Forderungen und Bedenken aufgreifen wird, ist unklar. In Österreich ist dies jedenfalls nicht geschehen. Interessant ist, dass in den Jahren zuvor von der EU umfangreiche Vorschriften zum Datenschutz für Unternehmen und Private erlassen wurden. Nun wird ausgerechnet von derselben Stelle im Auftrag der Politik der Schutz sensibler personenbezogener und Gesundheitsdaten durch die Hintertür ausgehebelt.

Dass es nicht nur mit Freiwilligkeit, sondern durchaus mit Druck und Zwang zur Sache geht, beweist wiederum das Beispiel Österreich mit der Einführung des »elektronischen Impfpasses« für alle Impfungen und jeden Bürger. Dabei handelt es sich nicht um eine Serviceeinrichtung, wie die Bürgerkarte, die man nutzen kann, aber nicht muss. Sondern die Teilnahme am Impfpass ist verpflichtend, eine Abmeldung ist nicht möglich. Die Daten sind auch nicht in der Kontrolle der betreffenden Person oder nur für diese einsehbar, ganz im Gegenteil. Die Eintragungen erfolgen durch den Arzt, der Impfpass ist für die Behörden einsehbar und dient in Österreich gleichzeitig der Kontrolle zur Einhaltung der Impfpflicht. Die Anwendung ist beliebig erweiterbar. Ein weiterer Schritt ist bereits festgelegt, nämlich eine »personalisierte Impfempfehlung«, die an die Bürger geschickt wird. Der Schutz der Daten ist zweifelhaft. Da auch die elektronische Gesundheitsakte praktisch von jedermann einsehbar ist, vom Apotheker bis zur Sprechstundenhilfe, wird es wohl nicht mehr lange dauern, bis auch andere Personen und Institutionen in den elektronischen Impfpass Einsicht nehmen können, etwa Versicherungen und Arbeitgeber. Diese können dann überprüfen, ob der Kunde oder Mitarbeiter alle »empfohlenen« oder verpflichtenden Impfungen erhalten hat. Hat er diese nicht, wird man wohl Konsequenzen daraus ziehen, also Mitarbeiter kündigen oder Kunden ablehnen. Der Datenschutz ist damit de facto aufgehoben. Alles selbstverständlich im Dienst der Gesundheit.

Wir erinnern uns an die Systematik von Le Bon und Chomsky: Dinge, die von den Bürgern abgelehnt werden, sollen Schritt für Schritt umgesetzt werden, sodass sie sich daran gewöhnen und den Widerstand aufgeben. Am besten nutzt man eine Ablenkung, etwa in Form einer Krise, um möglichst wenig Aufmerksamkeit zu erregen. Die elektronische Identität mit dem Ziel eines völlig gläsernen Bürgers ist ein Lehrstück dafür.

7. WIE KANN FREIHEIT ERHALTEN ODER ERRUNGEN WERDEN?

»Man kann einen Teil des Volkes die ganze Zeit täuschen und das ganze Volk einen Teil der Zeit. Aber man kann nicht das gesamte Volk die ganze Zeit täuschen.«

Abraham Lincoln, 16. Präsident der USA

Es gibt derzeit mehrere Akteure auf der Welt, die kein Interesse an einer offenen, liberalen, und freien Gesellschaft haben. Das sind einerseits totalitäre und autoritäre Systeme, wie etwa China, Nordkorea, der Iran oder Russland. Sie wollen – mit unterschiedlichen Begründungen und Ideologien – die Menschen in Unfreiheit, Unterdrückung und unter totaler Kontrolle halten. Gleichzeitig wollen sie ihre Macht und ihren Einfluss ausbauen, und dies mit den klassischen Methoden: Geopolitisch durch Militäraktionen oder wirtschaftlich durch Expansion und Schaffung von Abhängigkeiten. Es ist recht offensichtlich, was diese Staaten anstreben und welcher Mittel sie sich bedienen, selbst wenn sie versuchen, dies mit schönen Worten zu kaschieren.

Auf der anderen Seite wird die Freiheit der Menschen und der Gesellschaft aber auch von Interessengruppen bedroht, die nicht so offensichtlich vorgehen. Sie entstammen selbst freiheitlichen, demokratischen und liberalen Systemen und haben davon profitiert, indem diese sie finanzstark und mächtig gemacht haben. Diese Gruppen bedienen sich der Politik, der demokratischen Regierungen und internationaler Organisationen, um die Freiheit, die Grundrechte und die Selbstbestimmung der Bürger auszuhöhlen. Sie nutzen die vorhandenen Strukturen sowie das Bedürfnis der Menschen nach Konsum, Bequemlichkeit, Sicherheit und Gesundheit aus, um ihre Agenda voranzutreiben. Sie geben vor, in altruistischer Weise zum Wohl aller Menschen zu handeln, streben aber letztlich bloß nach Profit und politischem und medialem Einfluss, um ihre Interessen zu wahren. Sie tun dies in dem sicheren Bewusstsein, dass sie als Weltelite einfach besser befähigt dazu seien als die breite Masse. Die breite Masse und die Demokratie als deren Werkzeug hätten nämlich versagt und könnten die Welt nicht vor ihrem Untergang retten. Es sei daher notwendig, dass sie selbst das Ruder übernehmen. Die Masse müsse nun eben auch Opfer bringen, damit das große Ziel erreicht werden könne. Eines der Opfer ist die Freiheit.

Die Freiheit einer Gesellschaft kann aber auch aus ihrem Inneren bedroht sein. Etwa dadurch, dass Grund- und Freiheitsrechte leichtfertig aufgegeben werden. Oder dass ein offener, kritischer Diskurs nicht mehr zugelassen wird, dass Respekt und Toleranz verloren gehen. Oder indem persönliche Daten ohne Notwendigkeit preisgegeben werden und es zugelassen wird, dass Institutionen und Staaten den höchstpersönlichen Bereich ausspionieren und kontrollieren. Daten sind die Bodenschätze des 21. Jahrhunderts. Wer sie besitzt und kontrolliert, übt Macht aus. Big Data ist daher eine reale Bedrohung für die Freiheit. Daraus folgt, dass Menschen die Kontrolle über ihre Daten behalten müssen. Es dürften daher nicht noch mehr Daten gesammelt werden, sondern weniger. Dies betrifft sowohl Konzerne als auch Regierungen und internationale Vereinigungen wie die EU. Die Erfahrung hat gezeigt, dass es in der Praxis keine Datensicherheit gibt. Und es ist meist nicht klar, wozu die Daten verwendet werden. Datensammeln nur um des Sammelns willen ist nicht gerechtfertigt. Daten, die in keinen Bezugsrahmen gestellt werden, besitzen ohnehin keine Aussagekraft, ja führen sogar in die Irre. Es braucht mehr Kontrolle, nicht nur der Unternehmen, wie dies teilweise schon umgesetzt wurde, sondern auch der Politik. Es muss transparent sein, wer welche Daten sammelt, zu welchem konkreten Zweck, und wer Zugriff darauf hat. Die EU fährt hier einen zwiespältigen Kurs, indem sie einerseits immer strengere Richtlinien für Unternehmen erlässt, gleichzeitig aber selbst bzw. die Nationalstaaten umfangreiche Datenbanken über ihre Bürger anlegen wollen.

Der Historiker und Autor Yuval Harari sieht den Dataismus als neue Datenreligion durchaus kritisch. Zunächst würde er, wenn es ihm gelänge, die Welt zu erobern, das Streben der Menschen nach Glück, Gesundheit und Macht beschleunigen. Doch sobald die Macht vom Menschen auf die Algorithmen übergehe, würde das humanistische Projekt überflüssig. »Wir streben danach, das ›Internet der Dinge‹ zu entwickeln, weil wir hoffen, dass es uns gesund, glücklich und mächtig macht. Doch sobald das ›Internet der Dinge‹ existiert und funktioniert, könnten wir von Entwicklern zu Mikrochips und dann zu Daten schrumpfen und uns am Ende im Datenstrom auflösen wie ein Klumpen Erde im reißenden Fluss.«[106]

Die Philosophin Elena Louisa Lange meint: »Offensichtlich hat die Phase der autoritär-technokratischen Transformation der Gesellschaft, der feuchte Traum der Linken von völlig verdinglichten und kontrollierbaren, zu Daten und ›Knoten und Vektoren‹ (Benjamin Bratton) komprimierten

---

106 Harari, Homo Deus, 605.

Menschen, an dem Tag begonnen, an dem europaweit und in den industrialisierten Ländern der westlichen Welt QR-Codes eingeführt wurden, um artige Bürger von ›Unregierbaren‹ zu unterscheiden. Die autoritär-technologische Transformation hat begonnen – aber nicht ohne Widerstand.«[107]

Dieser Widerstand hat sich bereits formiert, nicht nur in Demonstrationen, sondern auch durch Vereinigungen von Datenschützern. Bisher agierte man in einer Art Notwehrakt gegen die Übergriffigkeiten von Unternehmen und Politik. Doch müsste dieser Widerstand institutionalisiert werden. Es braucht vielleicht eine Art obersten Daten-Gerichtshof oder Daten-Rechnungshof, der die Politik, die Unternehmen und Institutionen daraufhin überprüft, welche Daten sie sammeln und ob dies gerechtfertigt und notwendig ist. Diese Prüfberichte müssen dann öffentlich gemacht werden, Verstöße müssen einklagbar sein. Auch für die Politik muss gelten, dass persönliche Daten den Personen gehören, und niemandem sonst. Der Verfassungsjurist Florian Horn plädiert im Hinblick auf den Grünen Pass etwa dafür, dass Bürger beim Datenschutz in Zukunft sehr genau werden hinsehen müssen. »Besonders bedenklich stimmt, dass hier Daten der Bürger transparent gemacht werden, aber es die Bundesregierung seit Monaten nicht geschafft hat, die Entscheidungsgrundlagen der Vielzahl an Verordnungen öffentlich zu machen.«[108]

Eine weitergehende Digitalisierung ist daher sehr kritisch zu sehen, auch aus einem Sicherheitsaspekt heraus. Je mehr die Digitalisierung fortschreitet, je mehr sie in alle Lebensbereiche vordringt, je mehr Programme es gibt und je komplexer

---

107 https://netzwerk-linker-widerstand.ru/magma/2022/02/was-ist-eine-gesellschaft/

108 https://www.oegb.at/themen/gesundheit-und-pflege/gesundheitssystem/epidemiegesetz

sie werden, desto anfälliger werden sie für Fehler. Organisationen, Unternehmen und Staaten arbeiten mit Programmen, die zunehmend nicht mehr nachvollziehbar sind. IT-Spezialisten kommen mit der Fehlerbehebung kaum mehr nach. Es mehren sich die Warnungen von Programmierern, dass Systeme deshalb zusammenbrechen werden. Dazu kommen noch die Kriminalität, Hackerangriffe und Stromausfälle, die digitale Systeme bedrohen. Somit macht die weitreichende Digitalisierung aller Lebens- und Wirtschaftsbereiche die Industriestaaten extrem verwundbar. Das bedeutet für die Zukunft: weniger Digitalisierung statt noch mehr! Und es braucht weiterhin analoge Strukturen als Backup.

Wahrung von Grund- und Freiheitsrechten

Freiheit ist nicht selbstverständlich, und sie kann auch schnell wieder verloren gehen. Das muss den Bürgern wieder bewusst werden, die nie totalitäre Systeme kennen gelernt oder in diesen gelebt haben; die denken, das sei alles Geschichte und könne sich nicht wiederholen. Geschichte wiederholt sich tatsächlich nicht in derselben Weise, aber es gibt Muster. Einige dieser Muster im Hinblick auf Unfreiheit wurden in diesem Buch dargelegt und analysiert. Es hat sich gezeigt, dass vor allem in Krisen die Freiheit bedroht ist, weil sie von den Feinden der Freiheit benutzt werden. Daher braucht es eine Rückbesinnung auf die Bedeutung rechtsstaatlicher Prinzipien, auf die Grund- und Freiheitsrechte, die überall und für alle Menschen gelten. Es gibt keinen Zweck, kein noch so hehres Ziel, das es rechtfertigen würde, diese Prinzipien aufzugeben. Der ehemalige Präsident des österreichischen Verfassungsgerichtshofes Wilhelm Holzinger betonte etwa, dass weder die Verfassung noch Parlamente, noch Verfassungsgerichte eine Garantie für Rechtsstaat und

Demokratie seien. In Zeiten der Krise komme »es letztlich darauf an, dass die Menschen eines Landes mehrheitlich den festen Willen entwickeln, diese Werte zu bewahren und nötigenfalls dafür zu kämpfen.«[109] Und der deutsche Verfassungsrichter Ernst-Wolfgang Böckenförde meinte, der freiheitliche säkularisierte Staat lebe von Voraussetzungen, die er selbst nicht garantieren könne. Als freiheitlicher Staat könne er nur bestehen, wenn sich die Freiheit, die er seinen Bürgern gewährt, von innen her, aus der moralischen Substanz des Einzelnen und der Homogenität der Gesellschaft, regulieren würde.

Ob diese innere Freiheit möglich ist und gelebt wird, liegt letztlich an den Bürgern und der Gesellschaft selbst: an der Bereitschaft, andere Meinungen zu hören, diese gelten zu lassen, nicht auszugrenzen, Differenzen auszuhalten, um Kompromisse zu ringen und in kein Gut-Böse-Schema zu verfallen.

Wahre Freiheit erkennt man bekanntlich daran, dass diese Freiheit auch Andersdenkenden gewährt wird. Der Philosoph Peter Kampits meinte, er sei mittlerweile »allergisch gegen diesen Stehsatz geworden: ›Meine Freiheit findet ihre Grenze an der Freiheit des anderen.‹ Diese Aussage muss unbedingt ergänzt werden durch: ›Die Freiheit des anderen findet ihre Grenze an meiner Freiheit.‹ Hier gilt es, im Verhältnis des Einzelnen zur Gesellschaft eine Balance zu finden (…) zwischen einem schrankenlosen Liberalismus und einem schrankenlosen Kollektivismus.«[110]

Gerade in Krisensituationen müssen Grundrechte und Grundregeln Bestand haben, sie dürfen nicht verhandelbar sein. Der Zweck heiligt nicht die Mittel, auch nicht beim vermeintlichen Schutz der Gesellschaft vor einer Gefahr.

---

109   In: Conturen der Zeit/2020, 23.
110   Der Pragmaticus, 10.2.2022.

Die Pandemie war für die Gesellschaften der westlichen Industrienationen seit dem Zweiten Weltkrieg die erste echte existenzielle Krise, die sie unmittelbar betroffen hat. »Philosophisch betrachtet könnte man sagen, wir sind in eine Art Grenzsituation des Daseins (Karl Jaspers), in einen Ausnahmezustand (Albert Camus) geraten. Wir werden auf das zurückgeworfen, was unser eigentliches Sein bedeuten könnte«, analysiert Kampits.

Psychologisch wird die Phase der Pandemie, wie dargelegt, als eine Massenpsychose diagnostiziert. Doch es gibt einen Ausweg, den Joost Meerloo in seiner strukturellen Analyse aufzeigt: »Befindet sich eine Gesellschaft im Anfang einer Massenpsychose, von der sie von der herrschenden Klasse hineingezogen wird, kann diese wieder rückgängig gemacht werden. Dazu braucht es jedoch viele Menschen, die einen Gegenangriff starten.«[111] Als einen dieser Gegenangriffe kann man etwa den Protest der Trucker in Kanada zu Beginn des Jahres 2022 sehen, die auf diese Weise ihre Grund- und Freiheitsrechte zurückforderten. Ihr Beispiel motivierte weltweit Menschen, gegen die in ihren Augen überzogenen Maßnahmen und Übergriffe des Staates zu protestieren. Gleichzeitig zeigte dieses Beispiel aber auch sehr deutlich, zu welchen Mitteln selbst demokratische Staatenlenker zu greifen bereit sind, und dass sie von Teilen der Bevölkerung und der medialen Öffentlichkeit bereitwillig Unterstützung erhalten.

---

111 Meerloo, The Rape of the Mind.

Strategien gegen die totale Herrschaft

Die totalitären Systeme und Diktaturen des 21. Jahrhunderts kommen in einem sehr unterschiedlichen Gewand daher. Es existieren noch die Reste der totalitären Herrschaftssysteme des 20. Jahrhunderts, wie das kommunistische Nordkorea. Es gibt jene, die sich zu autokratischen und autoritären Systemen entwickeln, aber auf diesem Weg womöglich noch weiter gehen hin zum Totalitarismus, wie etwa Russland. Es gibt jene, die ein Goldkleid übergestreift haben, das sie nach außen wie eine westliche Wohlstandsgesellschaft erscheinen lässt, die aber im Kern zutiefst totalitär nach altem Muster sind, wie China. Und dann gibt es den neuen Totalitarismus, der sich als Dienstleister am Menschen tarnt, ihn aber letztlich völlig kontrollieren und beherrschen will. Dieser ist am schwersten zu fassen und weist jeglichen Vorwurf in diese Richtung als »Verschwörungstheorie« weit von sich. Er redet von Humanismus und dem neuen, glücklichen Menschen und meint eine programmierbare Synthese von Mensch und Maschine. Er redet von Glück und Fairness und meint Herrschaft einer Elite über den Rest der Menschheit. Er predigt den Umweltschutz und steigt in seine Privatjets. Er preist die Segnungen der Wissenschaft und Technik und will sie für seine Zwecke benutzen.

Einige dieser Entwicklungen dieses getarnten neuen Totalitarismus bemerken wir bereits heute, sie haben sich rasant verbreitet und überall eingenistet. Gleichzeitig werden aber auch die Schwächen der Vierten Revolution, samt Cyborgs und Digitalisierung, offenkundig. Heute genügt etwa ein simpler Stromausfall, und die Welt gerät ins Chaos: Man kann nicht mehr einkaufen, nicht mehr arbeiten, nicht mehr reisen, kommt nicht mehr zu seinem Geld, kann nichts mehr produzieren. Wir sind völlig abhängig von einer einzigen Energieform, die ständig und in gleichbleibender Leistung zur Verfügung stehen muss.

Auch hat sich gezeigt, wie reduziert die schöne neue Datenwelt ist, wie wenig verlässlich und beschränkt. So etwa hat in der Pandemie kein einziges Rechenmodell aller Supercomputer und keine Künstliche Intelligenz deren Verlauf auch nur annähernd vorherberechnen können. Prognosen sind selbst beim Wetterbericht der kommenden zwei Wochen oder der Entwicklung der Wirtschaft der nächsten Monate schwierig. Letztlich können die Datenmengen, Modelle und computergenerierten Prognosen keine Handlungsanleitung für Bevölkerung und Politik sein. Sie können menschliche Urteilsfähigkeit und Erfahrung nicht ersetzen, sondern sind bloß ein Hilfsmittel. Und keinesfalls kann man Verantwortung für sein Handeln an sie delegieren. Sie müssen in einen Rahmen gesetzt und dürfen nicht absolut gesehen werden. Unterlässt man dies, handelt es sich daher nicht um Information, sondern um manipulative Zahlenspielerei.

Und dies ist der Kern des Problems der Digitalisierungsgläubigen. Wenn uns etwa prophezeit wird, dass bald 90 Prozent des Contents von Nachrichten von Computern mittels Künstlicher Intelligenz generiert werden wird, so ist das keine gute Nachricht. Abgesehen von der fragwürdigen Qualität wäre dies ein Angriff auf Meinungsfreiheit, kritische Berichterstattung und umfassende Information. Denn bereits aktuell wird viel zu viel identer Inhalt angeboten, und von zu wenigen Journalisten wird eigenständig recherchiert. Eigenrecherchen sind aufwändig und teuer, und die Konsumenten sind immer weniger bereit, dafür zu bezahlen. Für den Weiterbestand der Demokratie sind kritische, unbeeinflusste und finanziell gut ausgestattete, nicht erpressbare Medien jedoch von großer Bedeutung.

Der Erfolg totalitärer Systeme hing in der Geschichte und auch heute noch wesentlich davon ab, den freien Informationsfluss zu zensieren. Unabhängige, kritische und umfassende Information ist daher essenziell, um den Einfluss auf die Masse mittels Propaganda zu minimieren. Statt Emotionen sollte dabei die kritische Vernunft angesprochen und aktiviert werden. So kann der Einfluss von Totalitaristen reduziert oder verhindert werden. Der Psychoanalytiker C. G. Jung meinte, der erste Schritt, totalitären Systemen entgegenzuwirken, sei, Vernunft in eine verrückte Welt zu bringen. Das beginne damit, Ordnung in unserem eigenen Geist zu schaffen und andere zu inspirieren, der Vernunft zu folgen. Informationen, die der Propaganda entgegenwirken, sollten maximal verbreitet werden. Denn die Wahrheit sei mächtiger als Fiktionen und Unwahrheiten. Eliten können durch Spott und Humor delegitimiert werden. Denn der Demagoge sei unfähig zum Humor.[112]

BEHARREN AUF WERTEN UND ETHIK

Ein weiterer Vertreter jener Generation, die als erste umfassende totalitäre Systeme kennenlernen mussten und zu ihren Opfern wurden, war Karl Popper. Er zog als eine der Lehren aus der Geschichte des Totalitären den Schluss, »daß sich der Politiker auf einen Kampf gegen die Übel beschränken und nicht versuchen sollte, ›positive‹ oder ›höhere‹ Werte wie die Glückseligkeit und so fort zu erkämpfen«. Die Geschichte an sich habe keinen Sinn. Aber daraus folgerte er nicht, »daß wir nichts tun können, daß wir die Geschichte der politischen Macht mit Entsetzen akzeptieren müssen oder daß wir gezwungen sind, sie als einen grausamen Scherz hinzunehmen«[113]. Popper ruft zum Handeln für eine bessere Zukunft auf, als Interpretation der Geschichte der Machtpolitik, zu einem Kampf für die offene Gesellschaft,

---

112   Jung, The Symbolic Life.
113   Popper, Offene Gesellschaft II, 326f.

»für eine Herrschaft der Vernunft, für Gerechtigkeit, Freiheit, Gleichheit und für die Kontrolle des internationalen Verbrechens.« Popper ist der Ansicht, »daß wir die eigentliche Verantwortung tragen, selbst für die ethischen Maßstäbe, die wir wählen«, auch im Sinne jeder Religion, die an das Gewissen appelliert. Wir könnten uns nicht auf den Lauf der Geschichte oder irgendein dämonisches Kräftespiel ausreden, sondern würden für unsere Handlungen und deren Auswirkungen auf den Lauf der Geschichte unumschränkte Verantwortung tragen. Der Mensch, so Popper, der selbst die Verantwortung übernimmt, braucht Hoffnung, denn ohne Hoffnung zu handeln und zu leben, übersteige seine Kraft. Aber er brauche auch nicht mehr als das.

Selbst wenn totalitäre Systeme schon weit fortgeschritten sind, gibt es Gegenstrategien. Václav Havel, der in der Zeit des Kommunismus als Dissident inhaftiert war, empfahl den Aufbau von Parallelstrukturen. In der ČSSR sei dies wirksamer als politische Maßnahmen gewesen. Es entstehe eine zweite Kultur als Enklave der Freiheit und Vernunft. Diese Parallelstrukturen seien ein Raum, in dem anderes Leben möglich sei. Ein Labor, das in Harmonie mit den eigenen Zielen sei. Es sei eine Möglichkeit, sich aus den Verstrickungen des Totalitarismus zu befreien. Es müssten so viele wie möglich aktiv werden, um die Welt wieder in Richtung Freiheit zu bringen.[114]

Die Freiheit ist aber nicht nur von menschlicher Macht bedroht, sondern auch von Computerprogrammen. Die Künstliche Intelligenz ist, wie dargelegt, einerseits eine Hilfe für den Menschen und den Fortschritt. Andererseits birgt sie auch Gefahren, weil sie nicht steuerbar und kontrollierbar ist. Der Philosoph Richard David Precht hat im Zusammenhang mit der Künstlichen Intelligenz und der Roboterisie-

---

114   Havel, Die Macht der Machtlosen.

rung des 21. Jahrhunderts auf einen wichtigen Aspekt hingewiesen, nämlich auf jenen der Grenzen dieser Technologie. Diese liegen ja nicht so sehr in der Leistungsfähigkeit, denn gerade sie ist es, die den Menschen weit überflügelt. Zumindest was die Rechenleistung und die Verknüpfung von Information zu weiteren Erkenntnissen anbelangt. Auch die Lernfähigkeit ist mittlerweile beeindruckend, doch dies ist eben auch das Problem. Diese Supercomputer machen alles, was machbar ist, ohne Grenzen und Einschränkungen.

Dieses Problem wurde bereits erkannt. So etwa beschloss das EU-Parlament im Jahr 2017 eine Werteliste, mittels derer die Kommission die Anwendung der KI regeln sollte. Sie forderten eine »ethische« Programmierung, die die Würde und Autonomie jedes Menschen achten müsse. Sie dürfe niemals die Freiheit und Selbstbestimmung einschränken, niemals die Sicherheit beeinträchtigen, sie dürfe niemanden diskriminieren und so weiter. Zudem müsse die Programmierung selbst für jedermann einsehbar und transparent sein.

Diese Forderungen nach Ethik im Bereich der Künstlichen Intelligenz sind in vielerlei Hinsicht unerfüllbar. Es ist nicht einmal klar, welche Ethik gemeint ist, welche Werte ihr zugrunde liegen, welche Moralvorstellungen und wie diese angewendet werden sollen, wenn präzise Ergebnisse erwartet werden. Ein Widerspruch in sich, auf den auch Precht hinweist.[115] Ethik ist nicht programmierbar, weil sie viel mit Intuition, mit Gefühlen und Haltungen zu tun hat, mit der Frage, welchen Wert man höher einstuft. Wer verlässt als Erster ein sinkendes Schiff? Vernünftig und logisch wäre es, wenn dies Gesunde und Kräftige tun würden, denn sie werden für das wirtschaftliche Fortkommen einer Gesellschaft am meisten gebraucht. Die Ethik hingegen gebietet uns, dass es die Schwachen sind, die zuerst gerettet werden

---

115   Precht, Künstliche Intelligenz, 150.

sollten, weil sie sich nicht selbst helfen können. Logisch und vernünftig ist dies nicht, aber eine seit Jahrhunderten und in allen Gesellschaften verbreitete Ethik. Yuval Harari weist darauf hin, dass die urzeitlichen Stammesgesellschaften, die sich vom Ballast der Schwachen und Kranken befreiten, um besser vorwärtszukommen, handelten wie wir heute mit Abtreibung und Sterbehilfe.[116]

In Krisen- und Extremsituationen zeigt sich oft, dass die Schicht der Ethik und der Zivilisation mitunter recht dünn ist. Man denke an die Flucht vor einer Bedrohung, etwa einem Feuer. In diesem Fall kommen oft durch die Panikreaktion mehr Menschen um als durch das Feuer selbst. Wir wissen zwar, dass der Mensch in Panik ohne Vernunft ist. Aber auch in Phasen länger andauernder Angst, etwa in einem Terrorregime, erodieren Ethik und Werthaltungen in vielen Fällen recht rasch. In dieser Situation verrät man Familienangehörige und liefert sie der Folter aus. Menschen mit einem soliden Wertefundament wiederum können zu Helden werden, indem sie etwa unter Lebensgefahr fremde Menschen verstecken, die verfolgt werden. Beides ist möglich. Und es ist schwierig, festzustellen, wie man selbst in einer derartigen Situation handeln würde.

Klar ist, dass jeder Mensch die innere Freiheit besitzt, zu entscheiden und sein Handeln zu bestimmen. Selbst in unfreien Gesellschaften gibt es immer einen Handlungsspielraum, das hat uns ebenfalls die Geschichte gezeigt. Selbst wenn nicht jeder zum Helden geboren ist, muss man nicht immer mitmachen oder in vorauseilendem Gehorsam jegliche Ethik über Bord werfen.

Je fester ein Wertegefüge ist und je mehr ethisches Handeln und Denken eingeübt wird, desto besser sind die Chancen, dass sich totalitäre Systeme gar nicht erst etablieren können.

---

116   Harari, Eine kurze Geschichte der Menschheit, 73.

Wenn sich Passanten empören, wenn Mitbürger drangsaliert werden, wenn Polizisten und Soldaten unethische Befehle nicht ausführen, wenn Unrecht angeprangert wird, selbst wenn man selbst Nachteile dabei zu erleiden hat – dann ist dies ein Hemmnis für totalitäre Tendenzen. Dies setzt voraus, dass man das eigene Gewissen, die Empathie mit dem Mitmenschen höher einstuft als die Massenmeinung.

Freiheit, Frieden und Wahrheit

Wir haben gelernt, dass eine der Voraussetzungen für die Etablierung totalitärer Systeme eine »atomisierte Gesellschaft« ist. Diese besteht aus beziehungs- und heimatlosen Individuen, die leicht einzuschüchtern und zu beeinflussen sind. Dies führt im Umkehrschluss dazu, dass feste soziale Beziehungen und reger sozialer Austausch ein wirksames Gegenmittel zum Totalitarismus sind. Enge und gute Beziehungen zu Angehörigen, Nachbarn, Freunden, Kollegen und eine Verankerung in Vereinen und Organisationen fördern das positive gesellschaftliche Klima, und damit die Demokratie. Viele direkte soziale Kontakte fördern die Toleranz, die Akzeptanz unterschiedlicher Meinungen, den Austausch von Argumenten und das Verhandeln guter, breit akzeptierter Lösungen. Somit wird das Objekt zum Subjekt politischen Handelns.

Der Bürger wird wieder Beteiligter am politischen Geschehen und überlässt es nicht einer kleinen Elite, wie die Zukunft aussehen soll. Entscheidungsträger in Politik und Institutionen sehen sich wieder als Beauftragte und Vertreter des eigentlichen Souveräns, anstatt als Handlanger irgendwelcher Interessen. Dies bedeutet nicht, dass auf diese Weise alle Strategien erfolgreich und alle Entscheidungen richtig sein werden. Das Geschäft der Demokratie ist umständlich, erratisch, mühsam und langwierig, und am Ende wird es doch nur ein Kompromiss. Doch das Gegenteil davon ist Diktatur, in der einige wenige ohne Beteiligung der Betroffenen rasch und intransparent handeln und Ziele anstreben, die nicht im allgemeinen Interesse sind, sondern nur in jenem der wenigen, die die Macht haben.

»Der Frieden beginnt im eigenen Haus«, meinte der große Philosoph und Psychiater Karl Jaspers. Und er wusste, wovon er sprach, denn er erlebte sowohl den Ausbruch und die Katastrophe des Ersten Weltkriegs als auch den Aufstieg und die Gräuel des Nationalsozialismus und des Zweiten Weltkriegs. Zuerst hielt er es für unmöglich, als ein Freund ihm prophezeite, man werde eines Tages die Juden in Baracken bringen und diese anzünden. Und doch kam es so. Jaspers war Lehrer und Freund von Hannah Arendt, die sich intensiv mit totalitären Systemen beschäftigte. Im Vorwort zu ihrem Buch über Elemente und Ursprünge totaler Herrschaft schrieb Jaspers: »Es liegt am Menschen und nicht an einem dunklen Verhängnis, was aus ihm wird.«[117] Es liegt also an jedem Einzelnen, ob er andere ausgrenzt, beschuldigt, hasst, oder ob er andere Meinungen akzeptiert, Kompromisse eingeht und für Schwache und Ausgegrenzte eintritt. Es liegt an jedem Einzelnen, ob er bei einem Unrechtssystem mitmacht, oder ob er dem eigenen Gewissen folgt.

Freiheit ist nicht nur die Abwesenheit von Zwang und Unterdrückung. Sie ist viel mehr. Die antiken Philosophen definierten Freiheit als vernünftiges und sittliches Handeln. Man könnte es auch theologisch formulieren, im Sinne des Kirchenvaters Augustinus: Die Freiheit des Menschen besteht in der Möglichkeit, zwischen Gut und Böse zu wählen. Er trägt also die Freiheit in sich. Und im 20. Jahrhundert meinte Jean Paul Sartre, der Mensch sei zur Freiheit verurteilt. Nach Ansicht von Karl Jaspers gibt es den Weltfrieden,

---

117   Arendt, Totale Herrschaft, 12.

den äußeren Frieden, nur durch den inneren Frieden: innerhalb der Staaten und im Inneren jedes Menschen. Sind die Menschen untereinander, ist eine Gesellschaft in Streit, Feindbildern, Lagerdenken und Hass gefangen, so kann es auch in der Welt keinen Frieden geben.

Und diesen Frieden gibt es nur durch Freiheit, sowohl des Einzelnen als auch der Gesellschaft im demokratischen Rechtsstaat. Diese Freiheit und dieser Frieden müssen jedoch gelebt werden, die demokratische Verfassung allein genügt nicht. Eine Voraussetzung, um den inneren Frieden zu erhalten, ist respektvoller Umgang und dass man miteinander im Gespräch bleibt.

Die Freiheit wiederum kann nur aus der Wahrheit entstehen, stellte Jaspers fest. Dies ist gerade in Krisenzeiten eine Herausforderung, weil Lüge und Halbwahrheit wesentliche Elemente manipulativer Propaganda darstellen.

Anlässlich der Verleihung des Friedenspreises des deutschen Buchhandels 1958 brachte es Jaspers auf den Punkt: »Friede ist nur durch Freiheit, Freiheit nur durch Wahrheit möglich. Daher ist die Unwahrheit das eigentliche Böse, jeden Frieden Vernichtende: die Unwahrheit von der Verschleierung bis zur blinden Lässigkeit, von der Lüge bis zur inneren Verlogenheit, von der Gedankenlosigkeit bis zum doktrinären Wahrheitsfanatismus, von der Unwahrhaftigkeit des einzelnen bis zur Unwahrhaftigkeit des öffentlichen Zustandes.«[118]

Jaspers wie Arendt glaubten fest an die Kraft der Vernunft, die Selbstbehauptung des Menschen, selbst in Entwurzelung und Chaos. Sie glaubten an die sittliche und politische Erneuerungskraft und an die Würde jedes Menschen.

Die Geschichte hat gezeigt, dass unfreie Gesellschaften letztlich scheitern. Der totalitäre Kommunismus des Ost-

---

118   https://www.youtube.com/watch?v=xQchgRz45u4

blocks ist implodiert, weil es den Menschen immer schlechter ging und sie die Unfreiheit nicht mehr akzeptierten. Der Nationalsozialismus und das Tausendjährige Reich sind im Blut untergegangen. Und computergesteuerte Cyborgs werden wohl kaum jene Kreativität und jene Vielseitigkeit aufbringen, die den Menschen so erfolgreich und zum Überlebenskünstler gemacht haben. Der Mensch als Gefühlswesen, als kreativer Geist ist ein großes Rätsel, das über den Menschen selbst und über die leistungsfähigsten Maschinen hinausweist. Wollen wir die Zukunft sichern, die Armut beseitigen und für möglichst alle Menschen ein gutes Leben, so kann dies nur in Freiheit verwirklicht werden. Es gibt daher keine Alternative zur Freiheit, zum Frieden und zur Wahrheit.

LITERATUR UND QUELLENVERZEICHNIS

Arendt Hannah, Elemente und Ursprünge totaler Herrschaft. New York 1951. München 2021.

Boas Franz, Das Geschöpf des sechsten Tages. O. O. 1955.

Bolz Norbert, Die Avantgarde der Angst. Berlin 2020.

Chafkin Max, The Contrarian: Peter Thiel und Silicon Valleys Streben nach Macht. E-Book, 2021.

Dettling Daniel, Die neue Ära der Propaganda? In: Zeitschrift des Zukunftsinstituts, 4/2017. https://www.zukunftsinstitut.de/artikel/die-neue-aera-der-propaganda/

Faulhaber Theodor (Hg.), Conturen der Zeit. Neulengbach 2020.

Grusa Jirí, Havel Václav, Die Macht der Mächtigen oder Die Macht der Machtlosen. Wien 2006.

Habermas Jürgen, Jubiläums-Heft der »Blätter für deutsche und internationale Politik«, 2016.

Harari Yuval Noah, Homo Deus. Eine Geschichte von Morgen. München 2017.

Ders., Eine kurze Geschichte der Menschheit. München 2015.

Hopf Wilhelm (Hg.), Die Freiheit der Wissenschaft und ihre »Feinde«. Berlin 2019.

Huber Johannes, Die Kunst des richtigen Maßes. Wien 2021.

Jaspers Karl, Wahrheit, Freiheit und Friede. Gemeinsam mit Hannah Arendt in: Reden zur Verleihung des Friedenspreises des deutschen Buchhandels. München 1958.

Jesse Eckhard (Hg.), Totalitarismus im 20. Jahrhundert. Eine Bilanz internationaler Forschung. Baden-Baden 1999.

Jung Carl Gustav, The Symbolic Life. E-Book. (Originalausgabe London 1977.)

Kernberg Otto F., Ideologie, Konflikt und Führung. Stuttgart 2000.

Le Bon Gutave, Psychologie der Massen. Berlin 2017. (Erstausgabe 1911)

Maser Werner, Adolf Hitlers Mein Kampf. Geschichte, Auszüge, Kommentare. München 2016.

Meerloo Joost A. M., The Rape of the Mind. The Psychology of Thought Control, Menticide, and Brainwashing. E-Book 2009. (Originalausgabe 1956).

Müller-Funk Wolfgang, Die Kunst des Zweifelns. Einträge zur Philosophie in ungefügten Zeiten. Wien 2021. Nietzsche Friedrich, Also sprach Zarathustra. Ein Buch für alle und keinen, Frankfurt a. M. 1977.

Popper Karl, Die offene Gesellschaft und ihre Feinde I und II. Tübingen 2003.

Precht Richard David, Künstliche Intelligenz und der Sinn des Lebens. München 2021.

Ringel Erwin, Zur Gesundung der österreichischen Seele. Wien 1987.

Schuster Inge, Transhumansimus – Selbstgesteuerte Evolution des Menschen. In: Imago Hominis 26 (3/2019), Personalisierte Medizin I. Zeitschrift für Medizinische Anthropologie und Bioethik, 131-140.

Singer Mona, Was vom Transhumanismus übrigbleibt. In: »Medien und Zeit«, 2/2020. https://medienundzeit.at/wp-content/uploads/2020/08/MZ-2020-02-SINGER.pdf

Schwab Klaus, Davis Nicholas, Die Zukunft der Vierten Industriellen Revolution: Wie wir den digitalen Wandel gemeinsam gestalten. E-Book 2018.

Schwab Klaus, Die Vierte Industrielle Revolution. E-Book 2016.

Schwab Klaus, Malleret Thierry, Covid-19: The Great Reset Edition 1.0. E-Book. 2020.

Strenger Carlo, Zivilisierte Verachtung. Eine Anleitung zur Verteidigung unserer Freiheit. Berlin 2015.

Tibi Bassam, Islamische Zuwanderung und ihre Folgen. Stuttgart 2018.

Thiel Peter, From Zero to One. Wie Innovation unsere Gesellschaft rettet. E-Book 2014.

Versluis Arthur, The New Inquisitions. Oxford 2006.

Walterskirchen Gudula, Engelbert Dollfuss. Arbeitermörder oder Heldenkanzler. Wien 2004.

Warwick Kevin, I, Cyborg. London 2002.

Zeh Juli, Corpus Delicti. Ein Prozess. München 2010.

Leopold Stummer
FEHLALARM! 2.0
Die Panikmacher der Null-Risiko-Gesellschaft

Dieses Schwarzbuch des Alarmismus entlarvt die berufsmäßig Besorgten und ihr Ideal einer Gesellschaft ohne Risiken. Satirisch nimmt der Autor die systematische Panikmache und ihre Protagonisten aufs Korn, die uns eine Null-Risiko-Gesellschaft vorgaukeln, die es nie geben wird. Und das ist auch gut so, denn ohne Risiko kein Fortschritt, ohne Gefährdungen keine Innovation. Er wendet sich in diesem Buch entschieden gegen Paternalismus und Zukunftsängste und entlarvt den grassierenden Alarmismus als mutwilliges Spiel mit der Angst.

ISBN 978-3-904123-50-1

€ 22,95